GUO JI TI YU ZU ZHI ZHI LI GAI GE YU ZHONG GUO JING JIAN

国际体育组织治理改革与中国镜鉴

◎黄 璐 著

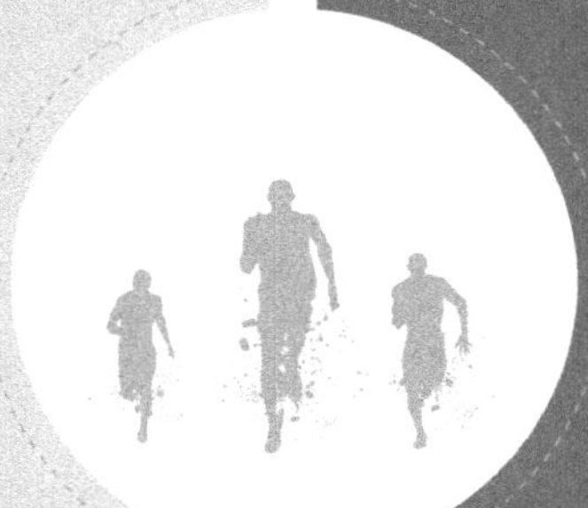

世界图书出版公司
广州 · 北京 · 上海 · 西安

图书在版编目（CIP）数据

国际体育组织治理改革与中国镜鉴 / 黄璐著 .— 广州：世界图书出版广东有限公司，2016.11（2025.1重印）
ISBN 978-7-5192-2202-4

Ⅰ.①国… Ⅱ.①黄… Ⅲ.①国际组织—体育组织—组织管理—研究②体育组织—组织管理—研究—中国
Ⅳ.① G811.1 ② G812.1

中国版本图书馆 CIP 数据核字（2016）第 294811 号

书　　名　国际体育组织治理改革与中国镜鉴
　　　　　GUO JI TI YU ZU ZHI ZHI LI GAI GE YU ZHONG GUO JING JIAN
著　　者　黄　璐
策划编辑　陈　露
责任编辑　冯彦庄
装帧设计　汤　丽
出版发行　世界图书出版广东有限公司
地　　址　广州市新港西路大江冲 25 号
邮　　编　510300
电　　话　020-84459702
网　　址　www.gdst.com.cn
经　　销　新华书店
印　　刷　悦读天下（山东）印务有限公司
开　　本　787mm × 1092mm 1/16
印　　张　17.625
字　　数　223 千字
版　　次　2016 年 11 月第 1 版　2025 年 1 月第 3 次印刷
国际书号　ISBN 978-7-5192-2202-4
定　　价　88.00 元

目 录

上篇 国际体育组织治理改革

下篇　中国镜鉴

上篇　国际体育组织治理改革

第1章 国际体育组织善治改革与自治问题审视

国际体育组织自治具有深厚的民主传统和独特的优越性，由独立集权造成的弊端也不容忽视。为保证组织自治提高最大化效率，避免“拙劣”治理的下场，建立健全组织内部控制机制十分必要。善治作为一种内部决策和利益协商的方式，是实现国际体育组织自治权内部控制和组织高效运行的最佳机制。深入解读《奥林匹克 2020 议程》第 28 条提议“支持自治”的内容和环境背景，探讨组织自治与善治改革的关系，自治权与组织效率联系紧密，可以更好更快地回应组织及利益相关者面临的问题。《奥林匹克 2020 议程》“善治与自治”改革议程从善治标准、自治权、透明度三个方面展开，具有一定的政策水准和改革预期。同时要看到奥林匹克善治改革的政策设计存在的局限性，政策执行面临的困境，致使奥林匹克善治改革充满未知变数。

2014 年 12 月 8 日，国际奥委会第 127 次全会一致通过了《奥林匹克 2020 议程》，40 条提议为奥林匹克运动改革发展指明了目标、方向。第 28

条提议“支持自治”作为国际奥委会新世纪的政治成果，在捍卫组织自治的立场上获得极大的宣示。颇具讽刺意味的是，2015 年爆发的国际足联大范围腐败丑闻，前国际田联主席迪亚克腐败丑闻，国际田联大规模兴奋剂丑闻，俄罗斯田径界存在“有组织的”“系统性的”使用兴奋剂等一系列问题，暴露出国际体育组织自治的局限性以及所处的道德困境。

1　国际体育组织自治的现实性

一百多年来，实现自治是国际体育组织不懈追求的发展目标。现代体育运动发展的实质在于古典自由主义，植根于西方民主传统的联合的自由理念。在英国足球管理理念的影响下，一群主张“政体分离”的人士创建了国际足联，属于一个典型的国际非政府体育组织（International Non-Governmental Sport Organizations，INGSOs），创建者将体育与国家分离作为神圣原则，在他们看来，政治家只会侵犯体育的诚实正直价值。从此，体育界付出极大的努力，旨在保护已深深植根于体育界的自治原则，使其不受国家权力机关的干涉。如今，国际非政府体育组织仍然重视他们的自治权，一般都会在活动中避开政府的干预。而现实状况是，欧洲国家政府一直以来都不愿干涉体育组织事务，因为欧洲国家更倾向于将组织化体育看作文化产业或者休闲活动，而不是商业机构。体育界一直以来享有极大的自治权，在这层意义上来说，它几乎完全自治。[1]从开展国际体育活动的实际影响来说，国际体育组织已达到较高的自治层次，体育学界已形成共识。任海教授在《国际奥委会演进的历史逻辑——从自治到善治》一书中指出[2]，自治是业余体育发展的最佳机制，自治对构建国际体育秩序发挥了重要作用，自治与国际体育秩序存在的局限性，需要通过善治改革予以解决。美国科罗拉多大学科技政策研究中心的 Roger Pielke Jr 博士评论指出[3]，强化自治权不能作为当下国际体育组织的发展目标，应该将更多的资源和精力转向善治改革方面，承担更多的公共责任，相应建立符合世界政治发展潮流的责任机制，包括层级责任、督导责任、财政责任、法律责任、市场责任、同行责任、公共声誉责任等。

近两年来，国际最具影响力的两大体育组织——国际奥委会和国际足联，继续引领世界体育发展潮势，荣登国际体坛"大事件"榜单。出乎意料的结果是，同为强化国际体育组织自治原则的两大事件，国际奥委会赢得世界的普遍赞誉，国际足联则遭到业界的广泛质疑。由权力膨胀引发对组织自治权的极度渴望和扩张行动，陷入"冰火两重天"的境地。2014 年 12 月，国际奥委会第 127 次全会一致通过了《奥林匹克 2020 议程》的 40 条提议，"善治与自治"作为《奥林匹克 2020 议程》的主要议题，"自治"又作为"善治与自治"这一工作组讨论的中心主题，对奥林匹克运动迈向未来的善治改革指明了方向。2015 年 5 月，国际足联爆发腐败丑闻，在腐败丑闻系列事件进展中，国际足联及主席布拉特不断以"自治原则"为挡箭牌，旨在将国际足联官员的腐败指控纳入组织内部审查程序和改革议程。类似于瑞士国际体育娱乐和休闲集团（ISL）腐败案的管辖权和司法权争议，国际非营利组织不受瑞士"反腐败法"的约束，国际足联不断诉诸组织内部"道德委员会"纪检程序，避免国家司法审查和外部力量的干预，逐步蜕变为一种旨在平息事态的"障眼法"式的内部处理机制。

从国际奥委会和国际足联自治权面临的现实处境来看，自治与善治乃至实现国际体育组织可持续发展之间并不具有正相关性。进入 21 世纪以来，国际奥委会在"盐湖城行贿丑闻"事件后推行了一系列实质性改革，正如《奥林匹克 2020 议程》，为奥林匹克运动发展重塑信心。与之相反，国际足联腐败丑闻不断，推进实质性改革的效果欠佳。体育中的自治原则犹如一个双重性格的人，一半是天使，一半是魔鬼。对于组织发展而言，自治或独立也创造了作恶的机会，组织可能利用这样的机会增加或维持不公平，也可能损害更广泛的公共利益，来促进其成员狭隘的利己主义，甚至有可能削弱或摧毁民主本身[4]。国际足联腐败丑闻正是由这种无边界的且不受约束的自治原则引发的[5]。可以说，组织自治乃至自治到何种程度，与促进更广泛的公平正义和公共利益不能简单画等号，应借助外部力量和建立健全内部治理机制，避免走入自治权合理使用或滥用的两个极端，在实际影响方面陷入“一放就乱、一管就死”的两难困境。结合国际体育组织自治的现实性和发展性，作为西方民主政治遗产的自治原则，将长期存在国际体育组织的发展目标和行动纲领中，并有强化与扩张自治权的发展趋势。

2　国际体育组织自治的优越性与控制机制

自治是自我治理的代名词，以独立和自给自足为特征。“自治”指人的行为或意志的独立或自由，也指自治的状况和自治的权利。“独立”是指不受他人的影响或控制，自己思考或行事。“自给自足”是指能够满足个人的自我需求而不需要外部援助，对于自己的资源或权利具有极度自信。自治隐含了这样一种意识形态上的标准，国家在为那些被视为独立和自给自足的个人建立不干涉的标准，并赋予那些个人不受干扰的权利。[6]随着世界体育商业发展环境的大幅改善，国际体育组织在经济保障方面处于独立和自给自足的状态，这种经济独立性体现在体育赛事转播权收益以及对赞助商具有主动选择的权利上，赛事赞助招标的替代性较强，同一类型赞助商退出后，短期内有新的赞助伙伴签约。这种自给自足的状态不能理解为一种“外部援助”，更多的是由体育赛事产品的核心竞争力形成的“自我造血”功能，是由体育的内在价值和组织化体育活动（国际体育组织的治理体系和治理能力）产生的盈利能力。在政治实现层面，国际体育组织凭借经济独立性获得了更大的话语权，各国政府并未对国际体育组织自治的合法性予以法律确认，以及相应赋予其政治身份和地位。诚然，国际体育组织基本具备了在国际政治环境中周旋的能力，在价值链高端具有一定的影响民族国家决策和议价能力，具备一定的政治自治（Political Autonomy）条件。

从奥林匹克发展史的视角看，经济保障和政治干预一直是奥林匹克运动实现人类普适价值的最大障碍。从当今世界体育拥有的巨大影响力和令人耀目的商业前景来看，经济保障因素对于影响国际体育组织的独立性，并保持组织正确的前进方向已经不成其为问题。相比较而言，国际体育组织自治的权利诉求在政治实现方面面临更大的障碍和困难。因为政治活动的现实性与自利性，权力主体很难赋予一个社会或行业自由结社组织以平等的政治身份，以及与之相匹配并衍生出的权力制衡力量。从政治与社会权力制衡的角度而言，国际体育组织自治具有独特的优越性。一方面，国际体育组织有必要摆脱政治权力的束缚与控制，沿着彰显并实现人类普适价值的正确道路前进。如果国际体育组织依附于创始国或某个主导国家的权力意志，就不会凝聚更大的行动共识，不会形成广泛的政治参与。如果国际体育组织依附于联合国、世界贸易组织、欧洲联盟等国际或区域性政治经济组织，无法保证行业优势的充分发挥，实现行业利益最大化的现实要求，也无法基于体育领域的特殊性更好促进与实现社会公平正义。从国际社会关于政府间国际组织存在国家利益代理关系的广泛批评中可以看出，联合国、世界银行、世界贸易组织等政府间国际组织更多地在维护以美国为首的世界体系霸权的意志，依附于此只会削弱世界体育发展的活力，葬送世界体育的美好前程。这为国际体育组织建立最低标准的自治提供了内部动力。

另一方面，非政府组织或非营利组织也称第三部门（The Third Sector），与政府部门（第一部门）、私营企业（第二部门）共同形成三股影响权力建制和社会平衡的主要力量。以“三权分立”为核心的西方民主政治建制原则，讲求权力制衡、自治与相互控制、多头政体治理的民主化实践，任何人、任何团队、集团、派系、政党或阶层应当长期限制自己使用可得到的资源来促进自己的独特利益，民主化意味着重新分配政治资源，减少政治不平等，这就是阿克顿（Lord Acton）“权力导致腐败，绝对权力绝对导致腐败”这一格言的精要[4]。国际体育组织处于政府部门与私营企业之间，是体育行业可持续发展的掌舵者，更多地承担社会责任和公共使命，限制政府权力和经济力量腐蚀体育界的历史成就，在经济独立和政治身份方面赋予适当程度的自治就显得十分必要。诚然，自治不是组织权力的隔离，而是更多地依赖和相互依存。因为生活在多样化环境中的每个人都依赖这些环境而生存，从依赖到独立[6]，最后意识到我们所有人都是相互依存且紧密联系的利益、责任和命运共同体，犹如诗人约翰·多恩的布道词：“没有人是一座孤岛。”自治也就成为现代民主国家最显著的特征，即结成和加入各类组织的普遍自由，既相互控制又合作有利的组织系统，也是现代性的特征之一[4]。这为国际体育组织实现更大程度的自治提供了外部动力。

国际体育组织自治具有独特的优越性，其独立集权造成的弊端也不容忽视。以国际足联腐败丑闻为例，这是国际非政府组织自治权不断膨胀以及无限制使用的典型案例，与一般的国际非政府组织面临不同的处境，作为世界第一运动的足球具有强大的社会影响力和广泛的经济来源基础，为国际足联逐步扩大自治权及行动范围提供了交易砝码和政治资本。国际足联在名义上属于国际非政府组织，其实际影响却超越了国际非政府组织的公共性特征，兼具社会公益组织的身份、超国家政府的有限权力、私营企业的逐利性等各项政治经济功能。国际非政府体育组织在寻求高度自治的道路上，不能丧失自治权的边界意识，不能处于“无政府状态”和野蛮生长状态。

为保证行业组织自治权发挥作用最大化和“政治正确”原则，建立相应的控制机制十分必要。国际非政府组织自治权控制机制包括内部治理机制与外部监管机制两大范畴。对于组织自治权的内部性而言，善治作为一种内部决策和利益协商的方式，是实现国际体育组织自治权内部控制和组织高效运行的最佳机制。“善治”的定义多种多样，这些定义源自人们对于组织内部决策方式和执行这些决策的正式及非正式机构的作用的常规化设想。联合国特地将善治与人类的可持续发展这一时代命题联系在一起，联合国人权委员会将参与性、透明度、责任感、问责制视为善治的主要特征。[7]国际体育组织尽早实现善治改革发展已经成为体育界的普遍共识[1-2，8-9]。对于组织自治权的外部性而言，为促进多种行为体之间相互依赖、协调与合作[10]，应该创新更多更好的协调与控制形式，避免国际体育组织逾越资源禀赋与自治权的边界，相应受到外部力量在某种适当强度上的监督与限制。

3 《奥林匹克2020议程》自治权提议解读

国际体育组织建立健全内部治理机制和外部控制机制是学界的理想诉求，而实际情况是，国际体育组织一以贯之行业自治的历史传统，至今仍在极力排斥外部力量的介入与控制，始终坚持一条不可逾越的红线，这条“红线”蕴涵的意义深刻，象征国际体育组织的民主制度起源和未来前景，也就是坚决拒绝建立外部控制机制。与之相对应，奉行内部自治这一单边主义路线，相应建立健全组织内部控制机制，就成为国际体育组织引领各单项体育运动实现良性可持续发展的唯一选择。诚然，始终拒绝外部力量的控制与掣肘，坚决否定组织外部控制机制，并不代表组织由此变得专制、低效、腐败及面临更糟的状况。如果能充分考虑体育行业的特点，建立健全并执行更严格标准的善治体系与控制机制，自治本身也就成为一种促进体育行业更好更快发展的最佳机制。由国际体育组织自治权导致的腐败风险及后果难以估计，而政府投入预防腐败的成本同样很高。政府有限的预算使之难以在反腐败上投入更多的资源，要识别并起诉腐败的官员，政府需要雇用昂贵的会计师和律师，反腐败并不便宜[11]。在全球化与信息网络化社会，政府全面监管第三部门乃至公共生活是不切实际的，地方自治、行业自治、社会组织自治也就成为一种更高效的社会决策与协调机制。从资源配置、组织决策与服务效率的角度来看，在追求效率与实现民主之间，民主开放性在主观上离不开公共讨论和发展与公民们的亲近关系，而公共决策的过程却过于冗长和曲折[10]，也为自治本身蜕变为一种最佳机制创造了实践条件。

以下依据《奥林匹克 2020 议程》详细版（即“Context and background”版本）披露出的更多细节，对国际奥委会自治权提议做进一步的解读。第 28 条提议有关“背景描述”内容指出，“国家奥委会与各国政府之间的合作十分重要。国际奥委会在创建范本的过程中，可从联合国承认体育自治权的决议中获益，国际奥委会拥有体育自治权经由 2014 年纽约召开的联合国大会批准通过。联合国决议强化了体育组织在与国家政府合作过程中的地位，支持他们的自治权和在体育发展中的合作。确保自治权的法律手段（影响）是促进有关各方签订谅解备忘录”[12]。国际奥委会已确立了经济独立的地位，这点毋庸讳言，学界不再担心国际体育组织缺乏经济独立，而是伴随新世纪体育商业化和体育市场的繁荣态势，转而担忧国际体育组织过于经济独立和资本充盈，愈发受到全球商业化进程以及资本主义贪婪性和掠夺性本质的负面影响[13]。由此也促使国际奥委会由自治权范畴中的经济独立转向政治自治的诉求。在“善治与自治”工作组陈述及环境背景说明中，国际奥委会将体育的独特价值与政治自治的必然要求联系在一起，同时“善治与自治”工作组聘请外部专家（世界银行机构完整性组织副主席、顶级合作伙伴治理专家等）汲取建设性意见，旨在论证解释二者的必然联系，为获得政治自治授权建立值得信赖的理论基础，同时强调实现政治自治的现实紧迫性。

国际体育组织作为全球政治新势力的崛起已经成为一种不可逆的事实与必然趋势，以超国家特性介入民族国家内部治理过程中，使国际体育组织具有干预影响民族国家内部事务的能力。这种获得政治自治和不断生长的能力是全球政治结构面临的普遍问题，在国际舞台上，国际化运作的企业和非政府组织等新的势力，正在赢得权力和影响力，这些新势力既没有将自由的民主制度，也没有将其社会和生态的责任排挤到一边，但它们达到了足以深刻改变政治和政治理论的程度[14]。在2014年纽约召开的联合国大会上，联合国有史以来第一次承认了国际奥委会拥有体育自治权，由会员国表决通过的联合国决议不仅承认了这种自治权，甚至"支持体育的独立和自治，支持国际奥委会在引领奥林匹克运动中的使命"[12]。国际奥委会赢得政治自治权（承认与授权）这一事件，对于国际体育组织甚或国际非政府组织逐步扩大自治权范畴具有里程碑式意义。

4　奥林匹克善治改革中的自治权问题反思

4.1　组织自治与善治改革的关系

国际体育组织的自治传统造就了体育界的发展繁荣，作为西方自由民主理念的领导者美国，全美四大职业体育联盟拥有高度自治权，适用反垄断法豁免原则的保护。行业自治的历史积累同样炮制了国际足联高度集权导致的深层危机。如果国际足联能够建立健全并执行更严格标准的善治机制，是否可以避免沦为"拜占庭式帝国风格"复辟的悲剧？这里核心的问题是，自治与善治是何种关系？

从广泛多样的“善治”定义中提炼一些普遍性要素，自治因素是实现善治的一个要素环节，却远不处于中心的角色。这里引用一个比较权威的善治解释版本，《治理百科全书》关于善治的作用指出[7]，“拙劣”治理常被看作是引起社会不公、发展失策和公司丑闻的根本性原因，而善治可以增加政府、企业和非政府组织决策的责任性、可靠性和可预测性，因而善治的重要性越来越为人所重视。联合国开发计划署于 1997 年提出了善治的 8 条原则，分别为参与原则、回应原则、平等原则、责任制原则、透明度原则、监督原则、可持续性原则、个体权力原则，唯有回应原则涉及自治权问题，“组织必须在合理的时间内对所有利益相关者的需求做出回应。善治就是建立信任，保证所有利益相关者得到合理对待。为了达到这个目标，组织必须拥有做出及时回应的技术与管理能力。这意味着组织需要雇佣、培训员工，以达到最佳反应时间和高质量的处理结果。从更广泛的方面而言，为了最大幅度地提高效率，组织需要保证拥有改变组织结构和管理系统的能力（有时是自治权）”[7]。从中可以看出，自治权与组织效率联系紧密，可以更好更快地回应组织会员、利益相关者、广大公众面临的问题。

本着“以人为本、服务大众”的理念，为组织会员和广大公众提供更好、更便捷的服务，在这层公共使命意义上，组织自治权具有一定的说服力和自洽性。除此之外的组织自治诉求，不能说与善治毫无关联，至少动机让人生疑。还有什么比国际体育组织的自治权更重要的呢？显然是组织必须承担的社会责任和公共使命。从政治自利性角度而言，现实状况让人忧心，来自政治学者梅斯奎塔的批评一针见血，“对于国际奥委会来说，还有什么能比促进国际体育竞赛的质量（或许数量）、不受政治和个人干扰更重要的呢？答案是奢侈的招待以及金钱”[15]。国际体育组织生产的核心产品——体育竞赛的质量或数量决定了社会影响力和商业价值，社会影响力决定了国际体育组织的经济独立和自治权的使用广度强度，比自治权这一“立身之本”更具吸引力的或许是游离于可见的民主程序之外的“潜规则”和金钱语言了。国际足联腐败丑闻恰恰将这种担忧变成了现实。

4.2 政策设计存在的问题

国际非政府体育组织属于没有政治实权的领域，国际奥委会、国际足联等组织之所以具有广泛深远的国际影响力，完全凭借的是体育的内在价值、魅力以及高质量赛事产品的影响力产生的权威效应，组织的权威性而非依附的政治实权将包括民族国家与政府在内的利益相关者聚集在一起，由此开创了新世纪体育发展的崭新局面。从实现内部控制的善治到寻求政治身份与自治权，是一个水到渠成的政治认同过程，也是一个不断尝试的权力（权威）主体间合作与增进政治互信的过程。如果国际体育组织内部普遍未能建立并切实执行更严格标准的善治机制，相反却一味地索取政治自治权，这种“可疑的自治”显然与奥林匹克主义的崇高理想、人类普适价值观相违背，也将面临可怕的后果。以国际足联腐败丑闻为例，如果国际足联获得政治自治授权，这一“护身符”将导致瑞士国内法相关条款、美国国内法“长臂管辖权”原则在“国际足联腐败案”立案审查问题上，失去对涉事国际足联官员的司法审查权，涉事国际足联官员也将接受主席布拉特治下的“道德委员会”内部裁决，组织内部泛滥的腐败状况仍将持续，这种可预测的结果是多么可怕。

《奥林匹克和体育运动善治基本通则》第 7 章“维护自治并与政府缔造和谐关系”，以及《奥林匹克 2020 议程》“善治与自治”改革议程，都将自治视为善治与奥林匹克运动发展的重要组成部分，自治权要素的重要地位一方面作为体育界的悠久传统和特权领域，是历史文化遗产不可分割的部分，另一方面政治自治诉求与国际体育组织普遍难以恭维的善治状况之间形成鲜明反差，将自治权要素置于善治机制的重要地位着实让人生疑。为化解奥林匹克运动利益相关者和广大公众的疑虑，旨在为国际奥委会追求政治自治权的行为辩护，《奥林匹克 2020 议程》“善治与自治”工作组给出的权威解释是：“良好治理与自治权息息相关，它们是一枚硬币的两面。我们开展体育运动和成员组织能够确保自治权合理使用的关键，在于对善治标准的恰当运用。”[12] 国际奥委会十分明确这个道理，赢得政治自治权的前提是建立健全内部控制机制，而实现内部控制的最佳机制是建立健全并执行更严格标准的善治机制。现实中的奥林匹克善治状况又如何呢？

国际奥委会在 2008 年 2 月 11 日召开的奥林匹克和体育运动自治论坛上发布了《奥林匹克和体育运动善治基本通则》，提议所有奥林匹克成员应当采用善治基本通则并将其作为最低标准。《奥林匹克 2020 议程》第 27 条提议“遵守善治基本通则”指出[12]，所有隶属于奥林匹克运动的组织要遵守《奥林匹克和体育运动善治基本通则》。要监管与衡量这种“遵守”，如有需要，国际奥委会可提供支持工具和流程以帮助组织遵守善治基本通则。组织有义务定期开展自我评估，定期向国际奥委会递交自我评定结果，如未获得此类信息，国际奥委会将自行索要。善治基本通则应定期修订，设立工作小组或请教专家，强调透明度、完整性和反腐的必要性。从政策设计和政策执行两个方面来说，《奥林匹克 2020 议程》第 27 条提议犹如一张“空头支票”，很难符合更严格标准的善治预期。善治基本通则的政策文本倾向于纲领性和宏观性，理念性成分远多于操作性问题，政策条款能够传达出的信息量较少，自颁布以来从未修订更新，对全球治理实践的前沿性问题回应不足，在理念、完整性、可操作性等方面明显滞后。

善治基本通则并不是全球体育治理领域最领先的指导版本（参见丹麦体育研究所发布的《国际体育组织善治行动报告》[9]），2012 年 3 月出台的《澳大利亚体委体育治理原则》从治理理念、商业性控制条款、完整性、可操作性等方面，明显优于国际奥委会的善治基本通则。相比较而言，奥林匹克善治改革依旧延续了非营利性身份与市场经营主体混同的状态。《奥林匹克和体育运动善治基本通则》和《奥林匹克 2020 议程》并未明确体育组织的市场经营主体身份，只是对现金流做出财务审查规定。此外，善治基本通则什么时候能够修订更新，修订后的善治基本通则能够达到何种严格标准的程度，能否广泛深入地执行更严格的善治标准，这些都是未知数。

4.3 政策执行面临的困境

在政策执行方面，《奥林匹克 2020 议程》引领的改革进程具有的象征性意义远大于实质性意义。国际奥委会是领导全球体育组织治理的“火车头”，改革表率作用十分重要，但最终决定改革成效的是广大的会员组织（国际单项体育联合会、国家体育组织等）。以国际奥委会内部治理为例，植根于西方民主政治传统的国际体育组织，应该继承西方民主政治最基本的“三权分立”建制原则，即司法权、行政权和立法权的相对独立，具体到第三部门的内部治理架构上，也可以变通为决策权、执行权、监督权的相对独立。权力分立对于非政府组织及商界来说也是一种很好的治理实践，组织机构内部管理层及董事会分权有利于实施内部控制程序，促进组织内部形成权力制衡机制[16]。而事实上，国际体育组织并未普遍实现真正意义上的“三权分立”建制原则。来自比利时、丹麦、德国组成的研究团队，对列入奥运会比赛项目的 35 个国际单项体育联合会的治理结构进行调研结果表明[1]，17 个组织采用了道德规范标准，12 个组织设有依照道德规范标准进行监督的道德委员会，仅有 3 个组织设有独立的道德委员会（脱离组织的行政部门独立运行）。如果道德委员会不能实现独立，便不可能公正裁决行政部门成员的违法违规行为。仅有国际自行车联盟（UCI）道德委员会有权主动提起诉讼，在大多数组织的治理架构中，内部立案审查必须提交执委会审议通过（在案件开始调查之前，必须将涉事案件提交执委会讨论），这严重破坏了组织内部治理的权力制衡机制。监督权隶属于执行部门的管辖，"三权分立"建制如同虚设。国际奥委会会员组织的中心层（列入奥运会比赛项目的35个国际单项体育联合会）况且如此，构筑世界体育治理体系的"塔基"——国际奥委会广大的会员组织面临的内部监督状况就更令人担忧了。

体育治理研究与实践主要存在体育组织的治理和体育活动中的公司治理（Corporate Governance）两大范畴，从引入公司治理模式的视角而言，将国际体育组织视为一个公司化的治理制度设计，而事实上国际体育组织普遍涉及的商业利益层面也可以视为一个跨国商业组织。董事会结构是主要的内部治理途径，公司治理层面上的董事会功能相当于非营利性组织的执委会，其主要职责是确保本组织的活动在实现组织自身及成员和社会最大利益条件下得到有效执行。为了有效地监督首席执行官或职业经理人的个人利益行为，组织应该在某些方面建立监督控制机制，并有效保护利益相关者的各方利益，组织相应也将拥有更好的业绩回报。那些由组织内部人员组成的董事会，例如组织的现任或前任管理人员，或者那些依靠组织生存的人，都不太可能实现有效监督。如果董事会的大部分成员是外部人员，则有益于联合各利益相关者并接纳相关建议[17]。

现在的核心问题是，《奥林匹克 2020 议程》第 30 条提议能否在世界体育治理体系的"塔基"中获得有效执行，国际奥委会能否对会员组织强制实行这一革命性的政策。按照《国际奥委会与奥林匹克体系——世界体育的治理》一书的观点[28]，国际奥委会作为中轴负责协调与国际体育联合会、国家奥委会、国际赞助商、各国政府与政府间国际组织等利益相关者的关系，这是一种双边合作与协商治理的关系，国际奥委会并不拥有利益相关者的控制权，只能以施加影响的方式敦促利益相关者的改革议程。《奥林匹克 2020 议程》这一国际奥委会力推的战略布局，如果广大的会员组织乃至广泛的利益相关者执行不力，那么改革议程就是“纸上谈兵”。从国际足联炮制的改革障眼法来看，国际奥委会敦促各方力量按照《奥林匹克 2020 议程》精神进行实质性改革还有很长的路要走，这就是奥林匹克善治改革议程的执行困境。

5 结语

奥林匹克善治改革议程从善治标准、自治权、透明度三个方面展开，具有一定的政策水准和改革预期。这里不能将奥林匹克善治改革局限于《奥林匹克 2020 议程》“善治与自治”议程，如果我们使用宽泛的“善治”定义，甚至整个《奥林匹克 2020 议程》都可视为善治改革发展的一部分。例如善治定义中的参与性原则，《奥林匹克 2020 议程》第 6 条提议“与其他体育赛事组织者密切合作”、第 8 条提议“与职业联盟缔造关系”、第 13 条提议“最大化与奥林匹克运动利益相关者的协同效应”、第 23 条提议“与社区合作”、第 39 条提议“开展社会对话和奥林匹克运动内部对话”等，有力诠释了参与性原则的精神。以奥林匹克善治改革引领下的奥林匹克运动内部控制机制尚未解决一系列体制机制问题，政策设计存在一定的局限性，政策执行面临较大的困境，致使奥林匹克善治改革充满不可预知的变数。当自治原则日渐成为国际体育组织权力运行机制不可分割且难以撼动的要素特征，实现并进一步强化组织自治权沦为一种不可逆转的趋势，学界、业界就要尽快为国际体育组织高度自治可能导致的负面结果，以及建立健全内部控制机制寻找出路。组织自治研究是国际体育研究前沿，也是中国体育组织改革发展面临的紧迫问题。中国在大力推进足球改革发展，体育组织“管办分离”改革问题上，同样面临组织再造与自治问题，必须为体育自治权的局限性和潜在的危机做好充分准备。[18]

参考文献

[1] ARNOUT G， JENS A， MICHAEL G. Good Governance in International Sport Organizations：an Analysis of the 35 Olympic Sport Governing Bodies[J]. International Journal of Sport Policy and Politics，2014，6（3）：281–306.

[2] 任海 . 国际奥委会演进的历史逻辑——从自治到善治［M］. 北京：北京体育大学出版社，2013：134–138，231–260.

[3] ROGER P J.How Can FIFA be Held Accountable?［J］.Sport Management Review，2013，16（3）：255–267.

[4] ［美］罗伯特 · A. 达尔 . 多元主义民主的困境——自治与控制［M］. 周军华，译 . 长春：吉林人民出版社，2010：1–31，83–86.

[5] 黄璐 . 权力漩涡与民主的价值——国际足联腐败丑闻的深层思考［J］. 武汉体育学院学报，2015，49（10）：26–33.

[6] ［美］玛萨 · 艾伯森 · 法曼 . 自治的神话：依赖理论［M］. 李霞，译 . 北京：中国政法大学出版社，2014：5–21.

[7] MARK B.Encyclopedia of Governance［M］.London： SAGE Publications，2007：359–262.

[8] LLOYD F. National Sporting Organisations and the Good Governance Principles of the Australian Sports Commission［J］.Australian and New Zealand Sports Law Journal，2010，5（1）：43–80.

[9] PLAY the GAME/DANISH INSTITUTE for SPORTS STUDIES.Action for Good Governance in International Sports Organisations［R/OL］.［2013–04–30］.

http：//www.playthegame.org/fileadmin/documents/good_governance_reports/aggis_final_report.pdf.

[10] [法]让—皮埃尔·戈丹.何谓治理[M].钟震宇，译.北京：社会科学文献出版社，2010：59，86–87.

[11] [英]张夏准.富国的伪善：自由贸易的迷思与资本主义秘史[M].严荣，译.北京：社会科学文献出版社，2009：161–162.

[12] IOC.Olympic Agenda 2020 – The Strategic Roadmap for the Future of the Olympic Movement [EB/OL].（2014–11–18）[2015–11–10].http：//www.olympic.org/olympic–agenda–2020.

[13] IAN H，PING C L.Chapter2：Governance and Ethics [M] //Simon Chadwick，John Beech.The Business of Sport Management.Essex：Pearson Education Limited，2004：25–41.

[14] [德]奥特弗利德·赫费.全球化时代的民主[M].庞学铨，李张林，高靖生，译.上海：上海译文出版社，2014：2.

[15] [美]布鲁斯·布尔诺·德·梅斯奎塔，阿拉斯泰尔·史密斯.独裁者手册[M].骆伟阳，译.南京：江苏文艺出版社，2014：2，208–215.

[16] BERNARD E. A Governance–Structure Approach to Voluntary Organizations [J]. Nonprofit and Voluntary Sector Quarterly，2009，38（5）：761–783.

[17] CHIEN M Y，TRACY T.Issues of Governance in Sport Organisations：a Question of Board Size，Structure and Roles [J].World Leisure Journal，2008，50（1）：33–45.

[18] 黄璐.国际体育组织自治问题审视——以奥林匹克善治改革为背景[J].天津体育学院学报，2016，31（1）：6–11.

第 2 章　国际奥委会政治自治问题研究

《奥林匹克 2020 议程》第 28 条提议"支持自治"突出展示了国际奥委会百年发展的政治成就，具有极大的宣示性意义。奥运会在商业领域取得了巨大成功，无形中提升了国际奥委会与政治实体平等对话的议价能力。国际奥委会政治自治的本质诉求是一种组织自治权的扩张过程，从经济自治向政治自治的过渡，充分体现了权力演进的历史规律。为强化自治与善治之间的某种必然联系，强调国际奥委会的政治权利与合法性，争取国际奥委会的政治平等和独立地位，国际奥委会以政策游说者的身份开展了一系列的解释性工作。国际奥委会在参与性、透明度、责任感等善治改革方面存在突出的问题，致使国际奥委会的政治自治行动陷入信任危机。

2014 年 12 月 8 日，国际奥委会第 127 次全会一致通过了《奥林匹克 2020 议程》，40 条提议为奥林匹克运动改革发展指明了目标方向。第 28 条提议"支持自治"（Support autonomy）作为国际奥委会自治诉求与奋力抗争的政治遗产，对于国际奥委会走出"盐湖城丑闻"的历史阴霾，重建组织形象，挽救信任危机，展示国际奥委会百年发展的政治成就，具有极大的宣示性意义。从《奥林匹克2020议程》第28条提议的核心内容来看，“支持自治”主要指向政治自治（Political Autonomy）的范畴，也就是国际奥委会在政治身份与平等方面的组织自主性问题。《奥林匹克2020议程》建议版（即“Recommendations”版本）指出，“国际奥委会创建一个范本，旨在加强一国当局与体育组织之间的合作”[1]。进一步指向奥林匹克政治自治在全球与国家两个层面上可能产生的体育治理影响。国际奥委会政治自治对于新世纪奥林匹克运动的可持续发展真的如此重要吗？为世界体育发展可能带来哪些影响？哪些批判性观点是被业界排斥与遮蔽的，政治自治的动机何在？对这些疑问的深究与批判性思考，有助于理解国际奥委会改革的新动向和世界体育的发展趋势，为中国体育行业自治和体育社会组织改革提供一些有益参考。

1 国际奥委会的政治自治历程

《奥林匹克2020议程》第28条提议“支持自治”使用了“autonomy”这一概念，“autonomy”一般译为“自治”或“自主性”。“自治”概念的内涵比较广阔，自治蕴含了某种程度上的“独立性”和“自给自足”的生存状态，“独立”是指不受他人的影响或控制，自己思考或行事，“自给自足”是指能够满足个人的自我需求而不需要外部援助，对于自己的资源或权利具有极度自信。自治隐含了这样一种意识形态上的标准，国家在为那些被视为独立和自给自足的个人建立不干涉的标准，并赋予这些个人不受干扰的权利[2]。自治不仅可以指向国家治下的个人，也可以是一个家庭、一个组织或一个社会实体，国际奥委会是一个国际非政府组织，属于组织自治的范畴，组织具有的“独立性”和“自给自足”状态主要针对私营力量和政治权利而言。2013年“Play the Game”公益体育组织（隶属丹麦体育研究所）发布的国际体育组织善治行动（AGGIS）项目工作报告，在“体育组织、自治与善治”专题中将“自治”分为政治自治、法律自治、财政自治、功能自治、监督自治、协商自治等若干方面。国际体育组织的政治自治主要指向体育组织与体育发展环境之间的关系，从历史认识的角度来说侧重于社会政治环境，也可以认为是一种政治平等的权利。

英国体育的早期发展受到约翰·洛克自由主义学说和政治思想的影响，洛克认为自治组织有权创建自己的规章制度，由此形成了英国不怎么监管和干预组织自治的传统。崇尚自由主义的顾拜旦一直秉持政治与体育分离的原则，事实上奥林匹克运动注重个人取得的进步，强调更多地关注运动员，而不是关注运动员所代表的国家。1949 年，“自治”概念首次出现在《奥林匹克宪章》中，国家奥委会如果不受国家当局的任何干涉，就可获得国际奥委会的承认。[3]国际体育组织普遍寻求独立于外部发展环境的自治权利和条件，旨在摆脱社会政治环境的控制和干预，这种从体育行业内部生发的政治自治诉求与行动，作为与外部力量抗争的有效手段，获得了事实上的行业自治地位和全球影响力。

我国奥林匹克运动研究专家任海教授指出，“国际奥委会自 1894 年成立以来，长期处于私人俱乐部的组织状态。1981 年以前，国际奥委会并未得到瑞士法律或其他国家法律的承认而拥有正式的法律地位，国际奥委会所拥有并行使的相当大的合法性、权威性和影响力，是事实上而不是法律上的，这种状况存在了近一个世纪”[4]。不同的国家政治制度决定了不同的体育政策结构，决定了体育行业自治的程度。在大多数欧洲国家，国家奥委会具有政治独立性，而在非洲、亚洲和拉丁美洲的一些国家，国家奥委会只是体育职能部门的附属机构。随着奥运会电视转播时代的到来，奥运会的全球影响力日趋扩大，全球影响力为后续建立奥林匹克商业帝国创造了基础性条件，

1984年洛杉矶奥运会全面转向商业化运作，标志着奥林匹克经济体的崛起，由此产生的经济独立性与辐射效应又成为国际奥委会进一步寻求政治认同的砝码。建立在强悍的经济独立性基础之上，国际奥委会在寻求政治自治的道路上表现出强硬的姿态，展开了一系列争取政治自治权的组织行动。

2009年国际奥委会发布了《2005—2008最终报告》，耐人寻味地提出自治问题，设立专题“维护奥林匹克运动的自主权”，强调奥林匹克自主性的重要性。2009年第13届奥林匹克代表大会在丹麦哥本哈根召开，大会通过针对奥林匹克运动发展的建议书，建议书中13处提及“自治”，大会将“奥林匹克运动的结构”设定为五大主题之一，其第一子标题就是“奥林匹克运动的自治”，在大会提出的66项建议中，多处与自治有关[4]。直到国际奥委会第127次全会通过《奥林匹克2020议程》，标志着国际奥委会政治自治取得重要的阶段性成果，但是国际奥委会寻求政治自治的道路远未结束。《奥林匹克2020议程》第28条提议“支持自治”的政治隐喻，充分体现在国际奥委会政治身份的定位与确认方面。从实践指向方面来说，旨在展示国际奥委会新世纪两次重大改革的政治成果，一次是“盐湖城丑闻”事件后的“奥林匹克2000年”跨世纪改革，一次是新上任的国际奥委会主席托马斯·巴赫主导推进的《奥林匹克2020议程》新世纪改革。与国际奥委会力推“支持自治”这一“宣示性条款”仅相隔半年时间，2015年5月27日全线爆发“国际足联腐败窝案”。国际足联毫无疑问是一种高度自治的组织形态，从阿维兰热到布拉特治下的国际足联，逾半个世纪有关国际足联腐败丑闻从未消停。伴随国际足联腐败丑闻的持续发酵，作为世界体育发展的领导者——国际奥委会面临极大的压力，也让国际奥委会极力宣示的“政治成果”失去了光泽，让国际奥委会政治自主性丧失了当代神话的功能和效果。

2　国际奥委会政治自治的本质诉求

国际奥委会作为体育行业公认的首席领导者，其改革议程牵涉利益重大，具有极强的引领示范效应。《奥林匹克 2020 议程》作为迈向未来的奥林匹克改革的纲领性文件，对促进奥林匹克运动可持续发展乃至维护整个体育行业的良好生态具有不可估量的正向价值。《奥林匹克 2020 议程》是一个详尽的改革路线图计划，由理念与行动交织在一起的整体解决方案和行动指南组成，也是为会员组织以及广泛的利益相关者提供参照的改革范本和行业标准。《奥林匹克 2020 议程》关于组织自治权的改革提议，不仅为国际奥委会扩大自治权范畴指明了努力的方向，也为整个体育行业组织扩大自治权范畴确立了框架式标准。《奥林匹克 2020 议程》第 11 工作组“善治与自治”议程包括 3 条提议，分别为第 27 条提议“遵守善治基本通则”、第 28 条提议“支持自治”、第 29 条提议“扩大透明度”，其中第 28 条提议与组织自治权直接相关，提议内容指出[1]，国际奥委会创建一个范本，旨在加强一国当局与体育组织之间的合作。从《奥林匹克 2020 议程》第 28 条提议的政策文本可以看出，国家当局与体育组织之间不是行政法意义上的上下级管理关系，无论从经济援助方面，还是政治身份方面，也不是依附发展关系，而是各自独立、相互掣肘和互利合作的关系。第 28 条提议的文本表述中使用了“合作”(Cooperation)这一概念，“合作”概念或多或少地隐含了不同权力（或组织权威）主体之间拥有“政治平等”这一预设条件，试图从“2014 年纽约召开的联合国大会做出承认国际奥委会体育自治权的决议”中获得政治合法性。国际奥委会试图将其政治自治权扩大解释范畴，由国际层面扩大到民族国家内部，尽其所能创造更有利的政策环境，赋予其会员组织尤其是国家体育组织（国家各单项体育协会或联合会）以民族国家内部的自治权，显然这一行为毫无政治合法性可言，旨在为国际奥委会及会员组织在民族国家内部行使自治权提供更多的便利条件，最终迫使民族国家内部实行西方统一范本的民主制度改革。

国际奥委会政治自治的本质诉求是一种组织自治权的扩张过程，也可以认为是国际奥委会经济独立性在政治自由领域的价值延伸，从经济自治向政治自治的过渡，充分体现了权力演进的历史规律，“从人的本性来看，手上握有权力的人，一旦可能，就会扩张其权力。无论那些拥有权力的精英是多么明智与值得信赖，一旦他们掌握了权力，经过几年或几十年，就可能会滥用权力”[5]。国际奥委会政治自治无疑是建立在经济独立性的基础上，尤其是进入新世纪以来，作为世界首要赛事的奥运会在商业领域取得了巨大成功，无形中提升了国际奥委会与政治实体平等对话的议价能力。现代政治平等研究大都强调，民主的主要问题源自于经济不平等，在巨大的经济不平等面前要保持政治平等应该是不可能的[6]。

国际奥委会“善治与自治”工作组的解释性论述同时隐含了寻求政治自治的本质诉求[1]，自治权本身并不是目标，它是奥林匹克运动发展体育、传播体育独特价值的一个必要因素，体育是人类唯一有着真正的全球伦理、公平竞争、尊重和友谊的普遍法则的领域。体育需要根据普遍法则规范自身责任范围内具体事务的自由。政治应该尊重体育的自治权，因为正是基于这种自由，体育规则才在全世界得到认可，才在世界各地有体育运动的地方保持一致。联合国决议认可体育是一种促进教育、健康、发展与和平的方式，并着重强调了国际奥委会和奥林匹克运动在达成这些目标中所起的作用。值得注意的是，决议承认“重大国际体育赛事应遵循和平、相互理解、友谊和宽容的精神，且不允许出现任何歧视，另外应该尊重体育赛事缓解矛盾的本质”。从实际结果来看，国际奥委会在扩大自治权道路上，由经济独立转向政治自治迈出了坚实一步。这是体育的内在价值以及“体育具有改变世界的力量”

的胜利，国际非政府组织寻求自治的野心不过尔尔，国际体育组织要做全球政治经济领域的“例外主义”，也就是政治平等、商业帝国与非营利性组织身份三者合一的“独立王国”，组织可以做任何事却不受约束与控制。

国际奥委会政治自治的本质诉求在于“政治平等”，指在决定政策结果方面的政治权力的平等。根据帕特里奇的定义，“影响”是指个人 A 对个人 B 发生作用，但 B 的意志不服从于 A 的意志。也就是说，A 对 B 在决定一项事情上具有影响力，但 B 对这件事情具有最终的决定权。处于影响决策的地位，与处于（或者有权力）可以决定结果或做出决定的地位是不一样的。也就是说，个人 A 没有决定政策结果的平等权力，只能影响决策。[7]国际奥委会政治自治最终是要实现“平等地享有决定政策结果的权力的过程”。如果置换为 2015 年 5 月“国际足联腐败窝案”这一实践案例，这种“政治平等”实质上是一种组织内部处置权的政治授权，从政策结果可能产生的影响来看，是一种外部司法监督的“退出”默许与事实“豁免”。来自美国科罗拉多大学科技政策研究中心的 Roger Pielke Jr 博士提出了国际体育组织自治的监管意见，“国际足联一次次地向我们证明，它根本没有层级责任、督导责任、同行责任和公共声誉责任，而且财政责任也处于最低限度。要从国际足联内部进行改革，或者借助政府、公众、媒体或监督组织的压力，迫使国际足联全面深化改革，都不可能产生较大的改变。国际足联本身并不处于监管贪腐的最有效的管辖之下，这种公共责任必然只能由国家政府或政府间国际组织（如欧盟、欧洲委员会等）间接实施，可以将国际足联或其会员协会纳入政府及其合作机构的监督范围，也可以考虑对国际足联的市场营销合作伙伴实施或强制实施相关国家法律”[8]。“国际足联腐败窝案”亦是国际体育组织外部监管力量长期处于缺位状态的最佳注脚[9]，在国际体育组织内部普遍缺乏责任、善治、监督和内部控制机制的情况下，这种极力争取组织的政治平等和司法豁免的行为，更多的是建构组织非正义行动的“挡箭牌”，而不是促进组织在公共责任和全球正义领域做得更好。

3 置于奥林匹克善治改革背景下的延伸讨论

《奥林匹克2020议程》“善治与自治”工作组论述指出[1]，对于体育发展来说，与政府的友好关系、合作和公开对话非常重要。政府当局及技术、财政资源对体育的支持千差万别，具体情况应考虑各国政治决策和发展水平而定。因为政府通常在体育发展中扮演十分重要的角色，所以要想在体育发展中得到支持，体育组织必须与政府当局搞好关系。而要发展健康有效的关系，体育组织与政府当局之间的协作应该处于平衡的状态，建立在合作伙伴的基础上，而非从属关系的基础上，尊重这些组织的自治权和各自的权利与特权。恰恰是这种平衡，如果得到尊重的话，将会在最大程度上促进体育和奥林匹克主义在每个国家的协调与互补性发展。在与政府的这种合作伙伴关系中，体育必须保持政治上的中立，但并不意味着体育要完全脱离政治。只要国家法律不仅仅针对体育和体育组织，而且目的不在于干涉体育组织的内部运作或取缔体育组织所采取的内部规章，体育就必须在其决策中考虑政治因素。这一论述观点很有说服力，事实上百年来国际体育组织一直以此为纲，到处游说争取组织的自治权，问题到此应该结束，疑虑就此应当消除。然而，学术诘问不会满足于此，挖掘现象背后的深层真相是一项充满刺激的理论探索工作。

“拙劣”治理常被看作是引起社会不公、发展失策和公司丑闻的根本性原因，而善治可以增加政府、企业和非政府组织决策的责任性、可靠性和可预测性，因而善治的重要性越来越为人所重视。联合国开发计划署于1997年提出了善治的8条原则，分别为参与原则、回应原则、平等原则、责任制原则、透明度原则、监督原则、可持续性原则、个体权力原则，唯有回应原则涉及自治权问题[10]。在一般善治实践中，行业自治与实现善治之间不存在必然关系，国际足联同样享有高度自治，仅在名义上宣扬善治理念和组织治理改革行动计划，诸如为应对组织治理危机和反腐指控压力，推出的“2011–2013 年治理改革计划”（FIFA Governance Reform Process of 2011–2013），治理改革方案最终在布拉特治下的国际足联“敷衍了事”的做派下搁浅，事实上远远未能达到善治应有的效果。为强化自治与善治之间的某种必然联系，强调国际奥委会领导世界体育发展的政治权利与合法性，争取国际奥委会的政治平等和独立地位，国际奥委会以政策游说者的身份开展了一系列的理论探索与解释性工作。

《奥林匹克 2020 议程》背景版（即“Context and background”版本）给出的解释性观点指出：“善治与自治权息息相关，它们是一枚硬币的两面。从属于奥林匹克运动的组织可以通过奥林匹克宪章（奥林匹克基本理念之五）主张自己的自治权，自治权本身并不是一种目标，也不应如此，它需要努力争取。我们所期待的能够尊重我们的自治权的政治伙伴，也可以期待我们以负责任的方式行使这种自治权并遵守善治基本通则。我们开展体育运动和会员组织能够确保自治权合理使用的关键，在于对善治标准的恰当运用。国际奥委会已经制定了《奥林匹克和体育运动善治基本通则》并加以实践运用，利益相关者也采用了这一善治基本通则。如果奥林匹克运动的每一个参与者都能够诚信负责地执行善治基本通则，我们的体育组织将可以实现高效运作，并得到必要的合法性和信誉，而合法性和信誉最终必然是赢得合作伙伴的信任和避免外界诱惑的不二之选。”[1]国际奥委会“先入为主”的定义自身为一个拥有政治主体的身份，并以“合作”的姿态寻求政治互信与认同，对政治自治合法性的辩护立场主要来自善治标准可能发挥的积极作用。而事实上，国际奥委会在名义上渲染的《奥林匹克和体育运动善治基本通则》侧重于理念层面，在善治实践中的可操作性不强，对全球治理趋势缺乏有力的政策回应，2009年推出的第一版至今未能更新完善，在组织的私营性属性、法人治理结构、现金流控制、内部监督机制等方面还存在突出的问题。

这里举例说明，第三部门的经济规模不断增长，对政治与社会的影响不断增大，这种由政府、市场、社会、公民等多元主体构成的跨界混合状态，形成了第三部门内外部因素、公私因素并存的复杂局面，带来了诸多不确定性和新的挑战，改变了监管部门对第三部门的政策立场[11]。发展至今的非政府体育组织普遍具有经济生产属性，在非政府体育组织的商业行为控制问题上，《澳大利亚体委体育治理原则》充分考虑体育商业化特征，对非政府体育组织与职业体育发展之间的治理关系予以界定、控制与规范，涉及第三部门商业经营的部分，明确要求采用公司治理模式，建立董事会治理制度，在国家法律制度框架下实行内部治理与控制机制。《澳大利亚体委体育治理原则》原则1“董事会组成、作用与权力”第1.2款指出[12]，国内体育组织可注册为一家企业，受企业法的制约。澳大利亚体育委员会鼓励国内体育组织成立注册公司，注册会给组织增加额外的管理要求。在企业法控制下的立法更加全面，给组织运作提供了强有力的结构化平台，明确了协会组织法（Association Incorporation Act）未曾涉及的领域，特别是在内部管理和企业治理的语境下。不论组织成立并遵守的法案（企业或协会）如何，倘若一个全国体育组织在某个州从事所遵守的法案规定之外的商业活动，就需要根据企业法进行注册，成为一个注册的澳大利亚实体。

善治基本通则第3章第2条规定：善治意味着恰当的财务监管。第4章第4条规定：所有组织的年度财政报表要经由独立、合格的审计员审计；强烈鼓励所有的体育组织在可能的情况下采用国际公认标准，要求国际组织运用国际标准[13]。《奥林匹克 2020 议程》第 29 条提议“扩大透明度”指出[1]，国际奥委会要依据国际财务报告准则（IFRS）来准备和审计财务报表，尽管法律并未要求其遵从这些更高的标准。从中可以看出，国际奥委会主动承担更严格的财政责任，并未界定体育组织的市场行为边界。通俗一点来说，国际奥委会打着第三部门的旗号，既可从政，又可经商，主体身份不明，相应责任不清。体育组织普遍具有商业经营的发生事实，一些具有广泛群众基础的单项体育组织甚至赚得盆满钵满，国际奥委会、国际足联这些具有强势话语权的国际非政府组织，独揽体育市场开发经营大权，与之“责权利”完全不对等的是，一直实施宽松的商业政策，甚至有意避免国际商法、各国商法的监督审查。因为所有的商业法都适用于体育商业层面，通常来讲，遵守协会组织法要比遵守公司法容易[14]。从善治基本通则第 7 章第 1 条“合作、协调与磋商”、第 2 条“互补使命”、第 3 条“维护体育自治”所能反映的组织立场来看，诸如“体育组织应同政府一起协调自己的行动；合作、协调和磋商是体育组织维护自治的最佳途径；应保障政府、奥林匹克运动和体育组织间的恰当平衡”等政策内容，完全将体育组织视为一个实体概念，与政府、利益相关者具有平等地位，并未界定体育组织的市场边界，也未提及如何规范体育组织的市场行为。

这就是日趋显现的代议制民主和精英主义的弊端，一个主体性异化的历史性过程，国际体育组织传承的正是西方代议制和精英自治的民主传统。政治学者罗斯指出，“我们所谓的‘代议制民主’，由自由选举、自由政党、自由出版物，还有自由市场组成，实际上是一种寡头政治形式，由一小部分人顶着公共事务管理员或受托人头衔的代表形式，代表一种有活力的寡头政治的胜利，一种以巨大财富为中心与对财富崇拜的世界政府，然而他们却有能力通过选举建立共识的合法性，通过限制选项的范围，有效保护中上层阶级的权势”[15]。这一批评不乏警示意义。奥林匹克运动的所有成员对善治基本通则的自我解释与执行的空间非常大，这些条款如果遭到会员组织或利益相关者的“歪曲”解释和“拙劣”执行，很可能连最低的善治标准都达不到。

政策设计与执行是“一体两面”的关系，再好的政策设计，失去有效执行也只是“空中楼阁”，中国如此，世界亦然。国际足联“2011—2013 年治理改革计划”对协会章程的修订、道德委员会调整改革、透明度和合规性、执委会工作评估等方面提出一揽子改革建议，研究制定具体的改革方案，最终陷入执行不力或选择性执行的境地。直到 2015 年 5 月“国际足联腐败窝案”，彻底撕裂了国际足联精心炮制的改革假象。与之如出一辙，国际奥委会改革政策执行过程同样面临扩大解释乃至失效的风险。《奥林匹克 2020 议程》第 30 条提议明确指出，“加强国际奥委会道德委员会的独立性，国际奥委会道德委员会的主席和成员必须由国际奥委会全会选举而来。[1]”这是一种大尺度、革命性的改革设计。诚然，现实中能够执行并实现到何种程度则是另一回事。相比较而言，国际足联道德委员会主席和成员由执委会选举而来，实质上是由主席布拉特指派产生，这样的选举程序设计很难有公正性和公信力，由此成立的道德委员会很难具有实质上的独立性。政治学者梅斯奎塔的观点认为[16]，不管是国家、公司还是国际组织，政治格局不能简单地以“民主”和“独裁”来划分，而必须用名义选民、实际选民、制胜联盟人数多少来描述。通过建设更好的体育场馆、造福整个奥林匹克运动——运动员、官员以及观众来收买支持，要比花 1000 万美元给少数人的好处费贵得多，国际奥委会丑闻的核心在于制度设计，当只要 58 票就能确保胜利，以及国际奥委会主席可以挑选委员，政治和控制就将永远和腐败贿赂行为共生。很显然，国际足联 24 人执委会具有决定世界杯赛举办地归属、反腐审查等一系列足球重大决策的权限，导致执委会的权力高度集中，组织缺乏透明度（尤其在金融交易中），完全丧失了内部监督与控制功能，执委会成员沦为权力掮客频繁往来各方进行利益交换活动[17]。值得注意的是，2016 年国际足联特别大会表决通过了新一轮治理改革方案，提出道德委员会所有成员的选任必须实现更广泛的民主化，由执委会表决提升至代表大会表决，并规定半数以上成员必须具备与国际足联内部利益不相冲突的独立性身份。

这里有必要考虑由国际体育组织和国家体育组织的定位异同带来的功能变化问题，欧盟《体育善治基本原则》的成员国结合各自国情特点，在国家内部制定实施了一些体育善治标准或评估控制，呈现出“多元化中的统一性”的结构特征，无论是官僚配置型、企业配置型、传教士配置型、社会配置型，哪种体育组织的结构形式和治理方式，都在治理理念下实现欧盟体育的一体化进程[18]。站在国家利益的立场，欧盟成员国内部推行更高标准的善治机制具有政策实施的驱动力，国家体育组织主要是对本国公众和利益相关者负责，组织内部监督机制的独立性和执行问题获得有力保障，在整个国家建制层面上也存在对政府力量制衡的考虑。国际体育组织更多地要承担全球领导者的责任，对于体育全球化和体育行业的可持续发展具有重大意义，媒介舆论这一“软权力”很难发挥实质性的监督效果，外部监督力量的缺失，导致国际体育组织承担全球发展这一公共责任的弱化状态，组织内部按照权力斗争格局表现出更多的个人利益取向，违背了国际体育组织的参与性、公共性、透明度、责任感和公平正义法则。

此外，《奥林匹克 2020 议程》第 29 条提议“扩大透明度”内容指出，“国际奥委会要制作一个年度活动和财政报告，包括对国际奥委会成员的津贴政策；根据国际奥委会道德委员会的提议，使津贴政策成为正式政策；参加执委会会议的执委可一次性获得 2000 美元补助；可报销因公出差的交通及差旅费……”[1]，体现了“透明度”这一善治的主要特征。津贴政策改革意见具有宣示性意义，与第3条提议“降低申办费用”中的“申办报告只能以电子版发布”建议如出一辙，类似法律条文中的宣示性条款，貌似国际奥委会为彰显正确社会价值观的“形象工程”。第29条提议要求制作年度活动和财政报告，报告细化到何种程度暂且不论，这是国际体育组织践行透明度原则的最低标准。其中津贴政策改革意见的细化程度距离严格标准还有较大的改进空间，相比较而言，我国制定颁布的相关规定倒是更趋于细化和标准化，例如，2012年12月颁布的《中共中央政治局关于改进工作作风密切联系群众的规定》（俗称“八项规定”），2015年10月颁布的《财政部关于调整中央和国家机关差旅住宿费标准等有关问题的通知》等。

4 可疑的自治：一个小结

奥林匹克善治改革议程具有一定的政策水准和改革预期。这里不能将奥林匹克善治改革局限于《奥林匹克2020议程》“善治与自治”议程，如果我们使用宽泛的“善治”定义，甚至整个《奥林匹克2020议程》都可视为善治改革发展的一部分。例如善治定义中的参与性原则，《奥林匹克2020议程》第6条提议“与其他体育赛事组织者密切合作”、第8条提议“与职业联盟缔造关系”、第13条提议“最大化与奥林匹克运动利益相关者的协同效应”、第23条提议“与社区合作”、第39条提议“开展社会对话和奥林匹克运动内部对话”等，有力诠释了参与性原则的精神。然而，以善治改革引领下的奥林匹克运动内部控制机制尚未解决一系列体制机制问题，让奥林匹克政治自治变得可疑。这其中最大的疑问，就是国际体育组织的自治与善治改革的关系。

国际奥委会的内部控制机制尚有很大的改革提升空间，组织内部治理与利益相关者关系尚有很多值得理顺理清的地方，在参与性、透明度、责任感等深化善治改革方面还存在突出的问题。在内部控制机制尚不稳定、各方力量推进实施主体比较模糊、改革预期尚不明朗的条件下，国际奥委会重申政治独立诉求，迫切索取政治自治权，这一价值立场和战略布局让人生疑。“打铁还需自身硬”，国际奥委会如果能够建立健全并执行更严格标准的善治体系与控制机制，赢得体育行业乃至国际社会最广泛深入的权威性认同，权威效应自然会衍生出政治权力，政治自治权就不成为问题。反之，类似于国际足联这么糟糕的内部治理状况，不论怎样变通谋术、歇斯底里地争取政治自治权也是枉然。这是一个建立在国际政治对话框架上的政治互信过程。

遗憾的是，《奥林匹克 2020 议程》并未获得更苛刻的学理批判，一些有关《奥林匹克 2020 议程》的解释性研究旨在展示与解读国际奥委会的改革成果[19-20]，让“可疑的自治”这一批判性议题陷入沉寂。学者应强化问题意识、公共立场、批判性反思与建设性意见，与组织管理者、政客、商人、媒体、公众的见解区隔开来，这就是学者应当扮演的公知角色和必须承担的时代责任。

参考文献

[1] IOC.Olympic Agenda 2020 - The Strategic Roadmap for the Future of the Olympic Movement [EB/OL].（2014-11-18）[2015-11-10].http://www.olympic.org/olympic-agenda-2020.

[2] [美] 玛萨·艾伯森·法曼.自治的神话：依赖理论 [M].李霞，译.北京：中国政法大学出版社，2014：5-21.

[3] Play the Game/Danish Institute for Sports Studies. Action for Good Governance in International Sports Organisations [R/OL].[2013-04-30].http://

www.playthegame.org/fileadmin/documents/good_governance_reports/aggis_final_report.pdf.

［4］任海．国际奥委会演进的历史逻辑——从自治到善治［M］．北京：北京体育大学出版社，2013：64-65，128-129.

［5］［美］罗伯特·A·达尔．论民主［M］．李风华，译．北京：中国人民大学出版社，2012：62.

［6］［美］詹姆斯·G·马奇，［挪］约翰·P·奥尔森．重新发现制度：政治的组织基础［M］．张伟，译．北京：生活·读书·新知三联书店，2011：145.

［7］［美］卡罗尔·佩特曼．参与和民主理论［M］.2 版．陈尧，译．上海：上海人民出版社，2012：66-67.

［8］Roger Pielke Jr.How Can FIFA be Held Accountable?［J］.Sport Management Review，2013，16（3）：255-267.

［9］黄璐．权力漩涡与民主的价值——国际足联腐败丑闻的深层思考［J］．武汉体育学院学报，2015，49（10）：26-33.

［10］Mark Bevir.Encyclopedia of Governance［M］.London：SAGE Publications，2007：359-262.

［11］Margaret Groeneveld.European Sport Governance，Citizens，And The State［J］.Public Management Review，2009，11（4）：421-440.

［12］Australian Sports Commission.Sports Governance Principles［EB/OL］．［2012-03-30］．http：//www.ausport.gov.au/__data/assets/pdf_file/0020/644303/CORP_33978_Sports_Governance_Principles.pdf.

［13］IOC.Basic Universal Principles of Good Governance of the Olympic and Sports Movement［EB/OL］．［2008-02-11］.http：//www.olympic.org/

Documents/Conferences_Forums_and_Events/2008_seminar_autonomy/Basic_Universal_Principles_of_Good_Governance.pdf.

[14] Deborah Healey.Governance in Sport：Outside the Box?［J］.The Economic and Labour Relations Review，2012，23（3）：39-60.

[15]［美］克里斯汀·罗斯.可出售的民主［A］.吉奥乔·阿甘本，阿兰·巴迪欧，丹尼埃尔·本萨义德，等.好民主 坏民主［C］.王文菲，沈建文，译.上海：上海社会科学院出版社，2014：179-180.

[16]［美］布鲁斯·布尔诺·德·梅斯奎塔，阿拉斯泰尔·史密斯.独裁者手册［M］.骆伟阳，译.南京：江苏文艺出版社，2014：2，208-215.

[17] Alan Tomlinson.The Supreme Leader Sails on：Leadership，Ethics and Governance in FIFA［J］.Sport in Society，2014，17（9）：1155-1169.

[18] 陈华荣.论欧盟体育治理基本原则的形成与发展［J］.体育成人教育学刊，2015，31（1）：4-8.

[19] 邱雪.国际奥委会改革动向及其对中国体育改革的影响［J］.体育文化导刊，2015，（8）：20-25.

[20] 王润斌.国际奥委会改革的新动向与中国使命［J］.成都体育学院学报，2015，41（5）：1-6.

第3章 国际足联改革路线图研究

国际足联改革路线图又称“2011—2013年治理改革计划”，为迎合全球治理的发展趋势，回应国际足联面临的腐败指控和治理危机，面向组织内部控制和治理结构推出的大规模治理改革计划。改革路线图的主要成果体现在，进一步规范细化民主化程序，改革创新内部监督机制。国际足联一系列腐败案件不断升级，宣告改革路线图的彻底破产。改革路线图并未解决组织内部控制和治理结构方面存在的根本性问题，走向失败的几大原因包括，形式化需要大于实质性改革，治理改革缺乏实质上的独立性，改革建议的选择性执行或执行不力，偏重于完善民主化程序。抱以辩证的态度，改革路线图为国际足联迈向善治道路留下了一些政治遗产，也是一个权力博弈的结果和渐进式的改革过程。

这是一个日趋复杂的世界，一个疲于应对社会变革的时代，一个不断加速的人类与全球发展进程。作为人类社会文化遗产的体育世界无法独善其身，步入新世纪面临日趋复杂的全球环境，全球层面、区域共同体层面（欧盟等）、国家内部的体育改革十分频繁，改革力度前所未有。2014 年 12 月 8 日，国际奥委会第 127 次全会一致通过了《奥林匹克 2020 议程》，对于世界体育治理与可持续发展而言，这是一项具有里程碑式意义的改革议程。或许业界已经遗忘，在国际奥委会重磅推出《奥林匹克 2020 议程》之前，国际足联于 2011 年 10 月至 2013 年 5 月之间，开展了一系列组织内部控制和治理结构的改革实践，由此命名为“改革路线图”（*The Reform Roadmap*）。极具讽刺意味的是，国际足联改革路线图并未解决组织内部控制和治理结构方面存在的根本性问题，组织治理结构中存在的突出问题仍然存在。2015 年 5 月 27 日全面爆发的“国际足联腐败窝案”，彻底撕裂了改革路线图许诺的美好前景，这一场由布拉特治下国际足联主导实施的改革路线图“政治剧”终于落下帷幕。国际足联腐败案件为何屡禁不止？改革路线图为何走向失败？在国际足联内部控制和治理结构中存在哪些根源性的问题？对这些问题的追问和批判性反思，将有助于理解国际体育组织治理与改革面临的深层次问题，同时也对中国体育社会组织改革提供一些有益的参考。

1　国际足联改革路线图概要

国际足联改革路线图是由国际足联主席布拉特提议，于 2011 年 6 月 1 日在苏黎世举行的第 61 届国际足联大会上推出的大规模的组织治理改革计划。改革路线图勾勒出一个为期两年的改革计划，由 2011 年 10 月启动改革，至 2013 年 5 月底召开国际足联大会后结束。改革路线图坚守组织自治原则，坚信组织领导层有能力控制并推进一系列组织治理改革进程，带有鲜明的内部性和封闭性特征，旨在进一步完善国际足联内部控制体系，提升国际足联的独立治理能力。改革路线图是由国际足联执委会领导下的专项改革小组负责征询各方改革建议，协调各方力量推进各项改革工作，由执委会负责统筹协调全面改革工作，负责审议改革方案和各项改革建议，并提交国际足联代表大会做出最终决议。如表1所示，国际足联改革路线图主要包括四大方面内容，第一是对国际足联“规章制度”——章程、道德守则、行为准则等制度的修订。第二是对国际足联“司法系统”——道德委员会的改革。第三是对国际足联“运作程序”——审计与合规（Audit and Compliance）方面的改革。第四是对国际足联“与时俱进”——理念性、发展性和程序性方面的改革。需要说明的是，国际足联官网“改革进程”（*The Reform process*）栏目一直处于动态更新的状态，作为国际足联的“喉舌”，官网主要担负了新闻宣传功能，为应对国际足联面临的危机性事件，不断向外界发布国际足联内部改革的信息。2016年2月2日，国际足联官网“改革进程”栏目再次更新，置换为2015年5月“国际足联腐败窝案”以来，国际足联“改革委员会”取得的一些改革进展。这也标志着曾经轰轰烈烈的“改革路线图”退出了历史舞台，完成了国际足联应对治理危机的“宣示性”舆论使命。

表1　国际足联改革路线图概要[1]

时间	主持机构	主要事项与任务
2011年10月	执委会	设立4个改革工作组，分别为章程修改工作组，道德委员会改革工作组，透明度与合规性改革工作组，“足球2014”改革工作组。
2011年12月	改革工作组	召开改革工作组第一次会议，主要讨论国际足联章程修订、道德委员会的改革、透明度与合规方面的修订、改革形势分析与相关改革建议等。
2011年12月	执委会	在原有的“善治委员会”基础上，建立“独立治理委员会”，任命成员并提出相关的改革建议。
2012年3月	改革工作组	召开“独立治理委员会”和特设工作组会议，政府间委员会会议参与讨论，评估及确定执委会提出的具体改革建议。
2012年3月	执委会	明确改革目标方向，批准改革工作组和政府间委员会讨论的改革建议。
2012年5月	代表大会	表决与实施第一部分改革提案，具体包括国际足联章程的修订，实行道德委员会“两院制”改革，重组审计与合规委员会，通过《国际足联行为准则（2012版）》等。
2012年6月	道德委员会	任命道德委员会的独立主席及成员，发布与实施2012年版《国际足联道德规范守则》。

续表

时间	主持机构	主要事项与任务
2012 年 10 月	审计与合规委员会	召开新的审计与合规委员会第一次会议，审议透明度与合规性改革工作组提出的各项改革建议及方案。
2012 年 11 月—2013 年 2 月	会员协会	国际足联 209 个会员协会对剩余的改革事项进行磋商，进一步修正国际足联章程等。
2013 年 3 月	执委会	进一步审议与修订国际足联章程，审议修改国际足联组织规章制度和国际足联发展计划。
2013 年 5 月	代表大会	完成并通过善治计划，选举新的道德委员会成员，进一步修改审议国际足联章程等。

2　国际足联治理危机背景下的改革路线图

自 20 世纪 90 年代以来，“治理”成为一个使用频率很高的词，全球治理成为一种时代潮流。体育界的治理实践远远落后于全球治理的普遍状况，为了回应这样一种全球趋势，一些发达国家和国际体育组织先后引入善治理念、理论框架及付诸实践活动，宣告由单一模式的“金字塔管理”时代进入混合模式的“治理”时代。国际奥委会于 2008 年 2 月 11 日发布了第一份善治框架性文件——《奥林匹克和体育运动善治基本通则》，在《奥林匹克 2020 议程》第 27 条提议“遵守善治基本通则”中提出进一步完善修改《奥林匹克和体育运动善治基本通则》，遗憾的是，《奥林匹克 2020 议程》并未明确具体的时间表，全新的版本至今未能公布。国际足联相应组建了“善治委员会”，这一内部机构长期处于不为外界所知的“隐身”状态，或者说是为了更好地配合宣传改革工作而设立的名义上的机构。在国际足联官网的“改革进程”栏目有关“改革路线图”介绍中，出现了“善治委员会”的提法，由官网公布的信息可知，“改革路线图”时期建立的“独立治理委员会”，其前身是“善治委员会”，这个名义上的机构毫无疑问处于国际足联内部治理结构的边缘性地位。与此同时，国际奥委会和国际足联官网在显著位置开辟了“治理”专题，将广泛的利益相关者治理信息纳入“治理”专题，在一定程度上也说明了国际体育组织面对利益多元化、环境复杂化、关系网络化的全球治理趋势，主动进行治理角色定位和改革发展回应。

国际足联改革路线图的环境背景，一方面来自全球治理的时代趋势，国际非政府组织普遍面向善治、透明度、民主化、广泛参与、平等、责任制等改革方向发展，这种不可逆的改革潮流，促使国际足联采取更积极的建设性姿态，更透明的民主化程序，更先进的治理实践。国际足联官网“改革进程”明确指出了善治改革的背景和动机，“体育治理机构在社会中扮演着基础性角色，对于实现组织目标和更为宽阔的社会任务而言，坚持善治是最为根本的原则。作为世界足球运动的管理机构，国际足联矢志不渝地坚持善治、透明、对错误零容忍（无论该错误发生于体育竞赛，还是任何协会的足球发展中）的原则。国际足联已经对内部治理结构和程序进行了改革，以满足比赛治理的客观需要，也是对善治功能的深化，对实践复杂性的改革回应”[1]。

另一方面来自国际足联的治理危机，国际足联持续性地陷入腐败指控，主要来自调查性新闻报道和国家司法调查方面施加的压力，事件造成的恶劣影响不断升级，倒逼国际足联采取一些规范化的运作程序（例如在财务、预算、审计等方面加强规范性和透明度）、形式化的民主设计（例如内部监督权的改革）、套餐式的管理模块（例如引入COSO内部控制框架），对组织内部治理结构和控制机制做出一些形式化的、程序性的调整。布拉特治下的国际足联有意或无意遮蔽国际足联面临的治理危机，国际足联官网“改革进程”栏目未能涉及国际体育娱乐和休闲集团（ISL）腐败案，这一贪腐事件致使国际足联的公信力、国际形象、组织内部控制机制和治理结构的可信赖程度遭受重创。2010年11月29日英国广播公司（BBC）播发的“国际足联肮脏秘密”调查报道，涉及已经破产的ISL公司一系列贿赂行径，前国际足联主席阿维兰热、前国际足联副主席哈亚图、前南美足联主席里奥兹、前巴西足协主席特谢拉等足坛高管卷入其中，借助 BBC 的公共舆论影响，事件持续发酵，瑞士司法部门介入事件调查，国际足联陷入前所未有的治理危机。事实上，正如大部分业界人士和媒体批评的观点，国际足联改革路线图是迫于组织外部司法调查的压力而被动做出的一系列改革设计，至于能否变现改革承诺，在多大程度上实现改革设计，这不是布拉特治下的国际足联感兴趣的问题。

3　国际足联改革路线图的主要成果

3.1　民主化程序方面进一步规范细化

改革路线图主要面向解决国际足联的治理危机，主要从民主化程序和内部监督机制两方面着手，也可以认为是从民主的形式化要求和内部权力制衡两个层面的治理改革。国际足联重启民主化程序方面的改革，不仅是组织运行面向专业化方向发展的客观需要，也是从内部决策与控制机制方面遏制贪腐行为的必然要求。“民主化程序”指的是组织治理过程中应当遵循的一整套标准化的、程序性的行业或职业规范，具体包括审计、财务、预算、合规、项目招标、薪酬、行为规范、信息披露等组织运行的方方面面。全球体育的蓬勃发展，与国家政治、经济与文化领域的深度融合，迅速提升了国际体育组织的全球影响力，组织运行的封闭性、业余性特征，以及在民主化程序方面存在的缺陷，必然导致国际体育组织面临诸多的不可控风险，这些不可控风险可能涉及人权问题、侵权纠纷、商业竞争规则、法律与诉讼风险等，进一步规范细化组织内部的民主化程序，使之符合各专业领域的规范标准要求，避免组织运行的道德与法律诉讼风险，将成为国际体育组织未来一段时期的改革目标与方向。

合规性是组织民主化程序的重要表现形式，合规指的是企业或社会组织对现有法律、政府指令、公共政策的遵守和执行。以国际体育组织合规性改革为例，国际足联在审计与合规方面的治理改革具有较强的预见性，通过建立“透明度与合规性改革工作组”引领治理改革，具体包括由审计与合规委员会对组织效率、指导方针、内部控制框架、合规事项等相关内部规则进行审查与监管，实施最好的且最有效的合规系统；建立发展委员会，负责组织发展项目资金的控制及信息披露；将合规作为治理改革的一部分，增强审计与合规委员会所发挥的作用等[1]。国际奥委会同时将组织合规性列为一项重要的改革内容，一方面为满足国际奥委会在技能和知识上的多元化需求，强调国际奥委会成员的知识结构调整问题，《奥林匹克 2020 议程》第 38 条提议“实施定向招聘流程”指出[2]，国际奥委会成员候选人在符合一系列任用标准的前提下，要特别考虑候选人的专业知识背景和知识结构特点，例如医疗、社会学、文化、政治、商业、法律、体育管理专业知识等。另一方面为提供组织合规性方面的改革建议，设立相应的专职岗位和建立长效机制，《奥林匹克 2020 议程》第 31 条提议“确保合规性”指出[2]，国际奥委会在行政岗位中加设合规专员一职，旨在为国际奥委会成员和管理人员、国家奥委会、国际单项体育联合会以及广泛的利益相关者提供合规性方面的建议。

“道德委员会改革工作组”的实践改革成果主要表现在，针对重要官员强制实施正直诚实性审查机制；实施新版《国际足联行为准则》草案，为“为人处世”奠定了 11 条核心准则，并适用于国际足联大家庭，包括国际足联官员、雇员、会员协会、协会成员、比赛官员、球员经纪人（代理人）、比赛经纪人（依据国际足联章程的定义）；修订并实施 2012 年版《国际足联道德规范守则》，在道德规范守则的结构性和程序性方面做出较大改进；实施可公开访问的机密报告机制，并由外部提供者进行管理等[1]。值得提出的是，由 2009 年版《道德规范守则》的 21 条进一步规范细化到 2012 年版的 88 条，在概念定义、结构性、合规性等方面都有很大的提升。例如关于贿赂和腐败的定义，采用了经合组织的标准。再如关于揭露及报告义务的改革，2009 年版《道德规范守则》要求行政官员向国际足联秘书长报告，再由秘书长转告专门机关，涉及个人的违规行为应当按照相关要求向负责机构报告；2012 年版《道德规范守则》将该条款修改为，“受此道德规范约束的个人，应当立即向道德委员会调查院秘书处报告所有可能的违规行为”[3]。此外，对于主要负责足球竞赛规则事宜的国际足球协会理事会（IFAB），也要求向民主化程序和透明度方面更进一步。例如，在咨询流程中分设技术和足球咨询小组；对于决策民主化程序问题，在网站建设、文件发布等方面要提高透明度；在瑞士民法典框架下，制定并规范 IFAB 章程。

3.2　内部监督机制的改革创新

独立自治是国际体育组织的政治遗产和文化传统，组织自治与外部法律规制（国际、区域、国家层面）一直处于紧张对峙的状态。以欧盟委员会发布的《体育白皮书》为例，从中可以看出组织自治与法律规制之间的关系，欧盟委员会重申了“体育活动适用于欧盟法律”，不允许体育活动例外于法律制度，却承认体育组织拥有两项自治权，一是为保障体育竞赛公正性的规则，二是建立在国家实体上的体育联合会的金字塔结构[4]。欧盟委员会承认体育组织享有一定的自治权行动空间，同时也重申体育活动不能游离于法律制度框架之外，逐步形成了以治理为中心的权力博弈形式和多边对话机制[5]，形成了组织内部自治与外部法律规制共同治理的双重格局[6]。《奥林匹克 2020 议程》第 28 条提议“支持自治”同时指出，“2014 年纽约召开的联合国大会做出承认国际奥委会体育自治权的决议”[2]。这是国际体育组织在自治权问题上取得的重要进展。即便国际奥委会将第 28 条提议作为一种“宣示性条款”

或政治成果广为宣传，由于国际体育组织普遍缺乏严格的、独立的内部监督机制，同时未能实行更高标准的善治体系，致使外部规制力量很难抱以积极乐观的态度，并相应赋予体育组织更大的自治行动空间。

正是在这一严峻的组织自治形势下，国际体育组织普遍加强了内部监督机制的探索和改革。在2006年6月举行的国际足联大会上通过了成立道德委员会的决议，在组织设置和人员任命方面模仿国际奥委会建制并表现出一定的独立性，道德委员会一直无法从执委会的权力框架中分离出来，在处理一系列贪腐事件中的表现差强人意。国际足联执委会授权以建立道德标准和正直诚实原则为目标指引，以重建道德委员会治理结构为改革方向，创造了独特的"两院制"治理模式。"两院制"源自欧洲封建时代的等级会议，通常指贵族阶层和平民阶层共同行使议会的权力。边沁将"两院制"的基本特征归结为："贵族政体成分是上议院，民主政体成分是下议院。下议院在诚实方面，的确是极好的，但是它在智慧方面不如上议院。民主政体的成员都缺乏智慧，而贵族政体的成员，却都具有丰富的智慧。"[7]"两院制"在西方民主政治生活中具有广泛影响，美国称为"参议院"和"众议院"，法国称为"参议院"和"国民议会"，荷兰称为"第一院"和"第二院"，瑞士称为"联邦院"和"国民院"等。国际足联道德委员会将道德调查部分和案件裁决部分作为两个相对独立的司法实践领域，由此分设"调查院"（Investigatory Chamber）和"裁决院"（Adjudicatory Chamber），"调查院"负责案件的调查取证工作，"裁决院"负责复审环节并做出相应裁决。这种治理结构不同于西方民主制度的"两院制"，国际体育组织一以贯之精英自治模式，不存在"贵族"与"平民"两个阶层的权力制衡问题，更多的是考虑体育道德案件的客观性和复杂性，给予案件及当事人一个更严谨、更公正、更慎重的内部裁决。

道德委员会“两院制”改革借鉴了西方发达国家广泛接受的民主价值体系，符合西方民主制度的分权治理原则，也回应了公共舆论和外部司法力量对组织内部监督机制和民主制度建设的质疑。2012 年版《国际足联章程》第 25 条“代表大会的议程”和第 61 条“法律机构”规定，国际足联的法律机构包括纪律委员会、道德委员会和申诉委员会，代表大会的议程必须包括选举或罢免司法机构主席、副主席及成员，不得为执委会或常务委员会的成员。“调查院”和“裁决院”既有相互协作的工作特点，又有互相监督的治理功能。调查院的职责及权限主要有[3]：依据职权和独立的自由裁量权，对可能违反国际足联道德规范的行为立案调查；如果调查院认为案件缺乏确凿的证据，不需要提交裁决院并有权结案；如果在案件中发现确凿的证据，应启动调查程序并展开适当的问询等。裁决院的职责及权限主要有：对调查院提交的案件调查材料进行复审，并做出结束调查或具体裁决；裁决院可随时退回调查材料，并要求调查院扩大调查范围或增写调查报告；裁决院有权追加调查等。由此可见，调查院具有案件调查的权限，同时具备对缺乏确凿证据的案件做出结案处理的权限。裁决院具有案件复审、追加调查、裁决的全功能，追加调查功能只是针对特殊案件而言，属于一种弱功能设置，也可认为是一种强化复审环节的制度设计。道德委员会“两院制”属于一种功能互补、相对独立的治理结构，也就是“两院”的强功能与弱功能相互协调，调查与复审（裁决）相对分离的治理结构。

2012 年版《道德规范守则》作为重要的治理改革成果，在道德委员会的独立性问题上较之 2009 年版《道德规范守则》迈进了一步，也突显了国际足联在内部监督机制改革创新问题上的力度和决心。道德委员会的独立性主要体现在，“道德委员会成员不属于国际足联任何机构；道德委员会成员及其直系亲属（在 2012 年版《道德规范守则》中规定的）不归于任何国际足联的司法部门、执委会以及常务委员会；道德委员会成员负责管理调查和诉讼的有关事项，必须完全独立且不受第三方影响做出裁决”[3]。道德委员会同时有权对组织内部的任何人员做出裁决，道德委员会介入对2015年5月“国际足联腐败窝案”调查之后，做出了对国际足联主席布拉特、副主席普拉蒂尼禁足90天的判罚决定，随着“国际足联腐败窝案”持续发酵，道德委员会又追加了对布拉特和普拉蒂尼禁足8年的严厉裁决。布拉特接受禁足处罚这一事件，置于改革路线图之前的内部监督机制是不可能完成的，这也充分说明，“布拉特禁足事件”作为改革路线图的政治遗产，内部监督机制的改革创新在某些方面发挥了积极的作用。

4 国际足联改革路线图走向失败的几大因素

4.1 形式化需要大于实质性改革

“ISL腐败案”爆发以来，布拉特治下的国际足联面临公共舆论和瑞士司法部门施加的巨大压力，亟待借助一些“技术性手段”平息事态。同时，2010年12月曝出世界杯东道国贿选丑闻，2011年6月曝出国际足联主席竞选丑闻，导致国际足联的公信力跌至谷底。国际足联执委会迅速成立了“独立治理委员会”，在布拉特的邀请与授意下，任命马克·皮特（Mark Pieth）博士为“独立治理委员会”主席。皮特博士是国际著名的反腐问题专家，“透明国际”（Transparency International）组织成员，时任瑞士巴塞尔大学法学院教授。皮特博士的任职经历、独立身份以及在业界享有的良好声誉，在遏制组织犯罪与腐败、国际组织与政府治理等改革领域积累的丰富经验，十分符合国际足联对治理改革的“宣示性”价值和民主程序的形式化追求，旨在塑造一个“中立者”“独立性”“正义化身”的媒介形象，尽快消除国际足联一系列贪腐事件的不良影响。布拉特授意下的治理改革目的十分明确，不是直面国际足联内部控制机制和治理结构中存在的关键性问题，而是要化解国际足联的治理危机，更功利地来说，就是消除国际足联贪腐事件产生的不良影响。在名义上建立独立改革机构，制造“动真格”的改革噱头，借助公众人物的良好声誉来造势宣传，冀望扭转乾坤，把悲剧变成喜剧，阿维兰热和布拉特充满虚伪、傲慢，注重外在表现、华丽的口才、毫无信任感的政治风格[8]，形式化需要大于实质性改革的“炫目装扮”，让公众看得目瞪口呆。2011 年 5 月 31 日是泰坦尼克号出航 100 周年纪念日，布拉特当天将自己比喻为“船长”，将船驶上正确航道是“船长”的责任，并坚信“会共渡难关”，这似乎是一个不祥的谶语，时隔不到一年，布拉特宣告暴风雨已经平息，“我们回到了港湾……驶向平静而清澈的水域”。而随后发生的事实是，国际足联各种腐败指控仍悬而不决，新的指控则不断进入公众的视野。[9]

在任命皮特博士之前，由国际足联道德委员会前主席苏尔瑟负责反腐工作，前中北美及加勒比地区足联主席沃纳、前亚足联主席哈曼等一批布拉特的竞争对手遭受严厉制裁，公共舆论将批判的矛头指向苏尔瑟与布拉特的亲密关系、布拉特借助道德委员会打压异己力量等问题，加之道德委员会这一内部机构设置不具有独立性，苏尔瑟亦是背负体制内身份的利益相关者，致使苏尔瑟领导下的道德委员会丧失了公信力。借助皮特反腐专家的形象认知，国际足联至少在名义上赢得了舆论优势。值得说明的是，与“皮特改革事件”如出一辙，2015 年 5 月“国际足联腐败窝案”采用了同样的形式化套路，在国际足联执委会的授权控制下，迅速成立了“改革委员会”，任命弗朗索瓦·卡拉德（Francois Carrard）博士为国际足联改革工作小组主席，卡拉德博士是国际体育知名律师、前国际奥委会总干事、国际奥委会资深顾问。如果国际足联仍然坚持这种形式化的改革套路，一种“换汤不换药”的惯用改革套路，一种缓解贪腐事件的“障眼法”，可以明确预料的是，“卡拉德改革事件”又将步入“皮特改革事件”的后尘，成为历史天空下的一片浮云。

4.2 治理改革缺乏实质上的独立性

国际足联改革路线图又称为“2011—2013年治理改革计划”（FIFA Governance Reform Process of 2011—2013），布拉特治下的国际足联在名义上重点强调治理改革的独立性，不仅在“独立治理委员会”（Independent Governance Committee）这一改革机构的称谓中渲染“独立性”的色彩，同时炮制出一些类似于“独立主席”的高频词，而事实上，改革路线图距离真正意义上的独立性标准相差甚远。第一，改革工作组的机构设置方面不具有独立性。直接负责推进改革工作的改革工作组、道德委员会、审计与合规委员会，均是在执委会的授权下建立（或重组）的，并接受执委会的管辖与领导。这些机构分管不同的治理改革事务，主要负责征询具体的改革意见以及整理、制定并提交改革方案，执委会扮演协调和统摄的领导者角色，负责审议最终的改革方案，决定是否提交代表大会表决，或选择性执行一些常规的改革建议。同时，道德委员会的独立性并未写入2012年版和2014年版《国际足联章程》，章程第21条有关“机构”的说明中，涉及代表大会、执委会、秘书处、常务委员会和特别委员会，作为组织最为重要的“司法部门”——道德委员会未能赢得独立的地位，这也是组织内部缺乏监督权力制衡的一个缩影。

第二，改革路线图授权方面不具有独立性。改革路线图完全置于执委会的指导、审议与控制下进行，执委会或直接或间接参与改革路线图的全过程，并在最终审议改革工作报告方面具有否决权，在选择性执行一些改革建议方面具有自由裁量权，在具体执行一些通过执委会或代表大会审议的改革意见方面具有解释权。同时，改革路线图并未实现独立授权，执委会要求改革工作组与组织行政系统保持联系，实质上是一种捆绑关系，行政系统始终保持对治理改革工作的全程跟踪状态。国际足联内部司法系统与行政系统之间的这种捆绑式关系设计，为后续到来的治理改革实践定了基调，也决定了组织内部控制机制和治理结构存在的局限性。2012 年版《道德规范守则》有关秘书处与道德委员会的关系问题指出："国际足联总秘书处要为道德委员会调查院和裁决院安排包括必要工作人员在内的秘书处，调查院和裁决院同时有权雇佣外部人员辅助机构工作。国际足联总秘书处要为调查院和裁决院指派秘书。秘书处负责与诉讼有关的行政及法律工作，帮助调查院和裁决院完成各自工作，尤其要完成备忘录、总结报告及决议书。"[3]这种内部治理结构设计无法实现立法权、行政权、司法权的相对独立，并未赋予内部司法部门的行政自主权，司法部门的行政工作类似于总秘书处的分支机构。根据国际足联章程，秘书处是国际足联的行政机构，总秘书处指派秘书协助治理改革工作组开展系列工作，致使治理改革工作无法与内部利益关系分离，也就丧失了治理改革的独立性。具有讽刺意味的是，国际足联秘书长瓦尔克因涉嫌参与高价倒卖世界杯球票，被国际足联解除职务并展开正式调查。

第三，分管各方面改革工作的机构高管，绝大部分实行任命制，并未经由代表大会、会员协会推荐、利益相关者广泛参与等民主程序确定合适的人选，致使改革工作与组织内部利益形成难以割舍的裙带关系。例如，国际足联执委会任命茨旺齐格(Theo Zwanziger)主持会员协会会议及一系列协商改革工作，茨旺齐格时任国际足联执委和德国足协主席，一直处在国际足联与欧洲足坛政治势力的角力漩涡中[10]，这种由"局内人"主持协商改革工作的局面，很难有独立性可言。2015 年 5 月"国际足联腐败窝案"掀起了国际足坛的反腐浪潮，各国司法部门纷纷介入具有司法管辖权案件的调查，德国《明镜周刊》曝光"2006 年世界杯申办贿选丑闻"事件，德国检察机关对德国前足协主席茨旺齐格、现任主席尼尔斯巴赫以及秘书长施密特的住宅进行突击搜查，尼尔斯巴赫迫于舆论压力宣布辞职。尼尔斯巴赫（原德国足协秘书长）接任主席一职得到上任主席茨旺齐格的全力支持，这种“剪不断，理还乱”的裙带关系，不仅体现在国际足联与国家足协的利益关系上，也体现在治理改革与内部利益格局的紧密关系上。2015年5月“国际足联腐败窝案”再现了这样一种特殊的“Nexus”型贪腐网络，“Nexus”意指一个基于P2P（Peer-to-Peer）技术的新一代社群交流平台（笔者注），“Nexus”型贪腐网络的参与者和受益者较多，这是建立在“精英俱乐部”关系网络之上的“系统性”利益结构[11]。

4.3 改革建议的选择性执行或执行不力

皮特博士领衔的独立治理工作组提出了一系列切实的改革建议，提交执委会审议执行这一关键性环节遇到了极大阻力，执委会或对一些改革建议“视而不见”，或采取“避重就轻”式的应付策略，选择性执行一些不涉及组织内部重大利益的改革建议，甚至采取一些符合民主程序性的决策形式，借此否决一些重大改革建议。例如，对于引进“年龄限制”和“任职期限”这一重大改革事项，由执委茨旺齐格主持的会员协会会议并未达成共识，第63届国际足联大会同时搁置下来，反种族主义新规定等改革建议通过大会表决，执委会授权茨旺齐格博士继续征询与协调这一重大改革事项，改革建议提交至2014年6月11日举行的第64届国际足联大会做出表决，表决结果是“反对引进年龄限制和任职期限制原则”。这一表决形式符合民主决策程序，但事实结果违背了《奥林匹克2020议程》的改革精神和实现普遍善治的理想追求。很显然，布拉特治下的国际足联利用了“选票民主”的局限性，在政策执行过程中背离了改革的初衷。美国科罗拉多大学科技政策研究中心的Roger Pielke Jr博士对国际足联“2011—2013年治理改革计划”的评估性研究表明[12-13]，由“独立治理委员会”提出了 63 条具体改革建议，提交至执委会审议，在名义上采纳了大部分的改革建议，而事实上仅完全实施了 7 条改革建议，部分实施了 11 条改革建议，未能落实 45 条改革建议，同时运用“治理记分卡”评估结果表明，国际奥委会治理度测算为 70.2%，国际足联治理改革前为 55.2%，治理改革后为 56.3%，“改革路线图”并未取得实质效果。国际足联前媒体事务总监托尼奥尼（Guido Tognoni）将“皮特改革事件”形象描述为，“皮特就像布拉特的一条贵宾犬，他必须大声吼叫，但不能咬人”[13]。

改革路线图在涉及国际足联治理改革的关键领域均未能取得突破性进展，一些重大改革问题成为久拖不决的“老大难”问题。2015 年 5 月“国际足联腐败窝案”产生的一系列连带事件及改革行动回应，“卡拉德改革事件”在引入任期限制、强化道德审查、薪酬披露、选举女性委员等一些重大改革问题上，与“皮特改革事件”的改革方案内容高度一致。由卡拉德博士领衔的“改革委员会”公布了最新的国际足联改革方案，并提交至 2016 年 2 月举行的国际足联特别大会表决，这些改革建议主要包括[14]：引入任期限制；政治与管理功能分离，执委会改组为理事会，扩大成员人数，确保更广泛的参与和民主；增强对现金流的控制；在国际足联及会员协会中普遍推行善治原则；建立组织高管薪酬披露制度；更大范围承认并促进女性参与国际足联高层事务，创造一个更加多样化的决策环境和文化；常务委员会成员的道德审查事项由独立的评估委员会负责；成立足球利益相关者委员会，广泛纳入利益相关者（包括球员、俱乐部和联盟）代表等。国际足联为应对组织危机性事件，在短短 5 年时间推出了两次大规模的治理改革计划，前后两次治理改革的内容框架高度一致，这充分说明改革路线图属于“放空炮”，一揽子改革建议遭遇执委会的选择性执行或执行不力，亦是导致改革路线图失败的重要因素。

4.4 偏重于完善民主化程序

阿维兰热和布拉特治下的国际足联始终坚信不断爆发的贪腐事件，是由组织内部治理的业余性这一“历史遗产”引发的，也就是任海教授指出的奥林匹克组织的局限性，即奥林匹克组织治理具有的业余性、封闭性特征，以及长期处于私人俱乐部的组织状态[15]。国际足联相对应的解决思路就是不断完善组织治理的民主化程序，让国际足联内部控制机制和民主化程序符合现行法律、财务、审计、合规性等方面不断提升的行业规范要求。例如，国际足联在审计与合规性方面进行了大规模的改革实践，“自从 1988 年以来，国际足联不断实施一系列的改革措施，特别注重组织内部控制和透明度问题，例如依据国际财务报告准则（IFRS），进行全面的财务报告；由毕马威会计师事务所（KPMG）进行财务审核；引进 COSO 内部控制框架；建立预算编制流程；针对所有重大采购合同的招标程序等”[1]。从“透明度”这一善治原则来说，不得不说是一种值得信赖的民主程序化改变。例如在采用 IFRS 规范体系，与国际知名的会计师事务所展开合作方面，比国际奥委会先行一步，《奥林匹克 2020 议程》第 29 条提议“扩大透明度”指出，“国际奥委会要依从 IFRS 规范体系来准备和审计财务报表，尽管法律并未要求其遵从这些更高的标准。国际奥委会要制作一个年度活动和财政报告，包括对国际奥委会成员的津贴政策”[2]。国际奥委会将 IFRS 作为更高的财务规范标准，而国际足联在一些合规性领域已经实现了常态化。

国际足联的改革由来已久，其“坚定信念”的改革措辞频繁见诸各种正式场合的官方申明中，实际改革结果广受诟病，皮特博士呼吁国际足联不要在改革问题上“摘樱桃”，布拉特打趣回应，“就算皮特教授说我们在摘樱桃，我们也不可能把整棵树都摘下来，因为这是不可能实现的，也不可能摘得所有的樱桃”[9]。“摘樱桃”指的是仅选择或购买特价商品的行为，隐喻为国际足联的改革避重就轻，不完全投入且丧失诚意，亦是国家司法力量不断干预国际足联自治事务的主要原因[16]。布拉特治下的国际足联有意回避组织治理结构存在的重大漏洞，而是采用不断完善民主化程序这一治理改革的形式化要求，替代组织治理结构的根本危机，同时回应外界的质疑和释放舆论压力。如果改革路线图不指向组织内部控制与治理结构的关键领域，而是在“透明度”这一善治原则的形式上做文章，结果只能是延缓危机，也就是德国社会学家施特雷克所说的“购买时间”（buying time）。“购买时间”指的是制定一些应付改革的形式，包括使用金钱、承诺、引进一些通用的行业规范等，尽量拖延当前存在的危机。最终的结果是，现有的危机尚未解决，新的危机不断涌现。[17]

以国际足联引进 COSO 内部控制框架为例，COSO 内部控制框架自 1992 年发布以来，对各类组织完善和提升其内部控制的效率和效果发挥了重要的影响，同时公司治理领域不断爆出 COSO 失灵的问题，表现出 COSO 内部控制框架存在的设计漏洞，以及实际运用过程中存在的局限性。国际足联适用 COSO 内部控制框架，一直关注组织内部控制的“外部性特征”，亦即注重审计、会计、财务报告制度建设方面，聚焦于“现金流”相关内控，忽视了作为“全面内部控制”的理念与实践运用。同时，COSO 作为一种防御性措施，强调组织必须承担的责任和义务，而恰恰国际足联内部缺乏一套行之有效的责任约束机制，对于组织内部出现的诚信与道德问题[18]，或者说组织管理层的智慧和能力无法凝聚“正能量”，COSO 作为一种框架式的行业指导规范也就无法发挥实际功效。不可否认的是，改革路线图在不断完善民主化程序方面具有积极的作用，但在布拉特治下的国际足联普遍缺乏社会责任意识、诚信与正确道德观的前提条件下，内部控制框架沦为一面对外宣传的“功绩墙”。况且，国际足联使用的是1992年版COSO框架，如今商业环境巨变，新技术应用与组织治理的复杂结构不断涌现，这些都对国际足联合理运用COSO框架提出了挑战。

5 结语

国际足联改革路线图的推出背景，一方面迎合了全球治理的时代趋势，另一方面迫于公共舆论和外部司法调查方面施加的腐败指控压力，倒逼国际足联主动回应组织治理危机。国际足联改革路线图并未解决组织内部控制和治理结构方面存在的根本性问题，国际足联不断爆出腐败丑闻，2015年5月“国际足联腐败窝案”达到腐败指控的顶峰，各国司法部门协同介入“国际足联腐败窝案”，宣告国际足联改革路线图彻底破产。诚然，国际足联一系列腐败案件并不能全盘否定改革路线图的主要成果，改革成果与短期成效不能一概而论，至少为国际足联迈向善治道路留下了一些政治遗产。抱以辩证的态度，关注改革路线图可能形成的长期影响或许更有建设性意义，这是组织内部控制与外部力量、集权与治理、管理高层与广泛的利益相关者之间的权力博弈结果，一个渐进式、关系网络化、日趋复杂的组织改革过程。伴随国际足联“改革委员会”推出的新一轮改革方案，国际足联改革路线图无疑打上了“失败”的标签，新一轮改革方案会不会成为改革路线图的翻版，上演另一场“政治剧”，还有待进一步观察与评论。[19]

参考文献

［1］FIFA.The Reform Process［EB/OL］.［2015-11-03］. http：//www.fifa.com/governance/how-fifa-works/the-reform-process.html.

［2］IOC.Olympic Agenda 2020 - The Strategic Roadmap for the Future of the Olympic Movement［EB/OL］.［2014-11-18］.http：//www.olympic.org/olympic-agenda-2020.

［3］FIFA.FIFA Code of Ethics，2012 edition［EB/OL］.［2016-02-05］. http：//resources.fifa.com/mm/document/affederation/administration/50/02/82/codeofethics_v211015_e_neutral.pdf.

［4］Jean-Loup Chappelet，Brenda Kübler-Mabbott.The International Olympic Committee and the Olympic System：The Governance of World Sport［M］. New York：Routledge，2008：119-124.

［5］陈华荣.论欧盟体育治理基本原则的形成与发展［J］.体育成人教育学刊，2015，31（1）：4-8.

［6］谭小勇.依法治体语境下的体育行业自治路径［J］.上海体育学院学报，2016，40（1）：37-45.

［7］［英］边沁.政府片论［M］.沈叔平，等译.北京：商务印书馆，2009：183-184.

［8］Alan Tomlinson.The Supreme Leader Sails on：Leadership，Ethics and Governance in FIFA［J］.Sport in Society，2014，17（9）：1155-1169.

［9］Roger Pielke Jr. How Can FIFA be Held Accountable?［J］.Sport Management Review，2013，16（3）：255-267.

［10］The Associated Press. Pieth Hits Out at UEFA Tactics to Block Reform［EB/OL］.［2013-02-06］.http：//www.sportsnet.ca/more/uefa-fifa-reform/.

［11］Christer Ahl. U.S. Justice System's Role vs. FIFA：Good or Bad?［EB/OL］.［2016-01-25］.http：//www.playthegame.org/news/comments/2016/022_christers-corner-us-justice-systems-role-vs-fifa-good-or-bad/.

[12] Roger Pielke，Jr. An Evaluation of the FIFA Governance Reform Process of 2011 - 2013 [A] .Stephen Frawley，Daryl Adair. Managing the Football World Cup [C] .Basingstoke：Palgrave Macmillan，2014：197–220.

[13] Roger Pielke，Jr. A Report Card on FIFA Reform [EB/OL]. [2013–06–19] .http：//www.playthegame.org/news/news–articles/2013/a–report–card–on–fifa–reform/.

[14] FIFA.2016 FIFA Reform Committee Report Presented to the Executive Committee [EB/OL]. [2015–12–03] .http：//www.fifa.com/governance/news/y=2015/m=12/news=2016–fifa–reform–committee–report–presented–to–the–executive–committee–2741751.html.

[15] 任海 . 国际奥委会演进的历史逻辑——从自治到善治 [M]. 北京：北京体育大学出版社，2013：128–131.

[16] 黄璐 . 权力漩涡与民主的价值——国际足联腐败丑闻的深层思考 [J]. 武汉体育学院学报，2015，49（10）：26–33.

[17] [德] 沃尔夫冈 · 施特雷克 . 购买时间——资本主义民主国家如何拖延危机 [M]. 常暄，译 . 北京：社会科学文献出版社，2015：10.

[18] [美] 罗伯特 · R · 穆勒 .2013 版 COSO 内部控制实施指南 [M]. 秦荣生，张庆龙，韩菲，译 . 北京：电子工业出版社，2015：3–85.

[19] 黄璐 . 国际足联改革路线图研究 [J]. 成都体育学院学报，2015，41（4）.

第 4 章　2016 年国际足联治理改革研究

2016 年国际足联特别大会表决通过了新一轮治理改革方案，方案内容来自国际足联改革委员会工作报告。从善治实践的视角，对国际足联改革委员会工作报告进行解读，把握国际足联改革走向，为中国体育社会组织改革启发思路。国际足联改革委员会的调研工作具有独立性，主要依据结构性改革理念，从制度供给端发力，带动整个行业的变革，以适应迅速变化的国际体育发展环境。同时注重权力制衡机制建设，增强各分支委员会的独立性，重塑国际足联的公信力。具体改革建议包括推动国际足联领导层的文化变革、推进“政管分离”改革、提升透明度、提高参与性、引入任期限制、进行常务委员会改革、推行善治实践等方面。

渐行远去的 2015 年，对于深陷贪腐丑闻的国际足联是不平静的。来自公共舆论和各国司法机构的贪腐指控，致使国际足联面临组织历史上最大的公信力危机，也暴露出国际足联在治理结构和运行机制方面存在的根本性问题。

国际足联唯有通过积极的治理改革，来释放公共舆论和各国司法机构施加的巨大压力。2015 年 5 月国际足联贪腐丑闻爆发以来，国际足联于 2015 年 8 月成立“2016 年国际足联改革委员会”，改革委员会于 2015 年 12 月 2 日完成了新一轮治理改革方案规划，并提交国际足联执委会审议，最终在 2016 年 2 月 26 日举行的国际足联特别大会中获得表决通过。这预示着国际足联新任主席因凡蒂诺，将掀开国际足联治理改革新的篇章。由国际足联改革委员会提交的最终改革报告[1]（以下简称“改革报告”）是国际足联特别大会最终表决通过治理改革方案的蓝本，对“改革报告”的深入解读不仅有助于理解国际足联的最新治理改革动向，也对中国体育社会组织改革起到一定的借鉴参考作用。

1　2016 年国际足联重启治理改革计划

布拉特治下的国际足联一直以来面临公共媒体、各国司法机构、业内人士、国际非政府组织（例如“透明国际”组织）等各方力量的贪腐指控，为化解贪腐指控压力而进行的组织治理改革始终未断。从 2006 年借鉴国际奥委会内部权力制衡的治理原则成立道德委员会，到 2010 年 12 月和 2011 年 6 月国际足联贪腐丑闻之后推出的“2011—2013 年治理改革计划”，再到 2016 年国际足联特别大会表决通过的新一轮治理改革方案，国际足联一直处于寻求组织变革的征程中。领衔治理改革的专设机构称谓也由“善治委员会”“独立治理委员会”“足球 2014 改革工作组”“改革委员会”等频繁变换，同时体现了国际足联在名义上高举改革旗帜的宣示性意义。而事实上，正如公共舆论广泛批评的问题，以及各国司法机构介入国际足联贪腐事件的调查行动，布拉特治下的国际足联并未在治理改革问题上取得突破性进展，一些常规性改革事项获得执委会的支持，一些重大治理改革议题被搁置下来，改革并未解决国际足联治理结构和运行机制存在的根本性问题。

布拉特治下的国际足联推行治理改革的诚意，受到学界、业界人士的广泛质疑，国际足联高度集权的治理结构——执委会的中枢地位并未发挥正向作用，布拉特同时是执委会的直接领导者，或采取“和稀泥”的改革策略，或选择性执行一些无关痛痒的改革事项，国际著名反腐问题专家马克·皮特（Mark Pieth）博士将布拉特治下的国际足联在实际推行治理改革方案上的“不作为”状态形象描述为“摘樱桃”[2]。这种“避重就轻”式的旨在拖延改革的迂回策略，导致国际足联治理危机的累积性大爆发，旧的危机性事件尚未过去，新的贪腐丑闻不断爆发。“改革报告”审时度势，明辨国际足联当前面临的严峻形势，同时明确了新一轮治理改革的目标主旨，“国际足联正在遭受组织历史上最为严重的危机。当前的危机也是一个组织改革的难得机会。为了重拾信心，国际足联从制度结构到操作流程必须进行重大修正，以防止腐败、欺骗和假公济私行为，让组织更加透明和负有责任。特别是最近的贪腐事件损害了国际足联的声誉，最近的改革需要从组织文化本质上做出变革，以重获国际足联的声誉，让国际足联更好致力于‘推动足球在世界各地发展’的真正使命”。[1]

从 2016 年国际足联治理改革方案的主要内容来看，在引入任期限制、权力制衡机制、现金流控制、合规性、透明度、扩大女性的参与、司法机构的独立性等方面，与皮特博士领衔的改革工作组报告[3]的大部分改革议题保持一致，皮特博士时任国际足联“独立治理委员会”主席，并主持“2011—2013 年治理改革计划”的全面工作，这说明“2011—2013 年治理改革计划”的主要改革目标并未纳入国际足联治理改革议程，同时也宣告布拉特治下的国际足联治理改革计划的破产。国际足联执委会任命皮特博士主持治理改革计划，一方面是基于皮特博士的独立性身份、犯罪学知识背景、在反腐领域积累的丰富经验、良好的公众形象与声誉等方面的考虑，皮特博士时任巴塞尔大学法学院教授，是“透明国际”（Transparency International）成员。一方面是考虑“透明国际”组织在国际足联治理改革问题上表现出的积极态度和专业性，也为保持一种公民社会改革议题的政策延续性，皮特博士与“透明国际”具有改革设计和专业信息方面的某种“关联”。在皮特博士领衔治理改革计划之前，“透明国际”组织于2011年8月发布了《携安全之手：共建国际足联的诚信与透明》改革建议报告，在国际足联组织结构、道德规范、透明度、独立性、财务与审计、政策实施与监控等方面提出了具体的改革建议[4]。“透明国际”是一个主导全球反腐领域的全球公民社会组织，针对国际足联治理状况推出的建议性评估报告，为国际足联开展“2011—2013年治理改革计划”提供了政策底本，也是2016年国际足联治理改革方案和“2011—2013年治理改革计划”主要改革议程的内容来源。也可以说，2016年国际足联治理改革方案是“2011—2013年治理改革计划”的延续，是在完成“透明国际”组织和“皮特治理改革”工作组未尽的改革事业。2015年国际足联贪腐丑闻持续发酵，布拉特迫于各方力量施加的压力，辞去国际足联主席一职，受到国际足联道德委员会关于“终身禁足”的严厉处罚，伴随着阿维兰热与布拉特联手42年治下的威斯敏斯特政治体制的倒台，以及各国司法部门逐步清理布拉特在国际足联内部长期经营的残余势力，欧足联秘书长因凡蒂诺当选国际足联新任主席并承诺大力推进国际足联治理改革，都为国际足联新一轮治理改革预期赢得了好形势。

作为“皮特治理改革”的形式化延续，国际足联执委会任命弗朗索瓦·卡拉德（Francois Carrard）博士为改革委员会主席，尝试重启2016年国际足联治理改革计划。卡拉德博士同样具备皮特博士在独立性身份、知识背景、反腐经验、公众形象等方面的优势，同时在促进“盐湖城冬奥丑闻”之后国际奥委会进行的一系列卓有成效的治理改革经验上具有独特的优势，这是国际足联任命卡拉德博士的主要原因。卡拉德博士是国际奥委会资深顾问，前国际奥委会总干事，国际体育知名律师，是新世纪以来国际奥委会治理改革的建议者和参与者。国际足联旨在复制国际奥委会新世纪改革的成功经验，具体指的是国际奥委会在经历"盐湖城贪腐丑闻"之后推出的一系列深化组织治理改革的计划，以国际奥委会第 127 次全会上一致通过的《奥林匹克 2020 议程》为标志，这种大规模、持续性、前瞻性的改革计划，对于国际奥委会走出历史上最大的治理危机，挽救组织的全球形象和公信力危机，发挥了重要的政策刺激作用。同理，以国际奥委会新世纪改革实践这一有目共睹的成功案例，作为国际足联新一轮治理改革的参照标准，无疑在宣示性价值和象征性意义方面具有舆论宣传的优势，对于国际足联扭转贪腐事件的不利局面具有积极的作用。卡拉德博士领衔的改革委员会开展了一系列卓有成效的工作，在尊重"透明国际"报告、"玩游戏"（"Play the Game"）组织报告和"2011—2013 年治理改革计划"的基础上，充分借鉴了《奥林匹克 2020 议程》的一些改革建议，积极听取国际足联商业合作伙伴、国际足联审计与合规委员会、专家学者等各方意见，最终提交的"改革报告"获得执委会和特别大会的表决通过，在引入任期限制、"政管分离"、透明度、参与性、司法机构的独立性等方面进行大刀阔斧的改革布局，2016 年国际足联即将拉开治理改革大幕。

2　国际足联改革委员会报告解读

2.1　改革调研的相对独立性

国际足联治理改革一方面力求体现出独立性，引入与组织内部利益不相冲突的公众人士（独立身份），树立客观与中立的立场，让改革调研过程和改革方案报告具备较高的公信力和说服力。一方面充分考虑组织内部利益分化的不同诉求和总体情况，准确把握错综复杂的改革形势。国际足联临时组建的改革委员会，采取了改革征询的独立性和组织内部利益相结合的形式。由国际足联的外部人士卡拉德博士担任改革委员会主席，负责改革调研和方案建议的全面工作。改革委员会成员的选任实行体现公平原则的配额制民主形式，体现了国际足联的政治根基——会员协会的改革利益诉求。国际奥委会拥有精英自治的传统，代表选任实行的是逆向代表制民主形式，国际足联代表选任实行的是会员协会推荐的代议制民主形式。改革委员会成员由6大区域性联合会分别选任2名代表，国际足联选任2名代表，一共14名成员组成。

值得提出的是，国际足联新任主席因凡蒂诺代表欧足联出任改革委员会成员一职，对于整体改革方案与战略布局的把握比较熟悉，对国际足联新一轮治理改革计划具有较强的认同感，这一改革参与的经历也为因凡蒂诺竞选国际足联主席一职赢得了一定的政治资本。这一配额制的民主决策形式体现了会员协会组织的广泛代表性，与《中国足球改革总体方案》《中国足球协会调整改革方案》的改革精神如出一辙，体现了足球利益相关者群体的广泛参与性。国际足联体现为“总部”与“分支”的改革关系上，中国足协体现为扩大足球利益相关者群体的话语权方面，《中国足球协会调整改革方案》中指出，“足球中心领导班子成员作为国务院体育行政部门代表进入足协工作……结合目前中国足协领导机构和会员的现实情况，减少政府体育行政部门代表，增加职业联赛组织代表、经济界或法律界的社会人士代表”。[5]诚然，由于改革委员会是在国际足联面临贪腐丑闻和信任危机的背景下推出的一种化解组织治理危机的公关机制，新组建的改革委员会接受执委会的领导，执委会正处于挣脱布拉特残余势力影响的过程中，或多或少受到组织内部的裙带关系和执委会改革意志的影响，也在改革委员会最终的改革方案报告的中立性问题上存在一定的疑问。也就是说，国际足联改革委员会在名义上和调研机制设计方面具有相对的独立性。

2.2　推动国际足联领导层的文化变革

诺贝尔奖获得者、世界银行首席经济师约瑟夫·斯蒂格利茨指出："改变一个大型组织必须首先重塑组织发展目标和文化，这绝非易事。"当一个大型组织很大程度上游离于官方责任机制之外，要保持这种积极的组织变革则会难上加难。[2] 为了重建国际足联的良好声誉，推出大规模的治理改革实践是确保组织回到正确道路的最佳方式，诸如修订国际足联章程、变更组织运行方式、创新组织治理结构等方面。然而，国际体育组织具有精英自治的传统，无形中放大了精英管理层对于组织治理改革的作用。"改革报告"明确指出[1]，国际足联内部领导层秉持的文化变革和行为改变，如同润滑油一样对组织治理改革产生深远的影响。强大的组织不仅由卓越的产品和服务决定，同时由组织的领导层决定。当组织面临信任危机并处于风口浪尖时，领导层应该肩负起责任。国际足联领导层及其会员协会应该在文化变革和行为改变方面凝聚共识，按照一套核心的文化价值观原则，严肃认真地与公众沟通，实施组织文化变革战略。这一改革战略主要针对组织内部利益分化的状况，在多元利益诉求与文化变革的统一性方面寻求价值平衡，以创新组织文化和紧抓领导作风建设，重建国际足联的公信力和崭新形象。这一文化变革战略与中国"四个全面"战略布局中"全面从严治党"的精神要求如出一辙，发挥执政党在全面深化改革中的突出作用，转作风，树形象，为改革发展创造良好的文化环境，营造一种风清气正的政治氛围。这种理念同时体现在中国社会组织改革中，在《行业协会商会与行政机关脱钩总体方案》《关于加强社会组织党的建设工作的意见（试行）》《中国足球协会调整改革方案》等政策文件中明确提出“加强党的领导”的要求，充分体现了领导层在引领改革发展中的旗帜作用。从文化变革与行为改变的关系而言，将文化变革的精神内化为领导层的行为要求，创新一系列形式化的道德规范和行为准则，是领导者“打铁还需自身硬”并引领文化变革的主要表现形式。例如，党的十八大以来，落实中央八项规定精神，坚决反对“四风”问题，对保持党的先进性具有突出成效。

具体到国际足联领导层的文化变革问题上，来自英国布莱顿大学的研究者将阿维兰热和布拉特治下的国际足联组织文化归结为“丧失信任感”，并突出表现在阿维兰热和布拉特充满虚伪、傲慢，注重外在表现、华丽的口才、毫无信任感的政治作风方面[6]，这就要求创新一揽子制度要求和行为准则，从本质上解决国际足联处理全球事务的作风和行为转变问题，以实际行动表达和引领组织的文化变革。“改革报告”建议国际足联领导层秉持的文化变革原则，具体包括责任、谦逊、高层基调、尊重、坦白五个方面，这些文化变革原则也是对阿维兰热和布拉特治下国际足联文化风格的一种隐射与斧正，亦是寻求文化本质上的变革，来促进组织再造的过程。“责任”的转变指的是，国际足联领导层必须承担纠错的责任。“谦逊”的转变指的是，国际足联领导层必须接受过去发生的让人无法接受的错误，深刻认识到健全的改革是实现文化变革的唯一方式，在国际足联范围内做出积极的、真正的、正向的改变。“基调”的转变指的是，国际足联领导层必须统一基调，从官员、雇员、理事会、会员协会、联盟到所有的利益相关者，倡导积极的道德文化。领导层必须做出表率，不能容忍非道德行为，同时必须公开并强烈谴责非道德行为，鼓励揭发犯罪或不道德行为，按照道德守则进行惩罚，领导层必须意识到他们的言谈举止、率先垂范对组织文化变革的重要影响。“尊重”指的是，国际足联领导层必须尊重来自不同地域和文化的代表，给对方足够的尊重，并采取有效的沟通方式阐述改革的重要性，这对于各方力量理解与接受改革议程至关重要。“坦白”指的是，国际足联领导层必须诚心诚意地聆听各方意见，将组织视为一个宣扬诚实的公开论坛，在足球治理的全球、区域或地方范围内提升透明性，不断评估国际足联适应社会和文化变革的能力和状况，对广泛的支持者致以诚挚的谢意，并认清改革局势，那就是国际足联还有很长的路要走，新一轮治理改革仅仅是开始，而不是结束。[1]

2.3　推进“政管分离”改革

国际足联属于高度自治的行业组织，组织内部缺乏独立的、有效的权力监督机制，道德委员会隶属于执委会，局限于执委会和总秘书处的意志影响，并未发挥应有的独立监督与权力制衡作用。执委会在决定世界杯举办权、会员协会经费分配等重大足球事务方面总揽大权，同时拥有“管理”“决策”与“监督”的功能，加之外部司法监督的缺位，造成国际足联封闭式自治、高度集权、“管办不分”的权力运行特征。在国际足联以往发生的贪腐事件中，执委会扮演的角色既是管理者，又是监督者，执委会成员以及国际足联副主席以上级别官员具有很大的权势，受命于执委会意志支配的道德委员会，对于国际足联高级官员贪腐行为的立案调查和裁决过程流于形式，一些具有舆论价值的“宣示性”案件和一般性案件获得了执委会的支持，这被公共舆论批评为缺乏诚意的表现，也被一些媒体批评为布拉特清除异己力量的方式。这种“运动式”“应付式”的反腐形式，结果必然是“治标不治本”，组织内部丧失了自我监督的能力，建立组织内部的“三权分立”制衡机制更是无从谈起。美国民主理论学者萨托利指出[7]，事实上不受恰当的制衡性权力对抗的权力，是绝对权力。结果必然是阿克顿（Lord Acton）所说的“权力导致腐败，绝对权力绝对导致腐败”。布拉特治下的国际足联在组织治理结构“顶层设计”中存在的根本性问题，是导致不断出现组织官员贪腐行为的根源所在。

“改革报告”针对组织治理结构存在的问题提出了改进意见[1]，执委会应将“政治”与管理功能分离，将执行权和直接管理的责任剥离出去，主要承担“政治”和监督职能，只是发挥战略性指导和监督的作用，同时为国际足联和世界足球发展设立愿景。执委会没有执行权和决策权，由此将“执委会”的称谓变更为“理事会”，更好体现机构称谓的具体职能。国际足联主席的职能定位应当成为国际足联公共形象的“大使”，为组织营造一个积极的形象为目的，同时主持理事会的全面工作。国际足联的行政系统负责国际足联的日常事务和业务运作，负责执行理事会的指导政策和战略方针。秘书长由理事会任命，作为国际足联的首席执行官，主要负责国际足联行政与管理的全面工作。国际足联“政管分离”改革设计，借鉴了西方代议制民主政治的司法权、行政权和立法权相对独立的制度设计。国际足联内部实行立法权、监督权（司法权）、执行权（行政权）相对独立，实行分权独立运行和相互制衡机制。理事会制度设计构建了组织内部“三权分立”的治理框架，代表大会作为“立法机构”，理事会作为“监督机构”，行政系统和常务委员会作为“执行机构”。这里的“监督机构”亦指广泛的监督与司法职能，同时涵盖了国际足联的“司法机构”，依据2016年《国际足联章程（审议稿）》关于国际足联“司法机构”的组成，包括纪律委员会、道德委员会、上诉委员会这三个设置独立性标准的分支委员会，理事会和内部“司法机构”构成了国际足联的“监督机构”，构建了组织内部的权力制衡体系。

借鉴《奥林匹克2020议程》第31条提议，在行政岗位中增设合规专员一职，主要负责为国际奥委会官员和雇员、国家奥委会、国际单项体育联合会和广泛的奥林匹克利益相关者提供合规性方面的建议[8]。国际足联相应增设首席合规官一职，主要负责监督组织的合规计划，并直接向秘书长、审计与合规委员会主席汇报。“首席合规官”是一个新的概念，指一个企业或社会组织内部设立的具有独特功能的职位，主要职责是帮助审查社会组织现行制度和运行过程中的合规问题，确保社会组织不违反各种法律制度和政策要求。面对迅速变化的全球体育发展环境，国际体育组织在法律制度和公共政策方面面临更多的违规风险，一旦因为不合规原因，而遭受司法调查和起诉，将付出沉重的经济和声誉代价，这充分体现在财务规范、内部审计、内控标准、薪酬管理、资金分配、营销事务等组织运行的方方面面。任海教授认为，国际体育组织长期处于业余性的管理状态，步入新世纪，国际体育组织的一个重大变化就是在管理方面实施公共组织的企业化管理，由原有的业余社团型，向现代企业的公司型转换，在这一转型过程中充分暴露了业余体育组织固有的规范不足、法治缺失、监管不力等问题[9]。国际奥委会和国际足联的“首席合规官”制度设计，反映出国际体育组织对现行法律制度和政府政策的遵守执行意愿，旨在加强组织的合规功能，以最大限度规避国际体育组织在制度设计和运行过程中违法违规的风险。例如，对国际足联官员、雇员以及各分支委员会成员进行反贿赂、反洗钱、商业行为规范、道德规范等方面的合规性计划培训，降低违法违规风险[1]。

2.4　提升透明度

“透明”（Transparency）作为善治的基本要素，在组织治理改革的程序化和对外传播方面扮演了重要的角色。联合国亚太经济社会委员会（ESCAP）认为善治包括 8 个基本要素，分别为积极参与、达成共识、责任明确、透明公正、积极回应、实际高效、平等包容、遵循法治，透明公正原则指的是决策制定和实施需要遵循规章制度，受到决策影响的人能够直接获得决策制定和实施的消息，媒体需要以人们容易理解的方式向人们提供足够的信息[10]。“透明国际”报告中明确指出[4]，“透明化是抵制腐败的第一道防线。通过透明化运作，社会组织能够与会员（广泛的利益相关者）交流其政策及价值，可以向公众展示社会组织付诸行动的价值观念。公开的政策和程序化过程可以提高一个组织的声誉，同时有助于阻止腐败”。这一改革建议并未得到布拉特治下国际足联的有效执行，“改革报告”重启透明化治理改革议题，对于化解国际足联的公信力危机具有积极意义。“改革报告”关于透明度的改革建议主要体现在财政与薪酬公开方面，换言之，国际足联将实行更为严格的现金流控制标准，以严控资金流向的方式，达到遏制腐败行为的治理改革目标。实行更为严格的财政规范体系是国际体育组织最新的改革趋势，《奥林匹克2020议程》第29条提议“扩大透明度”指出，“国际奥委会要依从国际财务报告准则（IFRS）规范体系来准备和审计财务报表，尽管法律并未要求其遵从这些更高的标准。国际奥委会要制作一个年度活动和财政报告，包括对国际奥委会成员的津贴政策”。[8]国际足联早已实行了IFRS规范体系进行全面的财务报告，由毕马威会计师事务所（KPMG）进行财务审核，建立预算编制流程，引入COSO内部控制框架，这些模块化、程序化的现代公司治理制度设计，对于现金流十分活跃的国际足联而言，并未获得预期的良好效果。实行更严苛标准的透明化改革设计，就成为因凡蒂诺治下国际足联重塑公信力的路径选择和政策目标，也是对国际足联赋予必要的改革决心，推行大尺度治理改革方案的一种形式化表征。

“改革报告”针对“现金流”这一易发腐败行为的重要运作领域，构建了现金流控制与权力制衡机制。以往由执委会分配会员协会资金的职能，极易导致以分配资金的名义谋取个人执委的选票利益，滥用权力行为的不断积累，也逐步建立个人执委的内部势力和裙带关系，这一“以权谋私”行为是

2016 年国际足联贪腐事件被控与调查的主要内容。由理事会替代原来的执委会，理事会的角色转换为监督与战略方向，对现金收支也由分配的职能转换为监督的职能。采取现金收支分开的管理机制，现金流入由国际足联行政与业务部门具体负责，例如市场、赞助、世界杯收入等，并对理事会负责及解释。发展和支出项目（现金流出）由发展委员会具体负责，负责分配会员协会资金或国际足联行政系统的特殊补助资金。财政委员会由大量的独立成员组成，包括能够胜任财务业务的成员，负责预算和年度财务账目，由理事会批准并提交代表大会审议。由完全独立的审计与合规委员会（包括精通审计与财务报表的专家）负责监督由国际足联行政管理产生和分配的资金。[1]

“改革报告”对国际足联重要职位的薪酬透明化问题提出了建设性意见，通过建立个人薪酬披露与监管制度，达到遏制腐败行为的目的。对国际足联主席、理事会成员、秘书长、相关独立常务委员会和司法机构主席等重要职位的个人薪酬实行年度披露制度，由独立薪酬委员会负责对个人薪酬进行评估与核准，独立薪酬委员会隶属于审计与合规委员会，依赖于第三方薪酬分析。布拉特治下国际足联对个人薪酬并未制定严苛的标准，同时缺乏严格的程序性设计和薪酬分析，由执委会直接领导的道德委员会长期处于监管弱化状态，对组织的重要职位无法展开独立调查，道德监督功能的缺位致使薪酬管理处于失序状态，个人薪酬标准的制定与评估受制于组织高层的权力，“管办不分”的色彩浓厚。“改革报告”对“独立性”标准进行了大尺度的改革设计，“独立性”的定义进一步明确，所指范畴适度扩大，“改革报告”单列“附件 3”关于独立性的定义，分别对“独立性”“直系亲属”“直系亲属成员”“实质的财务关系”“带薪官员”等概念做出解释，让薪酬披露机制符合善治改革要求。

在遵循合规性要求的同时，必须考虑透明化程序问题。“改革报告”建议指出，国际足联应当针对商业合作伙伴制定一套行为规范，并在国际足联官网上公开，与国际足联进行商业交易的实体必须遵守这一行为规范。2016年国际足联贪腐事件被控的受贿行为，主要源自权力主体与商业合作发生的不明确利益往来问题，不规范的商业运作程序为受贿行为提供了出口，也为当事人辩解受贿行为提供了遁词。“2011—2013年治理改革计划”已经推出2012年版《国际足联道德规范守则》，进一步细化了一般行为规范守则，具体包括利益冲突、针对政府及私人组织的行为、歧视、人身权利保障、忠诚度及机密性、收受礼品及其他利益、贿赂、佣金、赌博、披露及报告义务等相关规定[11]。建立透明化程序和完善的信息披露制度是遏制贪腐行为的第一道防线，也是组织权力运行的形式化需要，从中映射出国际体育组织事务的运作，由业余性迈向职业化的发展道路。“改革报告”对于透明化的改革要求恰逢其时，在组织权力与商业主体密切往来的过程中，必须严格遵守一套严格的程序性规范，让权力在阳光下运行，个人行为受到制度的约束。

2.5 提高参与性

“参与”（Participation）作为一项善治原则，不仅是民主政治生活最基本的表现形式，也是建立健全更广泛的协商民主和代议制民主的实践基础。进入新世纪以来，体育全球化进程加快，地缘政治、民族国家、私营力量、政府与市场、媒体与体育迷的参与热情不断提高，利益博弈空前激烈，国内国际两个大局的发展形势十分复杂。国际体育组织面临司法力量、财政与合规性、赞助商与体育迷等广泛的利益相关者的强大压力，已经很难维持一贯的业余性和封闭式的管理模式和运行机制，倒逼国际体育组织启动新一轮的治理改革实践。将广泛的利益相关者纳入体育组织立法与决策程序，在民主化形式方面进一步扩大民主政治参与，并在国际体育事务的各个方面体现广泛的参与性和协商性，成为国际体育组织治理改革的主要方向。《奥林匹克

2020 议程》第 5 条提议“将可持续性纳入奥林匹克运动的日常运作”、第 6 条提议“与其他体育赛事组织者密切合作”、第 8 条提议“与职业联盟缔造联系”、第 11 条提议“促进性别平等”、第 23 条提议“与社区合作”均不同程度地指出了提高参与的改革要求。这些有关“提高参与”的改革建议主要体现在两大范畴，一是注重国际奥委会与奥林匹克利益相关者之间的协同性与交互性，强化“卫星”组织的中枢协调功能，进一步提升“卫星”组织的外围运行环境的可持续性、规范性和运行效率，统一奥林匹克改革的价值观念和行动步调，“国际奥委会将参与和协助奥林匹克利益相关者在各自的组织和运作中迈向可持续性的整合性发展要求。具体包括提出相关建议，运用诸如最佳范例和记分卡等形式，为奥林匹克利益相关者之间的信息交流提供保障等”[8]。二是进一步提高奥林匹克运动的参与性和代表性，维护奥运会世界首要赛事的地位，这些改革措施主要包括：国际奥委会将“体育实验室”或体育启蒙项目作为奥运会或青奥会的一部分，激发年轻人的参与；与职业联盟或组织缔造关系，保证最优秀运动员的参与；与国际单项体育联合会合作，鼓励女性参与体育，实现 50% 的奥运会女性参与率；与社区展开合作，让大众参与进来，让年轻人参与进来。[8]

国际足联新一轮治理改革与《奥林匹克 2020 议程》关于“参与性”改革的理念和目标保持高度一致，在“参与性”改革的形式化要求方面不尽相同，这也体现了国际体育组织治理改革的大趋势。布拉特治下的国际足联在参与性和透明度方面未能做得更好，广泛的足球利益相关者很难参与到决策中来，也很难影响组织决策的过程。2016 年国际足联特别大会表决通过的治理改革计划，将考虑更广泛的利益相关者群体的利益诉求，进一步提高国际足球事务的参与性，团结世界足球各方力量，聚首同一条道路，促进世界足球运动的可持续发展。国际足联改革委员会研究认为[1]，除了进行结构性改革之外，还要在国际足联内部各层级中实现更高程度的“参与性”。“参与性”是总体改革进程中的一个关键因素，更高程度的“参与性”促进了组织的民主化和透明化，有助于国际足联自身的现代化进程并面对未来的挑战。改革委员会关于“参与性”方面的改革提议主要包括几个方面，第一是更大程度上承认女性在足球运动中的角色和促进作用。女性代表了足球运动更大的增长空间，国际足联应当赋予女性更多的发展机会。为了开创一个更加多样化的决策环境与文化，足球运动各层级治理（传统的金字塔结构）需要涵盖更多的女性参与。应大幅增加国际足联理事会中的女性投票席位。每个区域性足球联合会至少推选一位女性进入理事会，如在区域性足球联合会代表大会中未能选举出女性委员，则理事会女性委员的名额保持空缺，等待下一届区域足联代表大会遴选产生。国际足联自身的发展指标必须包括女足发展部分，促进女性在各层级足球事务中的充分参与，同时要求国际足联所有的会员协会和联盟必须尊重女性，并在各类足球事务中保证性别平等。强化女性在各层级足球事务治理中的角色，这一改革举措反映了后布拉特时代的国际足联，对女权主义思潮和新世纪性别政治的主动回应，将发展理念融入改革实践中。以提高女性参与为突破口，一些积极的政策变化具有代表性，例如新组建的国际足联理事会适度扩大成员规模，扩大决策投票席位（相比于改革前的执委会）有利于遏制权力高度集中导致的腐败行为。依据配额制原则组建的理事会更加具有代表性，理事会成员来自各大区域性足联和会员协会的民主推选，同时考虑各大区域性足联的影响力情况配置理事会成员名额，如大洋洲足协配置 1 名副主席，2 名成员，欧足联配置 3 名副主席，6 名成员。提高主要的利益相关者（诸如俱乐部和运动员）的话语权，稳固在相关的国际足联各分支委员会中，国际足联定期开展成员交流和讨论活动。

第二是在常务委员会的改革中提高会员协会的参与性。国际足联应至少每年组织一次全体会员协会的会议，增进对国际足联核心价值观和使命的理解，协商讨论与世界足球事务相关的战略性议题，诸如足球运动发展、廉政、社会责任、治理、人权、种族歧视、球赛造假、性别平等、保护诚实的运动员、青少年足球、安全等议题[1]。长期以来，媒体与学界批评国际足联缺乏责任机制（问责制），具体包括层级责任、督导责任、财政责任、法律责任、市场责任、同行责任、公共声誉责任等范畴[2]，亦即作为国际非营利性、非政府组织的国际足联对谁负责的问题。会员协会是国际足联政策的基层行动者，国际足联必须对广泛的会员协会负责。国际足联旨在统一会员协会的价值观和行动目标，调动会员协会的行动自主性，不仅出于国际足联官方意志灌输的考虑，也是主动聆听基层行动者意见的举措。换言之，提高参与性这一治理改革措施，既是广泛征询意见，加强层级间交流的形式，也是统一高层意志和凝聚行动共识的过程。

第三是提高国际足联的普遍性，在各个方面切实提高参与性。国际足联男子世界杯决赛阶段参赛球队由 32 支增至 40 支。《国际足联章程》修订案应当规定，国际足联男子世界杯举办权不能授予已经连续举办过两次世界杯的区域性足联中的会员协会。关于足球运动的发展和资源问题，实行“有增有减”改革措施，坚定国际足联关键性目标，切实增加足球运动的发展资金；引入一些切实可行的方法和手段，切实减少国际足联行政管理和赛事运作的成本。不论性别和年龄，国际足联应尽全力确保每个期望参与足球运动的人，有能力和资源参与进来。[1]这些改革举措充分彰显了国际足联致力于“推动足球在世界各地发展”的使命和决心，以及秉持的“分享足球运动”价值观。

2.6　引入任期限制

关于国际体育组织引入任期限制问题存在“利”与“弊”两方面观点。

支持的观点认为[12]，社会组织的主要管理者任期过长，容易导致权力过度集中，致使组织创新动力不足和利益关系裙带化，以及增加大面积、系统性腐败的风险。引入任期限制，可以有效防止权力过度集中，强化民主意识，为保持稳定的内部权力制衡状态创造了基本条件，同时借助主要职位的竞选红利，激发业界与社会参与组织可持续发展问题的辩论热情，凝聚行动共识，不断更新社会与文化理念，提供解决问题的新思路和新观点，保持社会组织的发展活力。反对的观点认为，如果任期过短或者限制连任，容易导致领导层追求短期政绩，疲于应付竞选连任，不将主要的精力放在组织管理事务与可持续发展方面，同时是对适合担任组织要职的精英人才具备的卓越管理能力和丰富经验的一种变相浪费。来自比利时、丹麦、德国组成的研究团队，对列入奥运会比赛项目的35个国际单项体育联合会的治理结构进行调研，结果表明[12]，27个组织没有引入任期限制，29个组织没有引入任期年龄限制，35个国际单项体育联合会前任主席的平均任职期限长达14年，也为组织的权力集中、利益固化、腐败行为埋下了隐患。进入新世纪以来，国际奥委会、国际足联、国际排联、国际田联等主要的国际体育组织，纷纷曝出贪腐丑闻，这些贪腐事件表现出大面积、系统性腐败的特征，当事人一般担任组织要职。布拉特治下的国际足联不断受到公共媒体和司法力量的贪腐指控，外界建议国际足联引入任期限制的呼声不绝于耳，在“透明国际”报告和“2011—2013年治理改革计划”中也明确提出了引入任期限制原则，但是这一重大改革事项并未通过第64届国际足联代表大会表决，在布拉特长期经营的裙带势力影响下，大会表决结果是“反对引进年龄限制和任期限制原则”[13]。

引入任期限制是世界政治通行的做法和民主化原则，尤其在国际足联贪腐丑闻这一公信力危机的背景下，更需要引入任期限制原则。同时也要充分考虑引入任期限制原则可能产生的“利”与“弊”两方面效应的平衡问题，保持任期年限与连任设置的合理性，既要防止权力过度集中，保持组织的创新活力，又要防止精英人才在竞选连任方面消耗过多的精力，着眼于组织的长远利益和可持续发展。“改革报告”建议引入任期限制，国际足联主席和理事会成员不超过 3 个任期，每个任期为 4 年（不管是否连任），任期最多为 12 年。依据国际足联先行选举条例，理事会的组成实行配额制民主化形式，理事会成员应当由会员协会在其区域联合会代表大会中选举产生，选举过程接受国际足联监督，所有候选人必须接受任职资格审查（包括廉政测试），审查事宜由国际足联治理委员会下设的具有独立性的复审委员会负责。国际足联理事会作为把握组织战略发展方向和监督权的重要机构，机构组建体现了会员协会的广泛代表性，实行西方民主政治制度中广泛运用的代议制形式，在成员构成方面实行 6 大区域性联合会配额推选形式，理事会由 1 名主席（国际足联主席）、8 名副主席、28 名成员组成，具体的名额分配为，南美洲足联配置 1 名副主席，4 名成员，亚足联配置 1 名副主席，6 名成员，欧足联配置 3 名副主席，6 名成员，非洲足联配置 1 名副主席，6 名成员，大洋洲足协 1 名副主席，2 名成员，中北美洲及加勒比海足协配置 1 名副主席，4 名成员。[1]

美国政治学者密尔指出[14]，代议制政体就是全体人民或一大部分人民通过由他们定期选出的代表行使最后的控制权，这种权力在每一种政体都必定存在于某个地方。代议制政府的积极缺陷和危险可以概括为两条，第一是议会中的普遍无知和无能，也就是智力条件不充分；第二是受到与社会普遍福利不同的利益影响的危险。与顾拜旦时代的国际奥委会表现出的贵族风格不同，国际足联具有广泛的“平民”意志。贵族一般追求精神世界的享受与实现，对金钱诱惑表现平淡；“平民”领导人在拒绝物质诱惑问题上具有天然的缺陷，需要保持更大的警惕与克制。商业足球大行其道，国际足联现金流十分充裕，仅凭借权势人物的道德自律，显然无法抵御金钱诱惑，无法从制度源头上遏制贪腐行为的发生。国际足联发生的一系列贪腐事件，与其说当事人缺乏公共责任和崇高的理想追求，不如说是组织治理危机的一种映射反应。国际足联治理结构存在根本性问题，缺乏有效的权力运行监督机制，修订并实施2012年版《国际足联道德规范守则》并未取得明显成效。《国际足联道德规范守则》并未提出道德审查问题，也就是说，“平民政体”代理人是否满足道德规范要求，能否胜任关键职位，缺乏一套可操作性的道德评估机制。基于此，国际足联针对竞选关键职位的所有候选人，专门设计任职资格和道德审查程序，由新设立的治理委员会负责实施，治理委员会内部另行组建具有独立性标准的复审委员会，建立由会员协会推选、复审委员会进行资格审查、理事会监督三者协同治理的基本架构。

2.7 常务委员会的改革

“改革报告”提议对常务委员会进行大刀阔斧的改革设计，改变以往组织机构分散并且运行效率低下的状况。改革设计主要依据结构性改革理念，致力于组织结构的调整，以适应迅速变化的国际体育发展环境。国际足联常务委员会的数量从26个减少到9个，分别为治理委员会、财政委员会、发展委员会、足球利益相关者委员会、会员协会委员会、国际足联竞赛组织委员会、球员身份委员会、裁判员委员会、医学委员会。设立独立机构1个，即审计与合规委员会。设立司法机构3个，分别为纪律委员会、道德委员会、上诉委员会。同时在《国际足联章程》修订案中予以明确，在世界足球运动的“基本法”中确立常务委员会改革的相应地位。依据《国际足联章程》修订案的规定，常务委员会和临时委员会应履行其职责协助国际足联理事会和总秘书处的工作，并向其提供建议。章程将规定常务委员会和临时委员会的主要职责，对其组成、作用和其他职责将符合国际足联治理条例的规定。《国际足联治理条例》（FIFA

Governance Regulations，FGR）是改革委员会推出的重要成果，将治理理念落实在政策文本中，相比“2011—2013 年治理改革计划”是一大进步，旨在顺应全球治理的大趋势，进一步强化组织自治与善治的过程。改革委员会建议将以往处于分散状态的各个竞赛组织委员会，诸如国际足联世界杯、世俱杯、U20 世界杯、U17 世界杯、五人制足球、沙滩足球等组委会（分支委员会），整合为一个“大部制”机构——竞赛组织委员会，依据改革委员会的解释，机构整合的目的在于以高效的方式参与到国际足联决策制定的过程[1]。

“改革报告”建议撤销战略委员会、足球俱乐部委员会、法律事务委员会、公平竞争与社会责任委员会、媒体委员会、商业与电视委员会等机构，将其功能和业务并转到相关委员会中。这种以国际足联供给侧可支配资源整合为目标的结构性改革，与中国为谋求经济转型而推出的供给侧结构性改革如出一辙，都是从组织结构和制度供给端发力，带动整个行业的变革，以结构性改革为推进力，实现整个行业的调整升级与可持续发展。其中，治理委员会和足球利益相关者委员会是新设立的机构。布拉特治下国际足联推出“2011—2013 年治理改革计划”相应设立了“独立治理委员会”，这一机构主要是为马克·皮特（Mark Pieth）博士领衔的治理改革工作组临时设立的，并未写入《国际足联章程》，独立治理委员会的职责、功能以及所能发挥的作用并不明确。国际奥委会、国际足联官网独立设置了治理专栏，一些治理计划的推出具有宣示性意义，进一步确认治理委员会的主体身份，从一个侧面表明国际足联开启新一轮治理改革的决心。足球利益相关者委员会的设立同样具有重要意义，国际足联一系列贪腐丑闻事件暴露出组织自治的封闭性特征，或者可以批判性地认为，其本质是披着民主外衣的专制主义。广泛的利益相关者共同铸造了世界足球的发展根基，却不具有影响国际足联决策的权力，利益相关者对世界足球发展做出的突出贡献与相对应的决策权力不相匹配。不仅如此，一些合理的呼声并未获得国际足联的足够关注。国际足联基于基层协会推选的民主制度，无法避免由“平民政体”带来的道德风险，个人执委缺乏贵族式的崇高理想，在利益诱惑面前缺乏自制力。布拉特治下国际足联一直罔顾广泛的足球利益相关者的合理诉求，足球利益相关者委员会的设立是对布拉特治下国际足联政治风气的一种反转。另一方面，国际足联新一轮治理改革更加关注足球利益相关者的立场，既是团结一切足球力量的切实举措，也是国际足联责任机制归位的过程。

3 结语

2015 年国际足联贪腐丑闻爆发，国际足联的公信力再次面临严峻的挑战。在国际足联执委会授权下临时成立改革委员会，主要负责新一轮治理改革方案的调研和起草工作。国际足联改革委员会的调研工作具有独立性，主要依据结构性改革理念，从制度供给端发力，带动整个行业的变革，以适应迅速变化的国际体育发展环境。同时注重权力制衡机制建设，增强各分支委员会的独立性，重塑国际足联的公信力。具体改革建议包括推动国际足联领导层的文化变革、推进“政管分离”改革、提升透明度、提高参与性、引入任期限制、进行常务委员会改革、推行善治实践等方面。2016 年国际足联特别大会表决通过了新一轮治理改革方案，因凡蒂诺治下国际足联即将付诸改革实践，蓝图与现实总是存在距离，这是一场坚定信念的治理改革，还是布拉特治下国际足联治理改革“政治剧”的重演，我们拭目以待。

参考文献

[1] FIFA.2016 FIFA Reform Committee Report Presented to the Executive

Committee [EB/OL]. [2015-12-03] .http: //www.fifa.com/governance/news/y=2015/m=12/news=2016-fifa-reform-committee-report-presented-to-the-executive-committee-2741751.html.

[2] Roger Pielke Jr. How Can FIFA be Held Accountable? [J] .Sport Management Review, 2013, 16 (3): 255-267.

[3] Independent Governance Committee.FIFA Governance Reform Project- First Report by the Independent Governance Committee to the Executive Committee of FIFA [EB/OL]. [2012-03-20] .http: //resources.fifa.com/mm/document/affederation/footballgovernance/01/60/85/44/first_report_by_igc_to_fifa_exco%5b2%5d.pdf.

[4] Sylvia Schenk.Safe Hands: Building Integrity and Transparency at FIFA [EB/OL]. [2011-08-16] .https: //issuu.com/transparencyinternational/docs/fifa_safehands?e=2496456/2710188.

[5] 国务院足球改革发展部际联席会议办公室 . 关于印发中国足球协会调整改革方案的通知 [EB/OL]. [2015-08-17] .http: //www.sport.gov.cn/n16/n1077/n1227/6838823.html.

[6] Alan Tomlinson.The Supreme Leader Sails on: Leadership, Ethics and Governance in FIFA [J] .Sport in Society, 2014, 17 (9): 1155-1169.

[7] [美] 乔万尼・萨托利 . 民主新论：当代论争 [M]. 冯克利，阎克文，译 . 上海：上海人民出版社，2015：289.

[8] IOC.Olympic Agenda 2020 - The Strategic Roadmap for the Future of the Olympic Movement [EB/OL]. [2014-11-18] .http: //www.olympic.org/olympic-agenda-2020.

[9] 任海 . 国际奥委会演进的历史逻辑——从自治到善治 [M]. 北京：北京

体育大学出版社，2013：62，167.

［10］ESCAP.What is Good Governance?［EB/OL］.［2009-07-10］. http：//www.unescap.org/resources/what-good-governance.

［11］FIFA.FIFA Code of Ethics，2012 edition［EB/OL］.［2016-02-05］. http：//resources.fifa.com/mm/document/affederation/administration/50/02/82/codeofethics_v211015_e_neutral.pdf.

［12］Arnout Geeraert，Jens Alm，Michael Groll. Good Governance in International Sport Organizations：an Analysis of the 35 Olympic Sport Governing Bodies［J］.International Journal of Sport Policy and Politics，2014，6（3）：281-306.

［13］FIFA.The Reform Process［EB/OL］.［2015-11-03］. http：//www.fifa.com/governance/how-fifa-works/the-reform-process.html.

［14］［美］J·S·密尔.代议制政府［M］.汪瑄，译.北京：商务印书馆，2009：65，82-83.

第 5 章　国际足联腐败丑闻的深层思考

美国司法力量干涉国际足联内部事务具有国内法的正当性，并未超出国家权力使用的边界，但在国家行动的合法性方面面临较大的政治认同和国际舆论压力。国际足联这一具有“拜占庭色彩”的“独立王国”，是西方民主异化的产物。民主价值的实现旨在创建一种符合实际的“技术性手段”，美国采取司法行动的根本目的是捍卫民主的价值，促进国际足联进行卓有成效的根本性改革，重建全球体育市场新秩序、游戏规则和利益交换机制。国际足联腐败丑闻事件的未来走势，取决于美国与国际足联权力博弈的结果，亦将沦为盐湖城冬奥会贿选案件中美国闹剧式“新闻表演”的翻版。在践行全球民主化道路的同时，要警惕西方伪装的民主。中国作为奥运竞技强国和体育发展大国，应该承担更多的时代责任，为世界体育发展做出独特的贡献。

2015 年 5 月 27 日，瑞士警方应美国司法部门要求，以涉嫌腐败名义突袭抓捕了在苏黎世参加第 65 届国际足联大会的多名国际足联官员，揭开了国际足联腐败丑闻的序幕。随着该事件的持续发酵，引发一系列连锁反应，黑幕层层揭开，却又扑朔迷离，令人遐想万分。由于国际足联腐败丑闻事件正在持续发展变化中，加之“黑幕”消息的极度匮乏，致使绝大部分媒体与学者处于猜测性的研究境地，学者们也只能从一般法律适用、哲学性框架来理解该事件的意义和走势。《体育与科学》杂志适时邀约姜世波、姜熙、赵毅、陈华荣、吕伟、韩勇等6位活跃在体育法研究领域的中青年学者，从美国对国际足联官员腐败刑事侦查的合法性和正当性，垄断性国际体育组织的善治，国际体育组织的外部监督机制这三个方面进行了深入讨论[1]。这种学术对话录的形式非常值得学界提倡，读罢犹如亲临对话现场，启发思路，受益匪浅，当然少不了涌现一些个人的不成熟想法。这里接着几位体育法学者的研讨思路，从美国司法部门审查国际足联官员腐败事件的根本目的，以及美国以实际行动维护民主的价值这一视角，跟进对国际足联腐败丑闻的学理思考，求教于广大学友。

1 国家权力干涉国际事务的边界及最终目的

美国司法部门引渡与审查国际足联官员这一跨国司法合作行动，抛开是否具有行动的正当性与合法性问题，是一起典型的国家权力干涉国际事务的事件。美国司法部门绕开了国际契约和行业规则这一规制途径，依据国内法的适用精神和国家间司法合作机制完成了此次行动。这其中最主要的问题是，国家权力干涉国际事务的边界在哪里？国家行动的正当性与合法性来源是什么？美国司法部门获得国家权力的行使及付诸具体行动的正当性与合法性问题，主要来源于国家发展的国际功能与身份定位，更具体地说是国家发展在国际社会中的功能定位及国家权力的有限使用问题。国际足联腐败丑闻事件中瑞士和美国扮演的角色以及遵循的行动指南具有示范性意义。对于瑞士在国际足联腐败丑闻事件中的“不作为”问题，姜世波评论认为，“瑞士本可以根据其《刑法典》，由联邦法院对国际组织机关的官员受贿行为追究刑事责任，但耐人寻味的是瑞士没有采取措施，而是国际足联驻在国之外的美国采取了行动”[1]。吕伟将姜世波关于“瑞士为何不作为”的疑问归结为“不涉及国家利益”，“瑞士基本消极不作为，各国更不会主动处罚不影响自身利益的腐败行为。瑞士不作为很多情况下是因为这些事没有侵害到瑞士的利益，其他国家也一样”。[1]笔者认为，瑞士的“不作为”恰恰是在维护自身的根本利益，这就是国家行动的根本目的原则问题。瑞士的“立国之本”是“中立”理念，瑞士永久中立国的地位使其在国际社会找到了应有的尊崇地位，瑞士至今未加入北约组织和欧盟成员国，瑞士时隔半个世纪于 2002 年再次加入联合国组织，54.6% 的全民公决投票结果面临“拒绝加入联合国”的巨大民意压力，“小国寡民”的瑞士一再自我“孤立”，充分显示了瑞士公民对“中立”理念的追寻和坚守。

有关国际足联腐败丑闻，欧美媒体穷追猛打，传言消息世人皆知，卡塔尔获得 2022 年国际足联世界杯举办权和布拉特亲自领导国际足联内部反腐败调查，种种广受诟病的事件，瑞士方面“没有认识到这点”是站不住脚的。瑞士国家的国际形象建构和国际功能定位在于“中立”，而不是扮演美国这一“世界警察”的角色，具体到国际足联腐败丑闻事件中，也就是美国扮演的维护民主的价值这一全球领导者的角色。瑞士采取的行动不能突破“中立”的底线，只能局限在引渡与协作的有限权力使用范畴。国际足联、国际奥委会、国际篮联、欧洲足联、国际体育仲裁院等当下最有影响力的国际体育组织基本上落户瑞士，这与瑞士“永久中立国的地位”“不干涉”国际组织内部事务、政策的延续性、安全的金融体系、优惠的税收政策、银行的保密体制等国家建制要素具有紧密联系。瑞士从配合美国司法部门工作的角度，既没有充当全球正义的“审判者”，突破干涉国际体育组织内部事务的“中立”底线，也在合理范畴内运用国家间司法协助制度，为美国司法行动提供了切实支持，向国际社会表达了瑞士“打击腐败行为、维持全球正义”的价值立场。瑞士在国际足联腐败丑闻事件的序幕阶段“闪亮登场”之后，迅速抽离该事件激起的权力漩涡，转身淡出国际舆论的视野，瑞士行使国家权力的边界及恰如其分的表现，符合瑞士国家的根本利益，也值得中国今后在处理国际事务中借鉴经验。

反观美国国家权力行使的边界问题，也处理得比较微妙，甚为隐晦。美国华丽的出场和强硬的做派，毫无疑问充当了全球“领导者”和正义“审判者”的角色，却并未给国际社会留下“国家权力干涉国际事务”的证据和口实，尤其是以俄罗斯为首涉及该事件的利益相关者。吕伟评论认为，“美国法院将管辖权的联结点做了扩大解释，将原本应通过政治和外交手段解决的问题，通过国内法的形式，将案件管辖合法化，并适用《联邦体育贿赂法》《海外反腐败法》《联邦邮政通信诈骗法》等国内法”[1]。在国际足联内部治理机制失灵的情况下，外部力量的有限干预就成为不得已而为之的选择。正如韩勇所言，“没有外部压力，那些强势的国际体育组织可能缺乏善治的动力。应该既来自于内部处罚和道德谴责，也来自于司法的威慑”[1]。现在的问题是，美国能否通过政治和外交手段解决国际足联腐败问题，或者说使用政治和外交手段能否达到良好效果，这都存在方方面面的问题。其一，美国不具有开展政治和外交对话的理论依据与正当性。其二，在足球运动项目方面，美国游离于决策中心层之外，在国际足联领导高层不具有话语权，也就失去了展开政治与外交对话的途径。其三，美国以“世界杯申办竞争者遭受直接利益损害”这一为己谋利的借口，并未达到施加政治压力和启动外交手段的必要强度，走外围路线进而解决国际足联腐败问题。其四，在政治与外交对话的权利主体不对等关系方面也面临实际的问题。此外，无法对国际足联深陷腐败的广度和深度做出合理评估，通过政治和外交手段这种“软法”规制，能否达到“标本兼治”的干预效果，彻底解决国际足联腐败问题也存在巨大的疑问。

美国最终选择运用国家权力干涉国际事务这一国际社会十分敏感的做法，也是最有可能取得良好效果的反腐战略选择，亦即在国家内部寻找行动的正当性，国内法“长臂管辖权”（Long Arm Jurisdiction）原则解决了工具使用意义上的操作性问题。美国很好地处理了“国内国际两个舆论场”的有效转换与衔接问题，在实行国内法规制的同时，考虑国际舆论上可能形成的影响；在面临国际舆论压力的同时，解决国内法适用的正当性与民意回应问题。美国司法部门以“损害美国利益”为对外宣传的借口，但从根本利益的角度来看，这不是美国关注的真正利益所在，更不是美国司法部门采取必要行动的最终目的。美国对外战略布局中的文化性要素价值远远高于物质性的可见利益，美国最大的出口商品是文化、概念、符号、形象等这些抽象的当代景观。“当今资本主义形态是让经济通过文化产生对新的生活、对自我等一系列人性的遐想，从而让人在被赤裸裸的经济逻辑决定时感到自己生活在一种自由的、文化状态中。”[2]退一步来看，即便美国出于“世界杯申办中遭受利益损害”这一实际利益考虑，面对几个强有力的世界杯申办竞争者，美国是帮自己翻盘，还是在帮他人做嫁衣裳？即便美国能够成功搅局，促成 2022 年国际足联世界杯举办权重选，这种“急眼”“拆台”的行动不会获得更多投票者的认可，亦会招致更多发展中国家足协（小国家足协）的反感和联合抵制，最可能的结局是“白费一番功夫”，国家声誉受损不说，举办权还“旁落别家”。美国已经在国际事务与争端中处于比较尴尬的地步，没有理由让自己的霸权主义形象再“糟糕”下去。

结合盐湖城冬奥会贿选丑闻事件的分析，更能够理解国际足联腐败丑闻事件的本质。盐湖城冬奥会贿选丑闻爆发之后，美国司法部门介入调查盐湖城申办工作，盐湖城申办工作负责人汤姆·韦尔奇和戴夫·约翰逊分别受到15项触犯美国联邦法律的指控。按照“无关本国利益不干涉”的认知逻辑，美国司法行动“逆势而行”，明知有损盐湖城乃至美国的国际形象，司法行动的矛头却指向自己，显然是“居心叵测”，“醉翁之意不在酒”。美国司法力量介入的真正目的，是取得本国法的管辖权正当性，实现司法介入审查贿选事件的合法性，以盐湖城冬奥会贿选丑闻为突破口，向国际奥委会治理体系施加强有力的外部司法力量和国际舆论压力。汤姆·韦尔奇和戴夫·约翰逊只是“替罪羊”，工具使用意义上的“幌子”，反腐风险和舆论压力的最大承担者恰恰不是美国，而是国际奥委会，最终指向的是国际奥委会的政治认同与合法性存在根基问题。美国的根本目的是以贿选事件的司法审查，对国际奥委会形成的“牵涉出更多腐败事实”的震慑效应，作为一种“要挟资本”和实现根本利益的“交换筹码”。

美国的最终目的是在合理范畴内运用国家权力赋予的司法力量，“倒逼”国际体育组织的民主化改革，以开放价值观、治理体系和市场运行机制，为以美国为首的践行资本主义新自由主义国家平稳进入国际体育市场清除体制机制的障碍，向着美国熟谙的美国式民主制度的方向发展。美国希望看到的最终结果是促使国际奥委会的根本性改革，迈向国际体育组织善治的发展道路。而事实上，盐湖城冬奥会贿选案件所激发的震慑效应，用一种“障眼法”且最低标准的代价，用一场闹剧式的“新闻表演”结束了美国与国际奥委会之间的权力博弈拉锯战。美国联邦地区法院认为控方从未提供“充分的证据”证明被告被控罪名的存在，最终做出撤销指控，并基于“一个人不得因同一罪名而两次受审”原则，控方不得抗诉的判决。

从国际奥委会出台一揽子重大改革政策的实际效果来看，美国司法力量干预国际奥委会根本性改革的目标已经成功实现。第 127 届国际奥委会全会一致通过了《奥林匹克 2020 议程》，40 条提议为奥林匹克运动绘制了未来发展蓝图，一个具有里程碑意义的全面深化改革的战略性规划，为奥林匹克运动实现善治改革指明了目标方向。《奥林匹克 2020 议程》第 30 条提议“强化国际奥委会道德委员会的独立性”具有标志性的改革意义。按照《国际奥委会与奥林匹克体系——世界体育的治理》一书的观点[3]，在《奥林匹克 2020 议程》改革决议通过之前，与国际奥委会保持平行独立的机构是世界反兴奋剂组织（WADA）和国际体育仲裁院，国际奥委会作为中轴负责协调与国家奥委会、奥组委、国际赞助商、各国政府与政府间国际组织等利益相关者的关系，而国际奥委会道德委员会接受国际奥委会的直接领导，必然会削弱国际体育组织内部治理和监督的有效性，使道德委员会这一监督治理机制形同虚设，导致类似于布拉特直接领导反腐审查小组这样的闹剧。

2　全球民主化浪潮中的“独立王国”

民主化浪潮缘起于亨廷顿在《第三波：20 世纪后期的民主化浪潮》中阐释的概念，伴随 20 世纪末席卷全球的第三波民主化浪潮的地方性实践和多元化态势，第四波民主化浪潮正在特殊的全球与地缘政治环境中崛起，无论第三波还是第四波民主化浪潮的定义分歧为何，有关全球民主化的大趋势与地方性理解实践的发展问题殊途同归。具体到国际足联腐败丑闻事件上，在全球民主化大趋势大背景下，也存在国际足联这种地方性知识意义上的基于行业性规则与历史性生成的民主自治经验，如何把握全球民主化与行业自治的发展关系，用中国全面深化改革进程与竞技体育“举国体制”的发展关系来帮助理解二者的联系，似乎更为直白形象。在新常态下“四个全面”战略布局背景下，竞技体育“举国体制”总是假借“为国争光”“金牌第一”“竞技争胜的内在价值”等各种名义，消解全面深化改革的紧迫性和合法性。如出一辙的是，在经历第三波民主化浪潮，阿维兰热及其继任者布拉特并未引领国际足联进入真正民主化的轨道，而是凭借历史、资源与权力的积累，建立起国际体育界最大的“独立王国”。

参照《奥林匹克2020议程》，国际足联在“最大化与奥林匹克运动利益相关者的协同效应”“加强对运动员的支持”“遵从良好治理的基本原则”“支持自治”“扩大透明度”“审视国际奥委会委员会的范围和组成”等诸多提议方面存在较大差距。正如韩勇所说，“只有垄断的组织才能保障规则的统一，也更富有效率”，由此形成的组织高度自治和权力高度集中，“这是腐败产生并且难以禁绝的最根本原因。媒体监督没有强制力；无论是国际法还是国家法，还缺乏行之有效的办法”[1]。国际足联高度集权已然到了无以复加的地步，无规制的权力使用边界模糊，对权力的迷恋使其失去壮士断腕的改革勇气，丧失自我净化的能力，陷入权力的漩涡无法自拔。在布拉特担任国际足联主席期间，对世界足球的管理和治理腐败的指控达到顶峰，迫于外部舆论压力，布拉特创设了伦理委员会审查机制，由“大独裁者”掌控的伦理委员会沦为一种应付外部压力的“障眼法”，透明制、问责制和责任状等原则逐渐退出国际足联治理实践中，布拉特并没有按照有效的道德政策接受审查[4]。尽管不断有人揭发和呼吁，但改革后的国家足联伦理委员会迄今未对布拉特展开富有成效的调查[5]，更别提参照国际奥委会“强化道德委员会的独立性”这一根本性改革决议。

依据体育实践的特殊性与历史话语的累积，逐步建立国际体育组织内部规则与自治的合法性基础，重大体育赛事的全球影响力进一步凝聚了国际体育组织的自治强度，尤其是商业收益充盈的国际足联，倚仗万能的金元魔力有恃无恐，形成了独立于国际法体系并且高度自治的“独立王国”，久而久之形成以组织意志（受到主席领导权的控制）为中心的“必然王国”，乃至结局蜕变为无所不能的“权力王国”。面对国际足联这一高度自治的“权力王国”，业界与学界的批判声音从未停止，前英国体育部长 Tony Banks 早在 1998 年指出，相对于威斯敏斯特（Westminster）的英国国家政治，阿维兰热任期的国际足联政治带有“明显的拜占庭色彩”（positively Byzantine），来自英国布莱顿大学的研究者 Alan Tomlinson 更是指出，拜占庭帝国时期阴险狡猾的政治权术，在阿维兰热及其继任者布拉特充满虚伪且毫无信任感的政治风格中显露无遗[4]。

“拜占庭色彩”这个概念非常形象地描述了国际足联高度集权的组织架构和运行机制，历史上的拜占庭帝国皇帝拥有至高的权力，这很像布拉特任职期间拥有的纵横捭阖的领导能力和前呼后拥的美妙处境。拜占庭帝国皇帝被神化为上帝在人间的代表，具有至高无上的神圣性。在国际足联腐败丑闻爆发之后，仍照常举行的国际足联第 65 届全体代表大会上，布拉特第 5 次当选国际足联主席，有力证明了布拉特根深蒂固的组织权力基础，凭借阿维兰热和布拉特逾半个世纪（41 年）积累下来的组织领导力和影响力，有理由相信，通过纵横捭阖的权术谋略以及轻车熟路般的内部程序与规则运用，达到“拜占庭皇帝可以召开宗教大会，任免教会领袖和高级教士”的实际效果。

毋庸讳言，在资本主义新自由主义发展道路和民主价值观大行其道的当今世界，这种打着国际体育组织自治的旗号，拿着组织内部运行的民主决策机制的表层理解，实际上走的是一条拜占庭式帝国风格的复辟道路，与美国为首的资本主义发达国家倡导并精心布局的全球新自由主义路线图和民主化发展道路格格不入。自由民主是以美国为首的资本主义发达国家向世界输出的重要价值观，是一整套有关权力与市场关系问题的解决方案，也是全球资本主义聚首同一条发展道路的信仰源泉。从东欧国家私有制改革的破产到拉美国家“失去的十年”，全球新自由主义和民主化道路在世界范围内遭遇到冷战后最大的合法化危机。在全球民主化时代，美国不能容忍国际足联这种“明显的拜占庭色彩”的权力组织的存在，不能容忍布拉特这种披着民主外衣的“大独裁者”的任性。维护民主的价值是美国的根本利益，也是美国作为“世界警察”的身份定位所必须承担的职责和必须付诸的行动。

3 捍卫民主的价值

西方自由民主理念面临的最大危机，不是意识形态领域的竞争者，冷战时期最强大的对手——苏联社会主义意识形态，已经伴随柏林墙的倒塌和全球马克思主义的降温从历史认同中暗淡退场。西方自由民主的危机恰恰来自民主国家的内部，这是一个资本主义新自由主义的自我膨胀毁灭的过程。“齐格蒙特·鲍曼为西方自由民主政体在意识形态上缺少对手而哀叹不已，哀叹自由民主制度没有了意识形态上的对手，而在还没有过去很久的冷战时代，这样的对手有助于资本主义在处理西方社会民众问题时保持一种诚实谦虚的态度。在鲍曼看来，胜利的资本主义是处于危险的膨胀期和无约束的资本主义，它们拥有几乎没有任何限制的权力和权威”[6]。国际足联奉行的这种拜占庭式帝国风格的复辟道路，不是由德里达解构主义语境下的“马克思的幽灵”生成的，一种看不见却蕴含着巨大力量的意志存在，而是由民主国家内部无限制的权力与权威野蛮生长出的“畸形”（民主异化的产物），并将西方民主制度置于危机大爆发的边缘。

美国的民主信仰似乎具有天然的合法性与存在感，政治学家亨廷顿郑重提醒美国公众，“一旦美国背离了自由民主的理想，一旦美国人放弃了不断实现这些理想的努力，那么美国就失去了意义，失去了认同，失去了政治文化，甚至失去了历史”[7]。这为美国捍卫民主的价值，主导实施全球反腐行动，采用“外科手术”矫正这些西方民主的“畸形”提供了行动依据。美国采取的司法行动与捍卫民主的价值，乃至与美国的国家战略之间有何联系？换言之，美国充当“世界警察”和“正义使者”的角色，促进国际足联善治改革与美国的国家利益之间有何联系？如何从民主的价值视角认识美国司法力量介入国际足联内部事务的行动，进而理解美国运用法制监督的力量，“倒逼”国际足联迈向善治改革这一民主化道路的根本目的。

其一，应摆脱民主概念形式上的纠缠。基于民主概念的模糊状态，结合国际足联腐败丑闻事件的讨论不能仅仅停留在对民主概念的多元理解与无休争论上。哲学学者阿甘本指出，“由于本身词义的含混不清，人们在使用‘民主’这个词时注定会产生沟通上的误解。当我们谈论民主时，我们在谈论什么？人们有时认为民主是一种政治实体的制度形式，有时又认为它是一种统治技术。既有公共权利的概念，又有行政实践的概念，表示权力的合法形式及其实践方式”[8]。伴随全球化进程中地方性知识与经验的开启及甚嚣尘上的趋势，民主化理论的地方性实践与操作经验问题较之民主理念的宏观性学理分析更加具有独特的理解价值。基于体育法理论与实践的特殊性，以及国际足联腐败丑闻事件面临的行业秩序与政治环境的特殊性，应将研究视野由政治制度、公共权利、行政实践等一般性民主认知，转向民主实践的机制设计、技术手段、解决方案等操作性层面。

其二，不能将民主实践的本质视为道德层面上的危机。如果将国际足联腐败丑闻事件归咎为道德危机并不客观。哲学家赵汀阳认为，“民主所以会遇到这一似乎于理不通的根本性困难，不是因为民主制本身是坏的，而是因为人性条件不能满足民主所需要的人性水平”[9]。这里主要依据的是发展中国家面临的实际道德发展困境做出的学理判断，那么面对国际足联这种精英政治模式，恐怕很难用人性条件和道德水准问题来推脱解释，这也预示着道德推脱这一宏大叙事的局限性，犹如时事评论员扎卡里亚的言论，“我们目前所经历的并不是资本主义危机。这是一场金融危机、民主危机、全球化危机，从根本上说是道德危机”[10]。抛开组织自治与道德自律这一认识理路，寻找与国际足联腐败丑闻事件最终的利益目标指向紧密联系的民主概念要素实现条件的可能性，或许是理解国家行动背后隐藏的根本利益诉求与动机表达的可选路径。

其三，避免将民主理解为一种历史传统，或一种实现社会治理的预设结果。民族学者史密斯指出，“美国人感到实现民主和自由是他们共同的历史责任。这种共同的爱国主义，这种对美国救世式的信仰，这种半宗教式的共同使命感，几乎独立于美国经济与政治变迁，或独立于美国社会”[11]。这种延续福山“历史的终结”预设价值的历史解释论，植根美国式民主的历史性和优越性的自我申辩、自我赋权，很难对国际足联腐败丑闻事件中美国采取的司法行动做出合理的解释。正如姜世波所言，“国际非政府组织通常是国际社会某一非政府利益群体的利益表达机制，对这样一种机制的打击容易遭受国际诟病”[1]。从历史到当下，从“高大上”到“接地气”，或许更能有效解决实际问题的是选择一个更实在、更具体、更切实可行的解释策略。

在西方国家为遮蔽某种特殊利益诉求的前提下，宣扬民主价值的纯粹性，一些发展中国家精英明智地看到了“存在两种标准”的民主化进程中鼓捣的“玄虚”所在，从国家发展实际与符合自身利益诉求的角度，指出了采取“技术性手段”实现全球民主化路线图计划的解释依据。赵汀阳一针见血地指出，“民主往往视为现代社会的一种核心价值，这是错的。民主根本不是价值，而是一种政治制度或者一种公共选择策略，民主的本质是终结分歧，而形成公共选择的一种操作，总之是一种技术性手段”[12]。美国践行行动交往原则，以此捍卫民主的价值，最终目的指向的是：创建一种符合民主化要素禀赋结构的全球体育市场秩序规则和利益交换机制。可以说，民主作为一种技术性手段的实用价值，就是创造一种符合欧美发达国家根本利益的市场秩序和运行机制。更通俗一点来说，按照国际足联目前这种拜占庭式帝国风格，一不讲规则，二不讲道理，欧美发达国家没有办法展开对话，以及利益交换与实现，没有一个自由市场支持平台、秩序与规则，欧美发达国家由“原始资本积累”的先发竞争优势，体现在历史、资源、法律、规则、形象、外交等世界杯举办权竞争的方方面面，就没有用武之地。美国需要做的是寻找恰当的时机，寻找某种可能改变国际足联权力格局与秩序规则的“技术性手段”，一场彻底且置于自由市场竞争规则层面上的“重新洗牌”。

举例说明，针对解决欧洲职业体育市场中人力资源发展困境问题，具有体育界典型示范效应的博斯曼法案如法炮制，恰恰是在人权、自由与民主的名义上寻求体育人力资源跨国流动的欧盟法正当性与社会合法化过程。博斯曼法案不是要传达欧盟法的正义理念，强化每一个人对欧盟法的信仰和信心，而是致力于冷战结束后以西方资本主义阵营主导建立的世界新秩序提供法律保障和“依法治体”的正当性，为破除国家间体育人力资源自由流动的传统秩序观念，建立符合资本主义新自由主义利益诉求的新的体育人力资源跨国流动机制，彰显一种示范性价值。博斯曼法案保护的是自由市场的利益，遵循自由市场原则的最大受益者无疑是站在权力顶峰的欧美发达国家，自由市场遵循“大鱼吃小鱼”这一资本主义市场经济的基本法则，职业体育市场人力资源流动呈现出的“马太效应”是自由市场制度的主要特征。

来自德国帕德博恩大学的研究者 Bernd Frick，对博斯曼法案前后欧洲足球与世界足球实力分布格局的比较研究结果表明，后博斯曼时代运动员自由流动制度的建立，对欧洲足球竞争平衡的发展具有正向作用，欧洲职业足球五大联赛以及由欧洲足球发展的强势地位产生的“虹吸效应”，吸收了全世界的精英球员资源，造成了世界足球的不平衡发展，加剧了世界足球的两极分化趋势[13]。由此形成了世界职业足球市场“世界体系”的科层制垄断结构，“世界体系”理论指的是建立一系列体制机制，将核心层至外围层的所有资源进行重新分配，核心层为世界职业足球五大联赛市场，也可以扩展为整个欧洲职业足球市场，外围层一般指中美洲和南美洲的精英球员资源，宽泛的外围层一般指亚洲、非洲、北美洲和大洋洲的精英球员资源[14]。这不是某个具体国家的“权力斗争”，而是一个利益共同体的共谋目标。这个目标实现的过程是建立自由开放的市场体制机制，赋予正当性、合规性与合法性的理论依据，切实保障职业体育市场人力资源“低成本、高效率”的自由流动。“虹吸效应”和“马太效应”成为博斯曼法案的长期后果，亦是后博斯曼时代的显要标志，它更像是西方民主制度的政治遗产。

在国际足联腐败丑闻事件中，国家司法力量作为一种特殊的外交手段，进而影响改变乃至重建世界新秩序的“政治手腕”被如法炮制。美国司法力量介入国际足联内部事务，充分发挥了国家司法行动蕴涵的外交功能。正如赵毅所言，“美国的行为固然可以从政治学上建立国际体育组织‘新’秩序的角度解读，但并不能否认其获得普遍的正义观感。[1]”经济全球化导致了某些政治价值的普遍化，特别是自由、民主、人权、和平，当这些政治价值在一个民族国家内遭到毁灭性的破坏时，例如发生种族灭绝性的暴力行为，国际社会的干预正在得到越来越多的道义支持[15]。当这些政治价值在一个国际体育组织“独立王国”被束之高阁时，例如陷入权力漩涡的国际足联表现出的“拜占庭色彩”和“家长制作风”，美国基于国内法“长臂管辖权”原则，对国际足联“独立王国”实行外部力量的监督和干预，正在获得国际社会普遍的道义支持，虽然无法实现一种普遍主义的合法性（亚非拉国家和俄罗斯表现出不同立场)，却无疑具有开展“长臂管辖权”司法行动的国内法正当性。

姜世波将国际体育组织的治理分为外部监督和内部善治，并指出内部治理的作用依然是无法否认的，陈华荣予以回应，认为“内部治理最后主要靠执行机构的自我约束”[1]。很显然，按照国际足联目前的权力体制、运行机制与道德状况，很难实现内部治理和自我约束。“对一些人来说，民主的意思用行动比用语言更能表达清楚”[16]，而美国恰恰就是行动派中坚定的领军者。通俗一点来说，就是“做”比“说”来得实在。美国司法力量介入国际足联内部事务的根本目的就是要做一名忠实的行动派“搅局者”，重塑国际足联的权力格局，重建世界足球市场的游戏规则。哲学学者科恩指出，“健全民主的标志之一就是不断改进形式，为促进更广泛更充分的参与创造出新的手段”[17]。美国并未惧怕国际足联旧势力激起的权力漩涡，而是抱以全球民主化道路上的行动派姿态，致力于创建一个彻底摧毁权力漩涡的支点(掣肘力量来源)，将权力漩涡产生的腐蚀一切自由民主实践形式的吸附力量化解于无形，这就是美国充当自由民主的行动派与捍卫者的真正目的，就是国际足联腐败丑闻事件的本真面目，也是美国奉行全球民主化道路的价值旨归。

4　国际足联腐败丑闻事件的走势判断

社会学家吉登斯指出：“从日本到法国、德国，从美国到英国，政治丑闻成了新闻的主要内容，并不表示那些民主国家现在比以前更加官僚了，只是在一个信息开放的社会，丑闻更容易被发现，而且官僚的衡量标准也发生了变化”[18]。国家司法力量与超国家组织权力之间的博弈，正是通过新闻媒体这个窗口向各自的攻克目标施加公共舆论压力，在这个权力诉求的实现载体问题上，新闻可以分为两种类型，一种属于美国的新闻舆论，一种属于国际足联的新闻舆论。重磅新闻或揭发“黑幕”的丑闻报道作为一种社会舆论生产与权力制衡的力量，被权势者玩弄于股掌之上。如果美国司法部门不出面搅局，世界足坛还是一片歌舞升平的媒介景象，这也是布拉特治下的国际足联长期依仗的行事逻辑。“黑幕”无法获悉，新闻只是想告诉我们“应该让公众知道的事情”，公众被煽动的情绪左右，没人关注新闻叙说的“事情”真伪与合理性。追热点赶时髦的学者最大的悲哀，或许就是依据新闻透露的一般性常识，“道听途说”进而“肆意发挥”。或许挣脱新闻叙事设计的“陷阱”，从更广泛的学理意义上理解该事件背后的社会文化意义，将是学术对话录或学术时评这种研究形式应有的姿态。

不可否认的现实情况是，国际体育组织是由欧美区域性协会并植根欧美社会文化土壤成长发展起来的，欧美发达国家是组织程序和规则的主要缔造者，也就相应地在人力资源和技术服务方面具有核心竞争优势。相比较而言，亚非拉国家处于不断摸索的境地和全面落后的地位。可以想象到的情形是，如果卡塔尔提出申办国际足联世界杯，聘请熟谙申办程序和规则的专业团队无疑是一条通向胜利的道路，欧美国家体育中介服务公司在世界杯申办程序、规则、策划、运营等方面具有比较优势，将世界杯申办涉及的人力资源和技术服务环节外包给欧美专业团队，是一种明智的选择，也将产生国家财政的支持和外包服务的酬劳支付问题。如果卡塔尔足够明智，选择一条通向胜利的捷径，就应该聘请国际足联高层人士帮忙策划、运作并“出谋划策”，同样是申办人力与技术服务的酬劳支付，这种无中介代理的“垂直服务”，显然符合卡塔尔的国际身份处境和现实，却丧失了严肃申办过程的合规性和合法性的程序支持，诸如是官员个人接受公关服务资金，还是官员个人控制的中介公司接受公关服务资金，还是合法的中介公司接受公关服务资金的问题。这种模糊不清的公关与服务关系，或者说在程序公开透明与民主化实现机制以及操作性方面存在的问题，为美国司法部门定义国际足联世界杯申办过程中的腐败概念和行为提供了证据来源。

从实质正义的角度来看，欧美发达国家作为规则的缔造者，与亚非拉国家不处于同一竞争平台上，这是一种失衡的竞争关系。卡塔尔出乎意料获得国际足联世界杯举办权，对于普及发展足球运动与实现可持续发展，把机会让给更多的值得鼓励发展足球运动的国家，摆脱欧美中心主义的历史束缚，开创新的局面和美丽新世界，是一种符合世界发展潮流且致力于区域资源与力量平衡的战略选择。这种假设的情形符合实质正义的结果，却不符合现代法治和民主化意义上的形式公平要求，美国司法部门正是基于这个正义实践过程中自然形成的"漏洞"，发起符合自身根本利益和维护民主价值的"长臂管辖权"司法审查行动，借助国内法的正当性，对国际足联"独立王国"施以外部监督的法治力量和促进善治改革的舆论压力。

事实上，国际足联腐败丑闻事件的未来走势，取决于美国与国际足联权力博弈的最终结果，是双边实现合作，完成利益交换，还是双边互不让步，保持紧张的对峙局势。从国际足联腐败丑闻事件的最新进展来看，双边实现合作的可能性要远远大于谈判破裂。布拉特在第 4 次连任国际足联主席后的第 4 天宣布辞职，相应启动主席特别选举程序，这一急转而下的形势变化，为双边迈向合作道路发出了积极的信号。2015 年 7 月 20 日召开的国际足联执委会特别会议决定将于 2016 年 2 月 26 日举行新一届主席选举。国际足联申明改革工作组将由第三方人士主导。笔者斗胆进行一种猜测性的判断，随着美国司法力量的介入与国际足联领导力量的博弈，该事件将会出现"大事化小、小事化无"的结果，逐渐淡出公众视野，最终沦为盐湖城冬奥会贿选案件中美国闹剧式"新闻表演"的翻版。只是经过岁月的沉淀，美国方面的"新闻演技"将获得一个质的提升。

美国的根本目的是维护民主的价值，最终的利益诉求是促进国际足联进行卓有成效的根本性改革，早日迈进国际足联善治改革的发展道路。随着美国与国际足联双边对话机制的开启，国际足联为了避免牵涉出“更多腐败事实”，不得不采取“明哲保身”的妥协态度，将事态的负面影响降到最低限度，并在道德审查的独立性、实行善治改革等民主化进程方面做出必要承诺。美国方面的司法审查行动，在合法性方面面临较大的国际压力，事件一旦闹大，不好收场，也便“犹抱琵琶半遮面”，避免“穷追猛打”，做到“点到为止”。双边对话、博弈与协商，最终就国际足联的一系列重大改革问题达成共识。

业界和学界有关推测国际足联腐败丑闻的事实成立，进而取消国际足联2018年俄罗斯和2022年卡塔尔世界杯举办权的猜测不会变成现实。事实上，美国司法部门审查国际足联涉嫌腐败的部分官员的真正目的，并不是指向最终取消国际足联2018年俄罗斯和2022年卡塔尔世界杯举办权，更不是有意挑衅俄罗斯的国家主权与权威。美国司法力量与审查行动具有国内法的正当性，但是仅凭借“打击体育界的腐败行为”和“维护美国的国家利益”的说辞很难寻求普遍的政治认同，很难说具有普遍性意义上的合法性基础。亚非拉国家大部分媒体只是承认美国反腐行动的正当性与事实，对于美国司法行动的合法性问题持保留意见，俄罗斯方面更是直指美国司法部门干涉国际足联事务的非法性，“试图将其管辖范围扩大到其他国家”。面临这样一个政治认同分歧的局面，很难由国内法的正当性推导出国家行动的合法性。这里有必要引入哈贝马斯关于合法性危机的概念来进一步理解，“合法性危机是一种直接的认同危机，它不是由于系统整合受到威胁而产生的，而是由履行政府计划的各项任务使失去政治意义的公共领域的结构遭受怀疑，从而使确保生产资料私人占有的形式民主受到质疑”[19]。由于权力审查主体转移至国内法系统，认同主体的结构与危机逻辑自身也随之发生了根本性变化，这在哈贝马斯关于行政系统的干预与经济系统之间的关系论述中具有一定的借鉴意义。

美国这种伸出“长臂”的国际示范效应，一旦遭遇几个正在崛起的世界新兴力量或区域中心国家的模仿，轻则如姜世波所说，“国家法对体育自治的干预不能窒息了体育发展的活力”[1]，将为世界体育的未来前景蒙上阴影，重则如姜熙的担忧，“如果每个国家由于相关利益动不动就以本国司法强势介入到国际体育组织的治理，那么全球 200 多个国家和地区组成的国际体育发展形势将被经常打乱”[1]，将世界秩序置于十分危险的境地。美国不会对国际社会开这个“大玩笑”，也不会挑起这个“不好的头”。如果美国倚仗“长臂管辖权”原则中的某种最低联系（Minimum Contacts）标准，将“长臂”肆意挥出去，美国式民主的拥趸们如何看美国，发展中国家如何看美国，当今世界又如何看美国？这为美国贴上霸权主义的标签落下了证据和口实，亦将成为美国式民主道路中的最大障碍。

5　尾声：警惕西方伪装的民主

纵观世界潮流，善治和民主为人类和平共处与可持续发展创造了基本条件，为人类权利、尊严与体面的生活提供了基础保障，没有人会否定实现善治和民主的价值。即便在一些发展中国家，民主概念表现得比较隐晦，民主的提法“登不上台面”，但也努力创造一些令人接受的概念情境和社会氛围，有与民主概念紧密联系的“治理体系与治理能力现代化”宏大布局，也有迈向宪政道路的“依法治国”战略选择。国际体育组织挣脱权力的漩涡，迈向善治与民主化的改革道路，对于世界精英体育的可持续发展和全球商业体育的良性成长具有重要的理论与实践意义。

应该说，民主是个好东西。吊诡的是，西方民主移植到东欧国家、拉美地区遭遇“水土不服”乃至“逆生长”的境况。究其根源，或许不在于如何定义民主的概念和标榜民主的价值，关键是如何运用民主化的形式来维护公平正义的价值，做更多对人类社会发展有益的事情。法学家拉伦茨的名言：“法律解释者都希望在法律中寻获其时代问题的答案。”重要的或许不是法律条文，而是如何运用和解释的问题。政治学者甘布尔关于“警惕伪装的民主”的言论振聋发聩，“科学并没有引导人们通过知识获得解放，反而导致了这个星球日益严重的毁灭性技术控制；当民主成为一副空架子，不再成为一个通过参与公共事务而获得自我发展和人类繁荣的空间，民主也就成为愤世嫉俗、自我服务的技术精英循环掌权的工具”[20]。需要特别警惕的是，遮蔽在全球治理和民主概念背后的铁幕，高举普适价值的旗帜为西方道路和特殊利益辩护，奉行美国式民主一以贯之的“两种标准”、单边主义和霸权主义路线。这不是对民主定义的一般性理解，而是在某种价值引领意义上发挥民主的价值问题。我们呼唤自由和民主，但不是美国式民主，更不是“别有用心”的民主，而是体现人类普适价值，符合中国政治体制、经济发展与社会改革实际的民主化发展道路。中国作为奥运竞技强国和体育发展大国，在维护国际体坛公平正义，平衡区域体育力量格局，建立国际体育新秩序方面，应该承担更多的时代责任，为世界体育发展做出独特的贡献。[21]

参考文献

［1］姜世波，姜熙，赵毅，等．国际体育组织自治的困境与出路——国际足联腐败丑闻的深层思考［J］．体育与科学，2015，36（4）：19-26.

［2］张旭东．全球化时代的文化认同：西方普遍主义话语的历史批判［M］．第 2 版．北京：北京大学出版社，2006：59.

［3］Jean-Loup Chappelet， Brenda Kübler-Mabbott.The International Olympic

Committee and the Olympic System: The governance of world sport [M] . New York: Routledge, 2008: 18.
[4] Alan Tomlinson.The Supreme Leader Sails on: Leadership, Ethics and Governance in FIFA [J] .Sport in Society, 2014, 17 (9) : 1155–1169.
[5] Roger Pielke Jr. How Can FIFA be Held Accountable? [J] .Sport Management Review, 2013, 16 (3) : 255–267.
[6] [英] 斯图亚特·西姆 . 德里达与历史的终结 [M] . 王昆, 译 . 北京: 北京大学出版社, 2005: 98.
[7] [美] 塞缪尔·亨廷顿 . 失衡的承诺 [M] . 周端, 译 . 北京: 东方出版社, 2005: 283.
[8] [法] 吉奥乔·阿甘本 . 民主概念絮语 [A] . 吉奥乔·阿甘本, 阿兰·巴迪欧, 丹尼埃尔·本萨义德, 等 . 好民主 坏民主 [C] . 王文菲, 沈建文, 译 . 上海: 上海社会科学院出版社, 2014: 5.
[9] 赵汀阳 . 坏世界研究: 作为第一哲学的政治哲学 [M] . 北京: 中国人民大学出版社, 2009: 58.
[10] [美] 法里德·扎卡里亚 . 资本主义宣言: 贪婪即美德 [A] . 李慎明 . 世界在反思: 国际金融危机与新自由主义全球观点扫描 [C] . 北京: 社会科学文献出版社, 2010: 256.
[11] [英] 安东尼·D·史密斯 . 全球化时代的民族与民族主义 [M] . 龚维斌, 良警宇, 译 . 北京: 中央编译出版社, 2002: 49–50.
[12] 赵汀阳 . 每个人的政治 [M] . 北京: 社会科学文献出版社, 2010: 136.
[13] Bernd Frick.Globalization and Factor Mobility: The Impact of the "Bosman-Ruling" on Player Migration in Professional Soccer [J] .Journal of Sports Economics, 2009, 10 (1) : 88–106.

[14] 黄璐 . 运动员跨国流动的国家边界问题：在荣誉外包与民族情绪之间 [J] . 成都体育学院学报，2014，40（11）：27–33.

[15] 俞可平 . 全球化与国家主权 [M] . 北京：社会科学文献出版社，2004：9.

[16] [美] 斯潘诺斯 . 教育的终结 [M] . 王成兵，译 . 南京：江苏人民出版社，2006：227.

[17] [美] 科恩 . 论民主 [M] . 聂崇信，朱秀贤，译 . 北京：商务印书馆，1988：41.

[18] [英] 安东尼 · 吉登斯 . 失控的世界 [M] . 周红云，译 . 南昌：江西人民出版社，2001：71.

[19] [德] 尤尔根 · 哈贝马斯 . 合法化危机 [M] . 刘北成，曹卫东，译 . 上海：上海人民出版社，2009：54.

[20] [英] 安德鲁 · 甘布尔 . 政治和命运 [M] . 胡晓进，罗珊珍，翟艳芳，等译 . 南京：江苏人民出版社，2003：16.

[21] 黄璐 . 权力漩涡与民主的价值——国际足联腐败丑闻的深层思考 [J] . 武汉体育学院学报，2015，49（10）：26–33.

第 6 章　国际足联危机性案件的延伸论证

国际足联危机性案件作为一种外显方式，深刻呈现了国际体育组织自治权存在的结构性危机。国际足联自治权缺乏有效的内部监督与制衡机制，组织自治权的滥用，导致内部治理体系与控制机制存在一系列的问题，决策程序的合法性受到质疑。美国司法部门介入国际足联反腐领域，彰显了美国一以贯之的对外政策立场，传承了美国向外推行民主制度这一冷战后的政治文化遗产。瑞士、德国等国家司法部门积极跟进，向“不干涉体育事务”的历史文化传统说“不”。后布拉特时代的国际足联在责任机制建设方面将迈出崭新的一步，在重启善治改革议程方面也将付诸实质性的行动。从蓝图到现实，能否变现改革承诺，还有待进一步观察。

2015 年 5 月 27 日，国际足联危机性案件全面爆发，我国中青年体育法学者适时跟进评论，从国际体育组织自治的视角，对美国司法行动的正当性、国际体育组织善治与外部监督机制、体育行业自治路径等若干问题展开了深入讨论[1-2]。甚感遗憾的是，在国际足联内部治理机制存在的缺陷、美国司法行动的对外政策立场、美国式民主的全球化战略等问题上展开的论述还不够充分，对于理解这一国际体坛“大事件”还不够透彻，这里主要是补充一些新的论据，旨在深化对国际足联危机性案件的看法，对中国认识、把握全球化时代中的体育外交关系、推进体育社会组织改革等问题提供一些启发。

1 国际足联自治权的滥用

体育行业的自治历史悠久，现代西方体育组织的创立便拥有自由联合和独立自治的基因。在西方体育组织全球化的百年历程中，争取自治权的斗争一直是国际体育组织经久不衰的中心主题。基于个人、组织与政治的自利性原则，国际体育组织首先必须保证自我独立性，保证不受外界势力的控制，以一个独立主体（组织与合作）的身份开展一系列卓有成效的工作。来自比利时、丹麦、德国的研究人员指出，现代体育运动的发展实质上属于古典自由主义形态，体育组织的创立受到当时西方民主与社会观念的影响，建立体育组织的精英群体基于自由联合的民主理念，将体育与国家分离作为神圣原则，在这些精英群体看来，居心叵测的政治家只会侵犯体育的诚实正直价值。欧洲国家政府历来尊重体育行业的自治传统，体育行业同时享有极大的自治权，毫不夸张地说，国际非政府体育组织（INGSOs）几乎完全自治[3]。

从现代奥林匹克运动发展历程来看，早期依附于世博会等组织形态，中期受到战争和政治势力的影响，后期遭遇商业力量的腐蚀，寻求组织独立与自治成为实现奥林匹克运动可持续发展的重要目标。步入21世纪，全球体育经济迅猛发展，体育的经济功能无限放大，国际体育组织的经济独立性地位日趋强化，以此衍生出的组织权威效应，使国际体育组织在寻求自治权的道路上赢得了战略性的胜利。英国社会学家卢克斯将“权力”系统具体分为强制力、影响力、权威、武力和操纵，而“操纵”和“权威”是“建立在理性基础上的一致同意”[4]。国际足联强悍的吸金能力构筑了经济自治地位，自治可以创造“操纵”和“权威”，权威效应又是国际足联自治权合法化和行动能力的主要来源。在国际体育组织普遍实现经济独立的局势下，当下组织自治权的发展走向主要是寻求更大程度上的政治自治（Political Autonomy），也就是由建立于经济独立性基础之上的组织权威效应，转换为政治独立性及衍生出的政治身份、地位与权力。以国际奥委会为例，《奥林匹克 2020 议程》第 28 条提议“支持自治”的内容与背景说明中指出，在 2014 年纽约召开的联合国大会上，联合国有史以来第一次承认了国际奥委会拥有体育自治权，由联合国成员国通过的决议不仅承认了这种自治权，甚至“支持体育的独立和自治，支持国际奥委会在引领奥林匹克运动中的使命”[5]。

应该说，实现自治是国际体育组织最大的历史文化遗产，也是实现组织高效运作和社会高效运转的合法化形态。前英国体育部长 Tony Banks 认为国际足联治理体系类似于威斯敏斯特（Westminster）的英国国家政治，来自英国布莱顿大学的研究者 Alan Tomlinson 批评指出，国际足联不仅是一种威斯敏斯特体制，更具有“明显的拜占庭色彩”[6]。借鉴弗朗西斯·福山关于国家建构重要性的观点[7]，英国作为早期的工业化国家，中产阶级的形成促成了官僚体系的改革，体现于诺斯科特—屈维廉改革和《彭德尔顿法》，与美国复杂的制衡制度相比，威斯敏斯特体制在采纳决定性政治行动时较少遇上障碍。社会应先建立韦伯式的强大自主的官僚体系，或基于独立法院和受过良好训练的法官的自由法治。官僚体系与自由法治的建设不是轻而易举可以完成的，制度往往是历史遗产预定的，或是外部势力塑造的。国际足联现行制度与运行机制很大程度上源于行业自治这一历史文化遗产，造就了国际足联类似于威斯敏斯特的政治风格。历经一个世纪的全球化与民主化浪潮，又让国际足联无法独善其身，受到全球化、民主制度、法治化、社会舆论等外部势力的影响，进而在一定程度上改变了国际足联内部治理与控制机制。

国际足联无疑在官僚体系建设方面取得了突出的成就，目前面临的主要困境在于，福山关于政治发展三大要件——国家、法治和负责制中两极的缺位，即国际足联内部缺乏更严格的法治和明确的负责制，势必导致国际足联自治权的滥用，由威斯敏斯特体制滑向“拜占庭式”极权政治的深渊。福山进一步指出[7]，“一个高度自主的国家，如果既没有民主负责制，又不受制于法治，结果是非常危险的，像新中国‘大跃进’和‘文革’那样酿成无尽的苦果”。福山提出的负责制概念可以理解为国际足联所承担的更为广泛的行业发展与公共责任，国际足联危机性案件暴露出国际足联内部缺乏崇高的责任目标，以及为实现责任目标所具备的行动共识、道德水准和民主化意识，责任目标具体包括层级责任、督导责任、财政责任、法律责任、市场责任、同行责任、公共声誉责任等范畴[8]，诸如国际足联道德委员会的独立性受到质疑，内部监督机制形同虚设，组织运行缺乏更严格的合规性，财政运行的透明度不高，对一系列危机性案件回应不足，对组织声誉和公共利益缺乏更多考虑……这些棘手问题的长期存在，为国际足联责任机制的改革前景蒙上了阴影。福山提出的负责制概念与民主实践紧密相连，民主化机制作为一种“技术性手段”，在实现国际足联崇高的责任目标过程中具有重要意义。相比于威斯敏斯特政治这一“民主独裁制”，国际足联官僚体系唯有“独裁制”，却没有见到实质民主的影子。

福山提出的法治概念可以理解为国际足联内部建立的治理体系与控制机制，从国际足联不断曝出危机性案件来看，国际足联内部治理体系与控制机制存在诸多的缺陷和安全隐患，在缺乏外部监督力量的情境下，组织内部自治陷入权力滥用与混乱的境地。从西方民主化实践的角度而言，国际体育组织照搬了西方民主实践中的一整套形式化设计，诸如各大洲成员国选票的平等、对议事议程的最终控制、遵循国际财务报告准则（IFRS）等。然而，国际足联内部监督机制“顶层设计”不足，很难真正开展独立性的内部调查、审判与执行，同时缺乏对民主化机制的严格执行。美国将“三权分立”写进了自己的宪法中，通过确保行政、立法和司法等主要机构之间的平衡来监督政府的权力运行，却没有相应的强制性内容来制衡个人和非政府机构的力量[9]。从“三权分立”制衡机制的精髓来看，国际体育组织自治权的有效控制机制，应建立在决策权、执行权、监督权的相对独立之上。而事实上，具有第三部门身份的国际体育组织并不受制于“三权分立”西方宪政制度的强制性实施，国际体育组织在建立健全内部治理体系与控制机制问题上具有较大的自主性和解释空间，这种由组织自治权主导的内部治理机制很难摆脱对自我权力的迷恋。

国际体育组织内部治理机制基本实现了决策权与执行权的分离，例如国际奥委会的重大决策必须提交国际奥委会全会做出，国际足联则是一个例外，国际足联执委会控制了重要足球事务的决策权，国际足联的决策权与执行权处于高度混合的状态，决策、行政与执行的权力边界比较模糊。更为糟糕的局面是，来自比利时、丹麦、德国组成的研究团队，对列入奥运会比赛项目的 35 个国际单项体育联合会的治理结构进行调研结果表明[3]，17 个组织采用了道德规范标准，12 个组织设有依照道德规范标准进行监督的道德委员会，仅有 3 个组织设有独立的道德委员会（脱离组织的行政部门独立运行）。这就意味着，国际足联不仅决策权与执行权不分，同时对监督权缺乏有力的“顶层设计”，道德委员会缺乏实质上的独立性，道德委员会主席由布拉特指派，组织内部监督机制形同虚设，对组织内部泛滥的腐败行为丧失了独立调查、审判与执行的能力。从人的本性来看，手中握有权力的人，如果存在可能（笔者注：一旦时机成熟或不受限制），就会扩张权力，无论那些拥有权力的精英是多么明智以及值得信赖，经过几年或几十年，就可能会滥用权力[10]。扩张自治权范畴的典型案例是国际奥委会寻求政治自治的行为，而滥用自治权的典型案例是国际足联存在的大面积腐败行为。

国际足联自治权结构存在的根本性问题，导致组织内部治理体系与控制机制存在一系列的问题，国际足联危机性案件作为一种外显方式，深刻呈现了组织自治权存在的结构性危机。组织自治缺乏对立面，内部权力制衡也就无从谈起，也就是哲学家齐泽克所说的："没有积极的对立，矛盾是不可思考的。要分辨出那些内在原则的冲突，必须在存在的每一事物中认识到那些内在原则的冲突"[11]。可以肯定的是，国际体育组织自治是一种不可逆的事实，在缺乏外部监督力量的背景下，如果不能在国际体育组织内部实现有效的权力制衡，尤其是实现真正意义上的监督权，建立三权分立、互相制衡的组织内部治理与控制机制，阿维兰热和布拉特治下的"拜占庭风格"将不会褪色，第三个"大独裁者"亦将出现。正是政治学者梅斯奎塔指出的："严控'礼品'和旅行无法改变通过私人利益，而不是通过为赛事提供更好的组织管理和设施进行竞争的深层动因。"[12]这就是国际足联一系列反腐制度的形式化设计，最终在满怀激情的改革呼声中丧失实际效果的真正原因所在。

2 国际足联决策程序的合法性问题

卡塔尔获得2022年国际足联世界杯举办权，在业界掀起轩然大波。按照现代化的显著特征，即一系列的公开、透明和标准化过程，卡塔尔从国家经济总体发展水平、国际政治地位、国际重大赛事举办经验、足球发展水平和文化氛围等世界杯举办城市遴选的主要评估因素方面，都与获得世界杯举办权的事实不相匹配。诚然，如果延续现代化各种评价指标体系的建构思路，发展中国家很难在全球重大体育赛事举办权上赢得机会，这为实现普遍的全球正义和走出欧美中心主义的历史沼泽蒙上了阴影。如何让发展中国家在国际政治体系中找回失去的正义，更大程度上分享世界经济与社会发展的成果，成为全球正义事业的价值旨归。很显然，国际体育组织普遍陷入了“崇高目的的腐败”这一现代化困境。腐败是任何组织中一定职位的“利益相关者”对其职责的违背行为，这些组织可能是政府、企业、工会，甚至有可能是一个非政府组织（NGO），可能存在“崇高目的的腐败”案例，例如电影《辛德勒的名单》中，辛德勒向纳粹官员行贿以拯救数百名犹太人的性命[13]。

“崇高目的的腐败”存在两个路径选择问题，第一个路径选择的代表无疑是国际足联，如果发展中国家要获得成功，就必须逾越既有民主程序的标准和权限，为权力跨界滥用以及导致腐败行为埋下制度隐患。国际足联高度集权的治理结构，将主要足球事务的决策权授予 24 人组成的执委会，凭借阿维兰热和布拉特 42 年治下的威斯敏斯特政治风格，以及国际足联内部长期积累的强大控制力量，布拉特治下的国际足联完全有能力实现极少数人高度集权，并控制重要足球事务的决策权这一事实。第二个路径选择的代表是国际奥委会，如果发展中国家要获得成功，按照标准化的评估程序获得成功的概率显然要低得多，相对于国际足联执委会总揽大权，奥运会举办权由国际奥委会全会投票产生这一制度设计同样不具备充分的辩护力，更多地凭借对后发国家“帮扶的意愿”且具有“崇高目的的偏向”。奥林匹克内部生发的道德与合规性机制，为国际奥委会从内部治理机制层面彻底解决问题提供了改革思路。也就是说，从根本上修改遴选程序和游戏规则，符合严格的民主决策程序，体现民主化和合法性的客观要求。引领奥林匹克未来改革发展的纲领性文件——《奥林匹克 2020 议程》第 1 条提议“将申办流程塑造为邀请”，正是从根源上破除“崇高目的的腐败”的制度局限性，邀请制度将使得那些被“申办军备竞赛”挡在大门外的国家具备参与申办的机会和条件，也使得多个城市和国家联合申办奥运会变成可能[14]。

全球体育事务的竞争类似于全球经济竞争，是一种不公平竞争者之间的游戏。这里所指的全球体育事务不包括体育比赛这一形式化的公平竞争活动，体育比赛体现了形式公平的原则，而非彰显起点公平和平等的价值。引入“平坦竞技场”这一概念能够形象地解释问题[13]，伪善人要求发展中国家不使用保护、补贴和管制等政策工具，因为这些构成了不公平的竞争，取消所有的保护性壁垒可以使每个人都在公平的基础上比赛。当选手不平等的时候，“平坦的竞技场”会导致不公平的竞赛。在很多运动项目上，不平等的选手之间是绝不允许比赛的，无论是不是“倾斜竞技场”，因为比赛显得不公平。在体育比赛这种彰显形式公平的组织化游戏中，只能以抹平起点公平的背景、环境与条件这种方式来相对分组比赛，不可能出现同一竞赛组让分、让球的“倾斜竞技场”案例。讲“公正竞赛”就不能要“公平竞争”，提倡“公平竞争”就必然剥夺“公正竞赛”[15]。如果是高度组织化、职业化且严肃的体育比赛活动，而非以休闲娱乐价值导向的游戏化设计的主题活动，必须受限于“平坦竞技场”这一公平竞争的形式化要求。发展中国家争取重大体育赛事举办权的努力唯有避免“直接交锋”，以塑造特殊性的“迂回竞争”策略为主。例如，展望新兴国家的足球改革发展前景，为世界足球营造一个可以期待的未来图景；以民族文化的特殊性与足球文化记忆之间的某种可能联系，建构国家足球的当代神话；以及在国家足球发展理念问题上独树一帜，抢占先机。

从迂回竞争策略的角度来看，《奥林匹克2020议程》倾向于保护国家或民族文化的特殊性，民主程序化与合法化的改革设计，也让发展中国家能够名正言顺地参与分享21世纪初奥林匹克运动改革发展成果。相比较而言，国际足联从2011年启动的善治改革议程并未从根源性层面解决重大足球事务决策权的合法性问题。国际足联采用遭人诟病的形式化且拙劣的投票政治形式，以“少数服从多数”这一最为质朴的民主化原则决定世界杯举办权的最终归属。政治学者梅斯奎塔的观点值得借鉴参考[12]，良好的民主实践取决于制胜联盟的人数，如果制胜联盟的人数很多，那么这个国家（公司或社会组织）就是我们通常所说的民主的；如果制胜联盟的人数非常少，那么不管这个国家（公司或社会组织）有没有选举，都是事实上非民主的。相比于造福奥林匹克运动的观众、运动员和广泛的利益相关者，腐蚀力量寻求少数人的选票交易显然更容易达到目的，国际足联执委会的决策权比国际奥委会全会还要集中。况且国际奥委会和国际足联主席可以挑选委员，这与国际体育仲裁院仲裁员名单的封闭性以及由上诉分院主席指定首席仲裁员（国际体育仲裁院的中立性存在疑问）的套路如出一辙[16]，政治与权力控制永远相伴而行。

国际足联危机性案件从本质上映射出现代化的缺陷，或者说是现代科学和一系列的社会标准化进程的局限性所在。从民主化机制和操作性层面则暴露出国际足联责任机制的缺位，缺乏一整套符合世界政治对话框架的责任机制，以此派生出实现组织善治的必要性和重要性，以及对破除根源性问题的回应不足，进而导致国际足联迈向真正意义上的善治改革举步维艰。相比较而言，《奥林匹克 2020 议程》关于“衡量重要机遇和风险以评估申办城市”“将可持续性纳入奥运会的方方面面”“加强国际奥委会的宣传能力”“遵从良好治理的基本原则”“审视国际奥委会委员会的范围和组成”等改革提议，充分体现了国际奥委会在建立完善责任机制方面做出的革新和努力。尤其在积极应对盐湖城冬奥会贿选事件问题上，国际奥委会践行良好的法人治理（Good Corporate Governance）模式，相应修改了组织内部治理程序，诸如奥运会主办城市遴选方法、国际奥委会成员的组成与选举规则等方面内容[17]，国际奥委会第 127 次全会还一致通过了《奥林匹克 2020 议程》这一宏大的改革战略布局和一整套问题解决方案。

由 2011 年 10 月开始，至 2013 年 3 月结束的国际足联善治改革议程，并未破除“崇高目的的腐败”的两难困境，从国际体育娱乐和休闲集团（ISL）腐败案以及衍生出的一系列连带案件[18]，到最近爆发的国际足联危机性案件以及一系列事件进展，之前存在的根源性问题当下依然存在。虽然说授予卡塔尔世界杯举办权这一投票结果体现了对发展中国家的信任、尊重与足够的关注，但是整个决策程序的合法性面临极大的挑战。国际足联善治改革议程避重就轻，一些深层次的体制机制问题并未获得根本性解决，执委会掌控着重要足球事务的决策权，道德审查的独立性受到质疑，内部监督机制形同虚设，缺乏更广泛的透明度等问题依然存在[6]。新的政策执行不力或遭遇选择性执行，2012 年版《国际足联道德规范守则》较之 2009 年版有很大改进，在行为守则和程序性规则方面进一步细化，执行不力的局面致使国际足联深陷大面积的腐败行为不可自拔。国际足联面向未来的善治改革议程必将走出高度集权这一决策控制形式，将世界杯举办权这类重要足球事务的决策权置于国际足联全会议事议程上，不论布拉特主席是迫于司法审查压力，还是主动卸任新当选主席一职，必须最大程度上清除布拉特治下国际足联的政治势力和权力影响，扩大国际足联重要足球事务的决策权范围及投票人数，在委员选任上建立更为严格的审查与评估机制，进而达到扩大制胜联盟人数的民主化目标。

3　美国对外政策的立场与行动

由美国司法力量主导实施的国际足联反腐行动，与美国“世界警察”的身份定位和对外政策的指导方针休戚相关。伴随苏联主导的东方阵营解体，冷战结束，世界历史掀开新的篇章，福山激动地喊出“历史的终结”。在历史的拐点上，以美国主导的西方阵营改弦更张，在对外政策的指导方针和立场方面做出了根本性调整。政治学者资中筠指出[19]，冷战结束后美国国内涌现出两种外交思潮，一种观点认为应该减少军费，改进人民福利，将更多的力量用在国内和平建设上，对外更侧重经济援助，追求“和平红利”等。另一种观点认为苏联解体正是难得时机，美国应致力于巩固世界领袖的地位，防止任何潜在的挑战者，同时大力向外推行民主制度，结果后一种思潮占据上风，美国最终在“鸽派”与“鹰派”两个道路间选择了强硬的对外政策立场。克林顿执政时期的外交理念是一战时期威尔逊总统以来的美国多任总统的不变主题，以在国际事务中推行美国式民主为己任，实现美国在全球范围内的民主输出和民主布道的外交战略目标[20]，即“民主国家不会互相进攻，保障我们的安全以及建设持久和平的最佳方式就是在全世界推广民主”[12]。9·11 事件后美国强化了“鹰派”政治，从军事战略行动层面来说，奥巴马执政时期放弃了单边主义路线，美国陷入一个进退两难的境地。从民主全球化层面来说，美国始终坚持对外推行民主制度的战略方针，相比于单边主义军事战略造成的可怕后果，美国对外推行民主制度这一“软外交”形式并不需要承担相应的责任和衍生风险。

美国唯一需要合理解决的问题是，如何利用“长臂管辖权”原则这类司法审查工具，具有针对性且极为巧妙地纠正全球化世界中严重偏离民主化道路的政府（公司或社会组织）行为，即便这一非民主化行为存在于民族国家内部，亦能通过国际法与一揽子行业规则赋予的超国家性控制力量，对国家主权和内部事务施加民主化影响。社会组织是协调政府与市场（国家主权与资本力量）间关系的转换器，美国有针对性地对国际体育组织的民主化状况施加司法压力，不仅出于改善全球民主化状况的考虑，也是对民族国家内部的民主化状况施加间接影响和外部压力。面对国际足联这一由历史文化遗产赋予的自治权炮制出具有“明显的拜占庭色彩”的“必然王国”。打着民主的旗号，做着反民主的事情，组织内部奉行的民主化意识仍“铁板一块”，迈向未来民主化道路还遥遥无期，作为当今国际体坛的首席领导者，美国义无反顾地挑起大梁，捍卫民主的价值，将司法审查这把利刃指向听不懂民主化语言的国际足联。

美国旨在创建一种符合体育行业自治客观要求的“技术性手段”，从国际体育组织内部控制与决策机制中创新一揽子公开透明的民主化程序，达到重建国际体育组织的治理体系与控制机制的最终目的。以美国重返亚太战略为例，美国寄希望于军事威慑力量和“软实力”优势，增强美国主导亚太地区的话语权和影响力，以遏制中国在亚太地区持续上升的领导力。美国重返亚太战略是克林顿政府实施亚太再平衡战略的延续，其背后重塑美国主导的亚太地缘政治格局的战略目的昭然若揭。伴随中国崛起并在亚太地区扮演重要的领导者角色，例如中国主导建立亚洲基础设施投资银行（AIIB）体系，在亚太经济合作组织（APEC）体系中持续上升的领导力等无可争议的事实，致使美国主导的全球霸权和世界体系面临强大的地缘政治压力，也使美国强烈渴望重返亚太并致力于亚太地缘政治势力的再平衡。美国在全球经济持续疲软的严峻形势下，对改善全球贸易合作关系毫无诚意，不对世界贸易组织（WTO）体系进行改造升级，而是忙于策划跨太平洋伙伴关系协定（TPP）计划，有媒体评论称之为“经济北约”战略，将中国这一全球崛起的新兴力量排除在外，这是一种典型的“技术性手段”，一种主导游戏规则和话语权的能力。

美国对外政策的立场十分明确，目前存在的棘手问题是采取何种“技术性手段”，达到向全球推行美国式民主的外交战略目标。尤其是针对反人道的“伊斯兰国”极端组织，奉行极权政治逻辑的国际足联等一系列具有民主不开化特征的人类自由结社组织形态，美国用尽所有可能发挥作用的民主与外交对话机制，仍无法洞开民主化大门。以盐湖城冬奥会贿选事件为例，国际奥委会主要受到美国方面主导施加的外部监督力量的压力，这种来自国际非政府组织外部的监督力量主要表现在三个方面，第一是新闻媒体施加的舆论监督压力。称为“第四权力”的新闻媒体是现代化的基本建制和主要的社会力量，民主国家奉行信息高速流转与公开透明的理念，新闻调查与批评中的“扒粪”精神，在盐湖城冬奥会贿选事件发酵过程中具有推波助澜的作用。

第二是奥林匹克赞助商施加的商业责任压力。1998 年秋季全面爆发的奥林匹克贿赂事件，包括盐湖城冬奥会申办委员会贿选事件，1999 年 4 月，时任国会议员亨利 · 韦克斯曼根据美国海外反腐败法案提出了一项遏制策略，禁止美国公司向国际奥委会提供任何形式的赞助，除非国际奥委会采纳米切尔委员会的改革建议。“米切尔委员会”是指美国联邦调查局联合国际奥委会组建以乔治 · 米切尔领衔的调查委员会，韦克斯曼进一步解释为，“期待国际奥委会自愿采取必要的改革措施，但很明显，国际奥委会没有采取更直接有效措施的意愿。或许要引起国际奥委会的关注，只能切断来自美国公司的财源”[8]。世界体育发展的职业化和商业化趋势，迫使国际体育组织考虑自身可持续发展问题，所承担的商业责任，以及保持行业内的卓越领导者地位。事实上，来自奥林匹克赞助商施加的商业压力，为国际奥委会坚定改革信念，并相应设立“2000 年改革委员会”提供了外部推动力。

第三是美国国内法施加的司法审查压力。美国国会有权根据美国反腐败法案惩罚国际奥委会的赞助商，由赞助商对国际奥委会改革施加压力。也可以起诉汤姆 · 韦尔奇、戴夫 · 约翰逊等涉事美国公民，对国际奥委会产生直接的司法影响。美国科罗拉多大学科技政策研究中心的 Roger Pielke Jr 博士评论指出，“盐湖城冬奥会贿选事件的涉事者大多是谋求贿赂的外国人，侵害的是奥运会的象征——公平理念，对于美国而言，这次事件是一场政治胜利。美国国会议员狠狠教训国际奥委会外国成员的场景可谓一场精彩的政治剧。政治剧有时会与政策改革不谋而合。美国反腐败法律的实施可以说是促进国际奥委会改革的一个核心因素”[8]。虽然说美国国内法无权干涉国际奥委会内部事务，但是美国司法部门通过立案审查涉事美国公民这一形式，以期对整个奥林匹克体系在形象、名誉、公平、信任等理念层面上产生社会影响，最终倒逼国际奥委会开启真正意义上的改革议程。这是一种“曲线救国”策略，也是美国对外推行民主制度的一种周旋与变通的能力。事实表明，在从未提供“充分的证据”的法庭审判闹剧中，盐湖城冬奥会贿选案落下帷幕，沦为一场精心策划的“政治剧”，久拖不决的案件审理过程也为美国对国际奥委会持续施加改革压力赢得了足够的时间，美国在法庭审判之外的政治角力中取得全面胜利。

结合国际足联危机性事件分析，来自国际体育组织外部监督力量的第一、第二要素完全失灵。以英国调查记者安德鲁·詹宁斯为代表，西方媒体为揭露国际足联存在的大面积腐败行为付出了长期艰苦的努力，却收效甚微，在组织权力极度膨胀和金钱语言大行其道的状况下，舆论监督和道德谴责很难发挥应有的作用。面对世界足球蕴涵的巨大商业利益，赞助商之间的竞争十分激烈，导致商业赞助层面上施加的压力微乎其微。在 2014 年巴西世界杯国际足联六大顶级合作伙伴中，阿迪达斯、可口可乐、维萨、阿联酋航空等世界级企业不断发表声明，要求国际足联正视赞助商的利益和品牌形象。受制于国际足联的统治力，赞助商往往表现隐晦，有苦难言，阿联酋航空公司发表声明谴责国际足联改革丧失诚意，不久之后又给予国际足联全力支持。最重要的是，很多重要决策都由国际足联执委会内部决定，不受公众监督。国际足联对足球运动的控制，加上足球的流行，遏制了各国政府对国际足联的监督力量，因为国际足联可以对其实施制裁，从而给国家政府带来不利影响[8]。

在舆论监督和商业责任两大掣肘力量失效的情况下，美国对国际足联施加民主化改革的压力，只能诉诸司法行动这一解决方案。这就是美国对外推行民主制度的一贯做派，所谓“谈不成就打”，民主与外交对话不行，就对目标实施军事打击。美国主导实施司法行动是不得已而为之，因为国际足联善治改革推进缓慢，善治机制形同虚设。例如，2012 年修订的《国际足联道德规范守则》进一步完善了道德委员会的各项制度和运行机制，包括道德委员会的权力、职责和权限，调查院和审判院的通用规范，程序性规则、调查程序、裁决程序、上诉及复审、暂行措施等环节内容[21]。然而，国际足联内部监督机制并未发挥实际作用，来自英国布莱顿大学的研究者 Alan Tomlinson 批评指出：“布拉特是国际体育组织新一代的职业外交家，与阿维兰热一样擅长阴险狡猾的政治权术，话语充满虚伪且毫无信任感。布拉特不断提出更多的辩词来解释这些腐败现象，如消失的阳光（足球暗语是说‘不能总是艳阳高照’），在波涛汹涌的海面必须安抚摇摆不定的船只，让不熟悉国际足联改革障眼法的世界看得目瞪口呆。布拉特通过成立改革委员会，邀请富有名望的美国政治家亨利·基辛格和荷兰足球传奇人物约翰·克鲁伊夫担任要职，借助公众人物的公信力，把悲剧变成了喜剧。布拉特治下的国际足联改革不过是花言巧语。”[6]

事实上，国际足联危机性案件爆发之后，国际足联道德委员会的独立性遭受质疑，对一系列连带案件回应不足，内部反腐调查进展缓慢，往往是在美国司法部门、瑞士联邦法院采取司法行动之后，或是放出立案审查的风声之后，才展开实质性的调查及公布制裁结果。国际足联道德委员会的一系列反应，更多的是在帮国际足联“擦屁股”“打圆场”，与最近爆发的俄罗斯田径界兴奋剂事件中俄罗斯方面的诉求如出一辙。世界反兴奋剂组织（WADA）独立调查委员会发布调查报告称，俄罗斯田径界存在“有组织的”“系统性的”使用兴奋剂问题，俄罗斯方面称俄田径兴奋剂事件属于国家内部事务，将展开独立调查和相关机制改革。近 10 年国际足联陷入一系列危机性案件不得脱身，采取了展望改革蓝图、制定善治改革路线图、引入新的概念和改革理念、变换华丽的辞藻等一揽子应对策略，局限于推脱性改革层面，陷入华而不实、执行不力的境地，并未从真正意义上推进国际足联善治改革进程。

由此，美国司法力量找到了兴奋点，一以贯之民主化实践的行动派原则，选择恰当时机联合瑞士警方实施抓捕行动，从国际非政府组织权力制衡的角度而言，旨在建立国际足联外部监督力量的支点，以期重建世界足球市场的游戏规则。值得注意的是，美国对外实施的制裁与打击行动，并不承担相应责任。例如，“阿拉伯之春”政治运动爆发以来，美国在幕后力推阿拉伯世界的民主化改革并辅以军事力量支持，叙利亚战争爆发逾一半人口流离失所，导致欧洲面临自“二战”结束以来最严重的难民危机。相比于德国承担的人道主义责任，美国作为叙利亚问题的始作俑者，不但在接收难民人数问题上闪烁其词，同时美国众议院以压倒性票数通过了一项针对赴美伊拉克和叙利亚难民身份背景核查的法案，严格限制伊拉克和叙利亚两国难民涌入美国。在国际足联反腐行动问题上，美国司法部门唯有严格审查司法权力是否越界问题，寻求国内法的审判依据和正当性，就能躲避风险，也无须承担相应的责任，同时达到司法威慑的作用，对于美国在国际事务中推行民主制度，有效督促国际足联善治改革而言，是一笔相当划算的买卖。

4 国际足联善治改革的走势判断

任海教授在《国际奥委会演进的历史逻辑——从自治到善治》一书中指出[22]，精英自治一方面是业余体育发展的最佳机制，一方面又存在组织结构与治理方面的局限性，进入21世纪以来，善治成为许多国际体育组织和各国体育组织关注的焦点，实现体育善治成为一种不可阻挡的时代潮流。国际体育组织坚持精英自治模式提高了议事决策效率，促进了世界体育的飞速发展，但是高度自治且不受外部力量监管的自治权，并不能保证组织决策的合法性、公平正义的价值并沿着正确的道路实现可持续发展，善治可以增加政府、企业和非政府组织决策的责任性、可靠性和可预测性，其重要性越来越为人所重视，具有自治传统的国际体育组织尤为如此。加拿大国籍发展局将善治定义为组织（或政府）有效、平等、诚信、透明、可靠地履行职能的行为。金融危机、人民的不满情绪、全球化经济疲软等不利因素带来的发展压力持续增长，经济合作与发展组织成员国不得不做出回应，这种回应与善治定义非常一致。这种迅速变化的治理背景产生的一些改革趋势，包括精简公务人员、实施监管改革、进行绩效评估、实行标杆管理、更明确地将行动与结果紧密结合起来等。这种治理方式注重如何管理组织、如何控制组织和如何向组织展示怎样做出负责任的行动。[23]

正如美国政治学者达尔所言，自治与控制之间具有某种天然的联系，自治与控制一样，总是暗含着特定角色之间的关系，从历史案例来说，弱势群体把他们的资源联合起来，推翻了对某些重要事务的统治，并获得了一定程度的政治自治，通常的结果是建立相互控制的制度[24]。也就是说，如果国际体育组织内部不能建立有效的权力制衡与控制机制，那么组织自治权可能引发的糟糕后果，如同自由放任资本主义导致道德沦丧和社会失序的历史再现，自治权的滥用必然导致国际体育组织的合法化危机，权钱交易、腐败行为、权力之争盛行，暴露出组织的社会责任意识缺位、信息不透明、自律意识差、内部自治制度存在一定的缺陷、外部监管乏力、瑞士法律治理缺位等一系列体制机制问题[25]。国际奥委会、国际足联等国际非政府体育组织将善治改革列入组织发展的重要议程，官方网站同时开辟了善治改革专栏，围绕利益相关者的权利诉求，全面展示组织善治的改革成果和未来发展蓝图。国际奥委会于2008年发布了《奥林匹克和体育运动善治基本通则》，《奥林匹克2020

议程》分为14个工作组，其中第11工作组“善治与自治”议程为奥林匹克未来善治改革指明了目标、方向。国际足联官网公示了2011年启动的善治改革操作流程，由于国际足联治理体系和控制机制方面存在的根本性问题，善治改革收效甚微。随着布拉特治下国际足联政治的垮台，国际足联重启善治改革议程，并迈向真正意义上的善治发展道路已为期不远。

国际足联善治改革的走势判断，或者更准确地说国际足联重启善治改革议程，能不能坚定信念，推行到何种程度，改革效果如何？这些疑问化为现实的关键所在，取决于美国与国际足联权力博弈的结果，美国从中扮演的司法监管角色也可以由瑞士、欧盟等政治实体予以替代，也可以说在更广泛的意义上对国际足联实施外部监督，以督促国际足联秉持公平正义原则，坚持普适价值观和正确的前进方向。随着国际足联危机性案件的持续发酵，司法、政治和媒介炮制出一系列重磅新闻，诸如国际足联顶级赞助商一个接一个地发表声明并施加改革压力；国际足联道德委员会做出布拉特、普拉蒂尼、国际足联秘书长瓦尔克三人暂时停职90天的处罚；瑞士当局已批准引渡前委内瑞拉足协主席等几名国际足联官员到美国受审；瑞士第二大银行瑞士信贷接受调查；智利足协主席哈杜埃因辞职并接受调查；德国介入国际足联危机性案件并调查本国官员的腐败行为……由此可见，国际足联内部官僚势力与外部监督力量之间的角力日趋白热化。国际足联危机性案件较之盐湖城冬奥会贿选事件的涉及面更广，犹如提起的“葡萄串”，触点更多，这是一部精心策划的“政治剧”，也是“新闻表演”剧本中的一部分。

美国面临的状况与在中东地区问题上的对外政策立场如出一辙，扶持民主派上台和“影子政府”，也就是进行“外科手术式”的民主化改革。美国扶持民主“代理人”是一个广泛的虚构概念，这个“代理人”并不是代表欧洲国家利益的欧足联主席普拉蒂尼，而是指向一套“代表全人类行事”和“代表世界良心的美国"的民主价值观，这就排除了以种族、地域、联盟身份、国别等形式上进行区分的可能性。凡是反民主、非民主的独立存在都是美国的敌人，这无涉结盟问题，或与欧洲国家统一阵营的问题，而是美国对外政策的立场和行动使然。国际足联危机性案件进展也进一步说明，有意向竞选国际足联主席的普拉蒂尼，与布拉特接受"不忠诚报酬"问题捆绑在一起，正在接受国际足联道德委员会的调查，普拉蒂尼的政治前途变得虚无缥缈。不考虑外在形式，而是指向"亲美派"或"亲民主派"，这就是美国式民主"代理人"的入门条件，约旦王子有意向竞选国际足联主席或许更符合美国的民主意志。如果美国能够借助国家司法行动的威慑作用，顺利扶持美国式民主"代理人"上台，对于重建国际足坛新秩序无疑具有较强的针对性与战略性价值。

美国前国务卿亨利·基辛格指出："一种国际秩序的生命力体现在合法性和权力之间建立的平衡，无论合法性还是权力都不是为了阻止变革，两者相结合是为了确保以演变的方式，而不是通过各方赤裸裸的意志较量实现变革。秩序永远需要克制、力量和合法性三者间的微妙平衡。"[26]在国际足联危机性案件中，"力量"代表美国国家司法力量。"克制"代表美国司法行动的边界，涉及国际体育事务问题上，控制好美国司法权力使用的边界，做到"点到为止"十分必要。"合法性"不能等同于依据国内法的正当性这一原则，行动本身应尽最大努力获得更广泛意义上的认同，相关论述参见《权力漩涡与民主的价值》一文观点。唯有合理协调"克制、力量和合法性"三者的关系，处于相对平衡的状况，才能为重建世界足球新秩序提供制度化条件，旨在重建国际足联内部治理体系与控制机制，创建一种符合民主结构性特征的全球体育市场秩序规则和利益交换机制。美国动用国家司法力量，掣肘国际足联自治权的行动面临较大的合法性风险，处理不当便会拖入"中东困局"，陷入无休止的权力反抗性活动和"口水仗”中。“哪里有压迫，哪里就有反抗”，美国军事力量介入中东地区问题，以无限期的消耗战这一失败的形式结束。中东地区问题作为前车之鉴，美国必是痛定思痛，权力的无限制使用，只会引发反弹效应，更谈不上重建以美国式民主为中心的国际秩序。

国际足联危机性案件爆发以来，布拉特治下的国际足联政治势力推出了一揽子化解组织信任危机的应对措施，实质上是一种掩人耳目的“障眼法”。借用德国社会学家施特雷克的“购买时间”这一概念能够形象说明[27]，“购买时间”是对英语表达 buying time 的字面翻译，意味着尽量拖延当前存在的事件，以期阻止事情的发生，这个过程并非一定要使用金钱，也可以是国际足联对外公布的一些应付改革的具体策略，国际足联惯用的危机解释套路，致使公众对改革议程信心不足。正如施特雷克所言：“人们才不会被那些什么决定权都没有的所谓‘民主化’机制给糊弄过去。今天的民主化必须意味着，能够建立起再次把市场纳入社会性的控制机制。”[27]美国挥舞着司法力量这把利剑，布拉特治下的国际足联则仗恃自治权禀赋的权威性予以反击，一场权力博弈的拉锯战启幕。如果可以逆向思考，国际足联道德委员会对布拉特治下的国际足联政治势力的审判，这种内部性的调查与判决，与其说是对美国、瑞士司法部门立案审查的积极回应，不如说是对布拉特政治势力的被动保护，接受暂时停职 90 天的内部纪检处罚，甚至可能接受最重的终身禁足处罚，至少比司法部门立案调查可能导致刑罚这一严厉结果有所“缓和”，也让布拉特政治势力“能够接受”。

正如《奥林匹克 2020 议程》第 30 条提议指出：“加强国际奥委会道德委员会的独立性，国际奥委会道德委员会的主席和成员必须由国际奥委会全会选举而来。”[5]这是国际体育组织的善治改革趋势，国际足联善治改革议程亦将依据《奥林匹克 2020 议程》建议的改革框架，在道德委员会的独立性问题上（真正意义上实现独立调查与判决问题）取得实质性进展，在揭露腐败方面获得更大权限，在调查腐败问题上进一步增强行动能力。如何肃清布拉特治下的国际足联政治势力的不利影响，决定了国际足联开展卓有成效的善治改革的成败，需要当前和今后长时期的权力博弈。毋庸讳言，国家司法力量在国际足联危机性案件中发挥了积极的作用，美国、瑞士、德国等国家司法部门纷纷介入国际体育组织反腐领域，以国际合作的姿态向“不干涉体育事务”的历史文化传统说“不”，也让国际体育组织这一“不完全行政机构”的存在本质浮出水面。德国哲学家赫费的评论切中肯綮：“在规则活动背后有许多国际组织，如国际劳工组织或国际体育组织，它们在为新组织主义的第三条道路做着自己的贡献。人们对国际组织的服从使其具有不完全的立法权，作为不完全行政机构的公共‘办公厅’或‘秘书处’。在协作和团体特征比较明显的地方，单个国家会交出一部分的统治权，因而在国际组织中形成了一个全球法秩序的中间层次，所谓的‘没有国家的统治’也并非完全没有国家公权力参与进来。”[28]作为跨国民间法律秩序和体育习惯法规则的“Lex Sportiva”的兴起与实践即是明证，“Lex Sportiva”并不能构成“没有国家的法”，仍然需要国家法的支持并受国内法的司法监督[29-30]。

可以预料的是，后布拉特时代的国际足联在责任机制建设方面将迈出崭新的一步，在重启善治改革议程方面也将付诸实质性的行动。诚然，善治改革“顶层设计”与政策落地是两个范畴，从蓝图到现实隔着巨大的鸿沟，变现改革承诺，不仅体现了国际足联的改革诚意和求真务实的态度，也是摆脱布拉特治下国际足联政治遗风的行动证明。后布拉特时代的国际足联善治改革面临诸多的不确定性因素，能否取得实质性进展和实际效果还有待进一步观察。

参考文献

[1] 姜世波，姜熙，赵毅，等．国际体育组织自治的困境与出路——国际足联腐败丑闻的深层思考［J］．体育与科学，2015，36（4）：19-26.

[2] 谭小勇．依法治体语境下的体育行业自治路径［J］．上海体育学院学报，2016，40（1）：37-45.

[3] Arnout Geeraert，Jens Alm，Michael Groll. Good Governance in International Sport Organizations：an Analysis of the 35 Olympic Sport Governing Bodies［J］. International Journal of Sport Policy and Politics，2014，6（3）：281-306.

[4]［英］史蒂文·卢克斯．权力：一种激进的观点［M］．彭斌，译．南京：江苏人民出版社，2012：9，15.

[5] IOC.Olympic Agenda 2020 - The Strategic Roadmap for the Future of the Olympic Movement［EB/OL］．［2014-11-18］.http：//www.olympic.org/olympic-agenda-2020.

[6] Alan Tomlinson.The Supreme Leader Sails on：Leadership，Ethics and Governance in FIFA［J］.Sport in Society，2014，17（9）：1155-1169.

[7]［美］弗朗西斯·福山．政治秩序与政治衰败：从工业革命到民主全球化［M］．毛俊杰，译．桂林：广西师范大学出版社，2015：183，192，341.

[8] Roger Pielke Jr.How Can FIFA be Held Accountable?［J］.Sport Management Review，2013，16（3）：255-267.

[9]［加］亨利·明茨伯格．社会再平衡［M］．陆维东，鲁强，译．北京：东方出版社，2015：4.

[10]［美］罗伯特·A·达尔．论民主［M］．李风华，译．北京：中国人民大学出版社，2012：62.

[11]［斯洛文尼亚］斯拉沃热·齐泽克．自由的深渊［M］．王俊，译．上海：上海译文出版社，2012：132.

[12]［美］布鲁斯·布尔诺·德·梅斯奎塔，阿拉斯泰尔·史密斯．独裁者手册［M］．骆伟阳，译．南京：江苏文艺出版社，2014：212–213，345.

[13]［英］张夏准．富国的伪善：自由贸易的迷思与资本主义秘史［M］．严荣，译．北京：社会科学文献出版社，2009：156，212–214.

[14] 王润斌．国际奥委会改革的新动向与中国使命［J］．成都体育学院学报，2015，41（5）：1–6.

[15] 刘卓．对等性——"费厄泼赖"的本真含义[J].体育文化导刊，2004，(6)：19–21.

[16] 董金鑫．论瑞士法在国际体育仲裁中的作用［J］．武汉体育学院学报，2015，49（7）：40–45.

[17] Ian Henry.The Governance of Sport in Europe［J］.European Journal of Sport Science，2005，5（4）：165.

[18] 王润斌，姜勇．国际足球政治的潜规则与治理之道——评安德鲁·詹宁斯的《FIFA 黑幕：国际足联的贿赂、选票操纵与球票丑闻》［J］．体育学刊，2012，19（1）：60–65.

[19] 资中筠．美国十讲［M］．桂林：广西师范大学出版社，2014：173–174，286.

[20] 张树华．民主化悖论：冷战后世界政治的困境与教训［M］．北京：中国社会科学出版社，2015：28–66.

[21] FIFA.Code of Ethics，2012 edition［EB/OL］．［2015–11–20］．http://resources.fifa.com/mm/document/affederation/administration/50/02/82/

codeofethics_v211015_e_neutral.pdf.
[22] 任海 . 国际奥委会演进的历史逻辑——从自治到善治 [M] . 北京：北京体育大学出版社，2013：134–138，231–260.
[23] Mark Bevir.Encyclopedia of Governance [M] .London： SAGE Publications，2007：359–262.
[24] [美] 罗伯特·A. 达尔 . 多元主义民主的困境——自治与控制 [M] . 周军华，译 . 长春：吉林人民出版社，2010：17，29.
[25] 樊静 . 国际非营利体育组织的公信力弱化及其治理——因国际足联腐败事件引发的思考 [J] . 南京体育学院学报，2015，29（5）：33–38.
[26] [美] 亨利·基辛格 . 世界秩序 [M] . 胡利平，林华，曹爱菊，译 . 北京：中信出版社，2015：75，303.
[27] [德] 沃尔夫冈·施特雷克 . 购买时间——资本主义民主国家如何拖延危机 [M] . 常晅，译 . 北京：社会科学文献出版社，2015：10，233–234.
[28] [德] 奥特弗利德·赫费 . 全球化时代的民主 [M] . 庞学铨，李张林，高靖生，译 . 上海：上海译文出版社，2014：245–249.
[29] 姜世波 .Lex Sportiva：全球体育法的兴起及其理论意义 [J] . 天津体育学院学报，2011，26（3）：220–224.
[30] 姜熙，龚正伟 . “Lex Sportiva” 基于与 “Lex Mercatoria” 类比的 “全球法” 属性探析 [J] . 首都体育学院学报，2015，27（6）：516–520.

第 7 章　国际公平竞争委员会研究

国际公平竞争委员会致力推动公平竞争精神的社会传播与发展。以批判性视角,从组织的历史动机、合法性地位、工作目标、权力依附性、起点公平问题、欧美中心主义倾向等方面展开论述。认为二战后欧美经济社会环境为组织成长提供了历史背景，组织权力依附于联合国教科文组织和国际奥委会，权力运行过程缺乏公正透明，工作目标趋于泛化，不能满足体育行业内的评奖热情与实际需求，及对起点公平问题的漠视态度，致使组织的国际影响、行业地位和权威性面临危机。组织的未来走向仍将植根西方普遍主义话语，扮演欧美利益代理人的角色，推动欧美体育价值观、政策和文化的国际传播。

公平竞争（Fair Play）是精英体育（Elite Sport）、大众体育（Sport for all）和日常生活（Daily Life）中一个重要的道德概念，是评价体育竞赛道德和行为表现的核心内容。国际公平竞争委员会（International Fair Play Committee，CIFP）致力于推动公平竞争精神的社会传播与发展，为创建一个和平美好的世界而努力。以批判性视角，为进一步理解 CIFP 及其工作性质提供理论基础。

1 CIFP 的历史动机及合法性[1]

“二战”后，世界体系疲于经济社会领域重建，欧美国家步入经济社会发展快速增长期。经济领域的无序竞争引发了广泛深入的社会问题，单向度的利益追求导致人的工具化、碎片化、功利化。20 世纪 50 年代欧美社会主流价值观受到激进主义的猛烈批判，激进文学将该时期社会生成史定义为丧失信仰的“垮掉的一代”。体育沦为“垮掉的一代”风格的社会缩影，“不择手段获取胜利（winning by all means）”成为体育竞赛的潜规则，体育界乌烟瘴气，充斥着暴力、沙文主义、商业主义、兴奋剂、腐败、虚伪。20 世纪 60 年代，激进主义指导发动了女权主义、自由民主主义、黑人民权、反战、同性恋、环境保护等反文化运动（Counterculture Movement），先锋价值观在欧美掀起了普遍深刻的社会反思浪潮。体育竞赛的风气恶化到无以复加的程度，1960 年罗马奥运会丹麦自行车选手 Knud Jensen 因比赛服用兴奋剂致死事件深具象征意义，体育界的自我反省步入必须进行的关键时刻。1963 年初，联合国教科文组织青年研究院（UNESCO Youth Institute）诚邀国际体育科学与身体教育委员会（International Committee for Sport Science and Physical Education，ICSSPE）的专家学者和国际体育新闻协会（International Sports Press Association，AIPS）的记者代表，汇聚德国展开对策研讨，就端正竞赛风气和青年教育达成一致共识，即体育竞赛应该远离那些可怕的社会趋向，通过提炼、强调与传播体育的真正价值，颁发公平竞争奖，宣扬榜样的价值和力量，来促进青年体育价值观的健康发展。同年底（1963 年 12 月 5 日）在法国巴黎，由联合国教科文组织、国际体育新闻协会、国际体育科学与身体教育委员会、国际篮联、国际足联、国际橄榄球联合会、国际摔跤联合会联合发起成立了顾拜旦公平竞争奖国际委员会组织（International Committee for the Organisation of the Pierre de Coubertin Fair Play Awards），并于 1965 年 1 月 29 日举行了公平竞争奖颁奖典礼，1964 年东京冬奥会上表现突出的意大利有舵雪橇选手 Eugenio Monti（赛中将雪橇备用螺钉借给英国选手 Tony Nash）首度获奖。

欧美经济社会重建过程异化，为“上层建筑”推广公平竞争精神找到了恰当的理由，希冀通过以点带面的精神布道工作，达到改良社会风气，实现经济社会的高速、健康、可持续发展。公平竞争机构创立初期，国际元老院的核心组织（欧洲三剑客与美国）发挥了重要作用，机构植根地域政治、社会氛围与法律规定（总部设在法国，遵循法国法律），有效地与现代奥林匹克神话想象联系起来，继承了法国历史名人的文化遗产（顾拜旦的衣钵），成为欧洲体育文化传统的象征与实际利益代理人。与此同时，20 世纪 60 年代发生的一系列反文化运动事件，及作为社会有机部分的体育改良运动思潮，为宣扬公平竞争精神及内容推广提供了社会观念进步的基础。在公平竞争精神传播的有效性方面，面对根深蒂固的权力格局与文化传统，社会改良最大的希望在于新一代青年群体，青年群体无疑成为公平竞争精神的实践载体和目标重心，而后续事实证明，奥林匹克教育作为一个比较系统的全新概念产生于 20 世纪 70 年代[2]。

1973 年，在宗旨目标和工作性质保持不变的前提下，为淡化欧洲地域文化色彩，走普适价值观的国际主义道路，顾拜旦公平竞赛奖国际委员会更名为国际公平竞争委员会。翌年为推动 CIFP 的国际影响及合法地位，与国际奥委会、联合国教科文组织形成战略合作关系，时任国际奥委会主席 Lord Killanin 和联合国教科文组织主席 Ren é Maheu 成为 CIFP 荣誉主席，并发布

《公平竞争宣言》（*Declaration on fair play*）。20世纪70年代末，CIFP富有成效的国际公关工作，取得了联合国教科文组织的国际非政府组织（INGOs）的合法性地位，为CIFP推进欧洲体育文化价值观，在国际上名正言顺地合作开展一系列公平竞争主题活动实现了合法化。20世纪80年代，CIFP联合体育界和政治界的领导人、学者及相关人士展开磋商研讨，与各种专业体育联盟、各单项国际体育组织、国家奥委会、身体与运动教育（Physical and Sports Education）组织、残疾人体育组织开展合作，共同维护与推进公平竞争的价值与发展，以有效遏制体育竞赛中的商业主义、暴力、兴奋剂等反价值行为，出版《所有人的公平竞争》（*Fair Play for All*）手册，机构发展目标实质性地由欧美中心市场向国际化市场过渡。

冷战后，西方阵营最强大的对手垮塌了，跨国资本主义无限膨胀，美国和西欧资本主义寻求国际扩张的道路势不可当，在这种胜利者精神高亢的氛围下，激发了工作狂似的热情冲动（资本主义二次全球化），植根欧美地缘政治的体育组织工作业绩硕果累累。20世纪90年代初期，CIFP的身影频繁出现在国际体育法会议、百年奥运研讨预备会议、欧洲公平竞争运动（European Fair Play Movement，EFPM）代表大会上，引起国际媒体的强烈关注，如在《华尔街日报》显赫版面上的专题报道。正值CIFP如日中天的上升势头，CIFP主席Willi Daume不幸逝世。虽然CIFP主席一职不曾空缺，却物色不到Willi Daume似的理想人选，CIFP系列工作一度陷入停滞与被动状态。尤其面临新的国际形势，如全球局势日渐复杂、多元文化价值观浪潮、全球反恐与地域冲突、反欧美霸权主义情绪等，CIFP机构改革和工作创新不足，与时俱进的步伐缓慢，在职业体育（商业与表演）大行其道的消费社会中，逐渐淡出人们的视野。

2　CIFP 的工作目标及依附性

概念定义不仅能反映事物的本质与外延，且能有效反映实践主体的目标、动机与逻辑是否清晰合理。CIFP 认为，公平竞争是一个复杂的概念体系，涵盖并体现体育及日常生活中的基本价值，包括尊重、友谊、团队精神、公平竞赛、无兴奋剂的运动、尊重成文或不成文的规则等六个价值维面，其中“尊重成文或不成文的规则”超越了体育行业特点，与良好的社会价值观融合起来，涵盖平等、诚实、团结、宽容、关怀、卓越、乐趣等价值要素（见表 1）[3]。CIFP 的定义不仅针对赛场上和体育行业中的公平竞争行为，且强调赛场外和日常生活中的价值美德，与各大国际体育组织奉行的价值标准出入较大。其一，奥林匹克主义提倡在友谊、团结和公平竞争精神的指导下开展体育活动，以促进相互理解，教育青年，为建立一个和平美好的世界做出贡献。友谊、团结和公平竞争概念是平行关系，而在 CIFP 的定义中则是主次关系。其二，国际奥委会的公平竞争概念侧重于赛场行为仪式价值建构方面，即遵守规则，尊重对手，反对暴力和不公平行为（observance of the rules， respect for the opponent， and combating violence and unfair behaviour [4]），而 CIFP 强调比赛与日常生活中公平竞争行为的统一。其三，欧洲委员会体育道德章程（Code of Sport Ethics， Council of Europe）指出，公平竞争不仅是一种行为方式，更是一种思维方式。公平竞争吸收了友谊概念，尊重他人并且总是以正确的精神比赛[5]。这在主要的价值主张方面与 CIFP 的定义近似。其四，体育运动一以贯之的以德育人宗旨，弘扬的美德包括诚实、合作、友谊以及公平竞争，乃体育精神的本质存在。国际体育科学与身体教育委员会（ICSSPE）、国际奥委会及其他国际组织共同弘扬这些美德，旨在促进和平发展与推动国际理解[6]。

表 1　CIFP 对公平竞争行为评价的价值范畴

公平竞争价值范畴	CIFP 网站释义
尊重（Respect）	必须依据成文规则进行比赛。必须尊重非成文规则。必须无条件尊重对手、队友、裁判和体育迷。
友谊（Friendship）	赛场上的对手并不排斥友谊，友谊从高尚的竞争中发展而来。
团队精神（Team spirit）	个人可以强大，但在团队中可以变得更强大。独自取得的胜利是甜蜜的，但没有比同团队分享胜利更甜蜜的事情。
公平竞赛（Fair competition）	享受胜利的成果还不足以成功。胜利必须以完全公平的方式和诚实的比赛为前提。
无兴奋剂的运动（Sport without doping）	使用兴奋剂的人在作弊，作弊的人会毁了比赛，毁了比赛的人不能参与到竞技中来。
平等（Equality）	平等竞赛是竞技的基本条件，否则成绩无法适当度量。
诚实（Integrity）	真正的冠军必须在正确的道德框架下完成比赛，包括诚实和遵守道德伦理。
团结（Solidarity）	彼此支持，分享情感、目标和梦想。
宽容（Tolerance）	愿意接受自己不认同的行为以及产生的自我抑制，可能成为成功或失败的决定因素。
关怀（Care）	真正的冠军关怀他人，因为他们十分清楚，如果没有他人的关怀自己无法成功。
卓越（Excellence）	更快更高更强，竞技使我们毕生致力于追求人类的卓越。
乐趣（Joy）	从事任何运动，首先应该寻找乐趣，即使在比赛最激烈的时候，也不能忘记玩耍。

由此可见，竞技体育中公平竞争概念尚处于争论中，不同的组织机构对此定义表现异同。各机构在公平竞争基本价值主张方面达成共识，但在具体的行为评价要素方面意见不一。CIFP 的定义内涵比较宽泛，是各机构认定公平竞争价值范畴的集大成者，在 CIFP 工作目标上得到充分体现。1977 年，CIFP 在实现组织的合法性地位之际，申明进军更广阔的社会领域，不仅要在体育行业，并且雄心勃勃地要在整个社会产生影响，决定将公平竞争奖授予那些具有杰出人道主义行为的社会个人。这种舍近求远的价值导向，削弱了 CIFP 在行业内的地位及权威性。试想，当下社会分工日趋精细，社会行业纷繁杂陈，CIFP 照顾的社会关系太多太杂，不可能满足体育行业内的评奖热情与实际需求。如果公平竞争的涵义无所不包，授奖范围无限广阔，那么公平竞争概念不是什么，实践等同于什么也没做。CIFP 当下面临的窘态亦当说明，

国际奥委会、国际足联、国际田联等知名组织均在机构权力范畴内建立了公平竞争奖体系，CIFP 沦为可有可无的颁发社会公益奖的机构。同时，CIFP 舍本逐末的战略选择，为组织趋向功利性埋下了伏笔。20 世纪 90 年代至今，CIFP 过度关注组织的国际影响，及组织掌门人式的个人英雄主义情结，与国际公平竞争奖的本真涵义渐行渐远。

植根后现代景观社会中的媒体审美观念，崇尚媒体偶像的黄昏，痴迷于一俊遮百丑的美丽瞬间。公平竞争行为的媒体表现逐渐吞噬国际公平竞争奖的评选初衷，蜕变为公平竞争媒体选秀奖。一名球员可能做了一辈子善事，但缺乏媒体出彩的一刻，难以形成量变到质变的飞跃，淹没在茫茫人海和海量信息的沼泽中。一名球员在训练与生活中没有“污点”，在比赛中注重表现公平竞争行为，媒体镜头捕捉那感人瞬间，经媒体传播、评奖地域平衡与地缘政治因素推动，奖杯证书唾手可得。两名球员的境况形成鲜明反差。21 世纪是信息化、网络化、媒介化的时代，大众媒体在制造认同、塑造观念和改变生活的同时，也在扭曲事物真实发生的价值本质。近年来 CIFP 愈发倚靠国际媒体的协助与推荐，国际体育记者协会扮演了重要角色，媒体上做秀出彩的、令人感动的、吸引眼球的公平竞争行为，历经媒体传播与放大，将更容易获得 CIFP 的肯定，这种价值导向容易滋生矫揉造作、不劳而获的不良风气，而不是脚踏实地践行社会美德和致力公益事业。

CIFP 的组织认同危机还体现在对联合国教科文组织、国际奥委会的依附性上。其一，CIFP 的主要岗位实行兼职，一般来自国际奥委会和国家体育组织，难以把个人的主要精力放在 CIFP 的发展事业上。其二，CIFP 名义上是国际非政府组织，但从话语身份、行动判断及机构性质来看，附属于联合国教科文组织和国际奥委会，扮演中立方、局外人和第三方道德宣讲机构的角色，为联合国教科文组织和国际奥委会推行系列全球政策及西方普遍主义话语服务。

3 CIFP 对起点公平（Fair Starting）的漠视

依据公平发生的时序性，即公平状态在时间维度上的生成次序，分为起点公平、过程公平和结果公平，过程公平亦称机会公平[7]、程序公平或形式公平，起点和过程最终生成公平的结果。“二战”后历史遗留问题造成了国际上资源、科技、政治、经济、教育等社会发展领域的不平等，欧洲列强对殖民地代理人的培育，实施后殖民主义路线图计划，在冷战时期进一步拉大与发展中国家的发展差距。时至今日，不仅国际上历史形成的地域间（或国家间）贫富差距未获有效改善，且进一步造成了许多发展中国家内部贫富差距的继续扩大（最典型的是中国）。在非洲、拉美、亚洲的一些发展中国家，受经济、科技、教育落后或政局不稳的影响，精英体育和大众体育发展难获保障，没有足够的经费支持，没有高技术应用支撑，没有体育制度保障，唯有凭借若干单项上的人种天赋优势取得胜利，如非洲长跑优势传统[8]。蒙特利尔奥运会非洲集体抵制事件，折射出国际体坛对起点公平的长期漠视，体现了非洲国家致力争取公平对待和机会平等的权利。1968 年墨西哥奥运会史密斯和卡洛斯举起戴着黑色手套的拳头更具反讽意味，或许他们只想宣泄：“快来看看吧，我们享受不到经济、科技、教育的实惠，却仍能拿到冠军。”

福山《历史的终结及最后的人》存在另一层隐喻，即苏联阵营解体，抗争的一代已逝，那些为不平等、国家权利与民族尊严辩护的历史已然终结，新一代将会遗忘他们的历史、战后形成的不平等起源与国家基础。以博斯曼法案为标志，新一代将会积极投身于欧美预设的价值框架中奋进赶超，遵循欧美体育价值准则（欧美的即是国际的），让起点不平等成为理所当然的事情。让他们向往欧洲和美利坚，憎恨自己没本事、没能耐。CIFP 初创期标识欧美主体身份，国家间具有相对平等的经济社会发展环境，一般采取化整为零的思维方式，起点公平问题表现不强烈。面对 21 世纪国际区域发展不平衡状况，如果延续固有价值标准，标榜欧洲体育价值观代理人身份，势必牵强附会，被国际唾弃，被历史遗忘。

CIFP 并未将起点公平问题提上议事议程，未能观照公平竞争内在的正义（Justice）法则。CIFP 认可的公平竞争价值范畴包括尊重、友谊、平等、团结、宽容等，其中平等（Equality）是比较接近起点公平意义的概念，二者本质差异远大于相似性。公平法则侧重于竞争的平等，正义法则侧重于竞争的对等（Reciprocity），二者相互交叉渗透，成为一个不可分割的价值统一体，具有内在与外在、内核与表层、整体与断片的表述关系。受战后欧美“历史的终结”意识形态的影响，体育的后殖民潜能被充分调动起来，利益主体钻了语言和跨文化理解的空子，只顾公平竞争的表层涵义，即竞赛程序上的机会平等与规则精神，而无视公平竞争的内核本质，即竞赛主体的对等关系。起点公平的缺位致使过程公平成为结果公平的代名词。公平竞争所要求的“平等性”恰恰剥夺了公正竞赛所要求的“对等性”，公平竞争的本真含义是强调竞赛主体的对等性，由于公平竞争中实施平等的不可能而成为一种虚幻的思想和法则，保证运动员具有对等而非平等的竞赛权利[9]即显得格外重要。而事实上，竞技体育的国际秩序格局已形成强大惯性，这种力量、观念和评价取向不可扭转。例如，阿富汗面临紧迫局势，不能因为竞争起点问题的不对等，而在 110 米栏国际竞赛中谦让阿富汗运动员 10 米距离，这种让分行为（为实现竞争对等而进行的让利行为）在日常游戏中更为常见，但在国际竞赛体系中则是天方夜谭。在竞技体育中，讲“公正竞赛”就不能要“公平竞争”，提倡“公平竞争”就必然会剥夺“公正竞赛”[9]。公平竞争的不对等关系不能彻底根除，只能采取经济与技术援助的方式，缩小由竞争起点的不对等造成的竞争差距，最终实现顾拜旦的主张，比赛中仅仅取决于身体的先天优势及训练意志所达到的水平[10]。让世界各国运动员共享同一个起点，而不是在竞赛程序上将他们摆在田径场的起跑线上，这样有助于提升国际体育发展的和谐生态，比赛的胜利将更为名正言顺。

CIFP 将公平竞争的正义法则定义为社会平等的追求，“正如法律面前人人平等，平等的概念构筑了公平竞争的基石”，将批评者的抗辩轻描淡写地一笔掠过，“社会文化背景不同，对公平竞争价值的理解会有不同结果”[11]。历史上发生的一系列国际重大体育事件，如蒙特利尔奥运会非洲集体抵制、墨西哥奥运会黑色风暴、世界杯齐达内暴力事件等，行为本身当然是不正当的，拨开行为审判的表层，更应关注与反思深层次的起点公平问题。犹如利益集团自己检举揭发自己，国际竞赛体系权力主体热衷于制裁，不可能为这种行为的隐性价值辩护，来自第三方价值中立组织的申辩作用即突显出来。作为公益性质的国际非政府组织，CIFP 为肇事者权利辩护的身影并未出现在一系列国际重大体育事件中，价值理解的谱系决定了行为方式的结构。CIFP 历史上开展的一系列社会活动，尤其在 20 世纪 90 年代初期，更为注重组织的社会影响（由欧美影响过渡到国际影响层面），而不是致力于有效缩小由公平竞争对等性原则引发的地域或国家间的实际差距。

4　CIFP 与欧美中心主义[12]

CIFP 总部设在法国巴黎，主席办公室、执委会和秘书处设在匈牙利布达佩斯。CIFP 遵循法国当地法律法规，植根法国的历史传统、文化认同和外交格局，最典型的是符号建构主义和语言的象征性，CIFP 的官方语言为法语和英语，在 CIFP 章程解释产生分歧时，以法文本效力为准。CIFP 由创始会员、普通会员、荣誉会员、贡献会员（捐助者）这四个会员类型构成，隔四年举行会员代表大会，审议通过组织报告、规划提议、活动报告、财政预算报告，投票产生 CIFP 主要领导机构和委员会。CIFP 历届主席分别来自法国、德国、非洲、匈牙利。CIFP 现任委员会由 12 名成员组成，分别来自英国、意大利、俄罗斯、土耳其（2 人）、美国、墨西哥、斯洛文尼亚、波兰。委员会选举产生执委会，执委会成员由主席、两名副主席、秘书长和财务主管组成，分别来自匈牙利、德国、意大利、法国、美国。CIFP 主席同时兼任执委会和委员会主席职务，全权代表 CIFP 的外交工作，秘书长负责协调组织活动。CIFP 权力机构全部由欧美国家担任，表现出强烈的欧美中心主义趋向，在立法执法程序上扮演“运动员”和“裁判员”双重角色。创始会员在 CIFP 会员代表大会上具有举足轻重的地位，包括 AIPS、UNESCO 等组织机构，很大程度上创始机构决定了委员会人员组成，委员会负责审批新会员申请，选举产生执委会和公平竞争奖。这种单向度的权力相互依赖关系，使权力运行过程缺乏公正透明，带有一定的欧洲帝制色彩。并与国际奥委会委员遴选和决策过程中的欧美主义倾向[13]一脉相承，为组织的权力寻租行为提供了体制条件（如盐湖城冬奥会贿赂丑闻）。

国际公平竞争奖分为顾拜旦公平竞争奖、伯罗特拉体育事业奖和道姆促进公平竞争奖，分别由现代奥运会创始人皮埃尔·德·顾拜旦、CIFP 首任主席 Jean Borotra、CIFP 第二任主席 Willi Daume 的名字命名而成，授奖范围有运动员、球队、记者、体育官员和体育组织。1998—2011 年 CIFP 颁奖典礼分别在法国、瑞士、匈牙利、希腊、土耳其、波兰举行，出席仪式人员一般由国际奥委会主席、法国体育部长、国际体育组织和国家奥委会主要代表组成。历届国际公平竞争奖成为机构权力垄断与欧美中心主义的缩影，据不完全统计，1963—1995 年间的获奖者均来自欧美国家[14]。从 CIFP 网站上推选的公平竞争奖范例（英雄与传奇，Hero & Legend）来看，仍以欧美运动员或其利益相关者为主。如表 2 所示，国际公平竞争奖注重个人行为与集体行为、赛场内与赛场外、比赛中与生活中、短期行为与职业生涯等二维考察，做到了授奖群体的广泛性、价值主张的多维性、行为考察的全面性与长期性，但植根欧美语境（Soft Power）的授奖表现，消解了奖项本身所能达到的精神高度。国际足联是CIFP创始会员，公平竞争是任何一个国际体育组织必须秉持的基本原则，是组织可持续发展的立身之本，况且国际足联推行以暴制暴的严厉制裁法则，这本身是对公平竞争中理解、宽容精神的亵渎，国际奥委会、国际田联、国际篮联等组织是否更有资格代言国际公平竞争奖？

表2 CIFP网站上推选的公平竞争奖范例[15]

设奖项目	获奖者及所在国	公平竞争行为
顾拜旦公平竞争个人行为奖	Sergey Bubka（俄罗斯撑竿跳运动员）	1995年奥运会撑竿跳比赛，将器械借给南非选手。慕尼黑IAAF大奖赛决赛，将器械借给对手Brits，最终Brits夺冠。
顾拜旦公平竞争组织行为奖	国际足联	大力倡导公平竞争，修订大量规则与解释，对暴力及不公平竞争行为给予严厉制裁。在1994年世界杯赛上，在球员与球迷中创造了良好的竞技道德和公平竞争氛围。
顾拜旦公平竞争集体行为奖	挪威人民	本着奥林匹克宪章精神，为所有国家的运动员欢呼，为竞技水平低的运动员鼓掌，展现了良好的体育精神风貌。数千志愿者积极开展体育援助活动，帮助底层人民和战争受害者。
	塞内加尔足球观众	在非洲国家杯赛上，国际体育媒体突出报道了塞内加尔观众的体育行为，他们不仅为自己的球队加油，还为对手喝彩。
伯罗特拉体育事业奖	Miguel Indurain（西班牙自行车运动员）	环法自行车赛和奥运会冠军，在整个职业生涯中践行“公平竞争比胜利更重要”，忠于球队，是尊严和公平竞争的楷模。
	Wayne Gretzky（美国冰球运动员）	作为NHL明星球员，保持了NHL史上几乎所有进攻记录。积极从事社区与慈善事业，奥林匹克援助委员会荣誉委员，成立个人基金会帮助渴望从事曲棍球运动的青年弱势群体。
道姆促进公平竞争奖	L’Equipe（法国报纸）	长年支持CIFP的工作，定期出版花名册并报道颁奖典礼。
	Bud Greenspan（美国电影导演）	为体育纪录片的发展和体育精神的传播做出了突出贡献。如在其电影作品中成功塑造了一名坦桑尼亚的马拉松运动员，在落后对手一个半小时仍坚持完成比赛的感人事迹。

一个真正秉持与践行公平竞争精神的人，不是空想的国际主义，首先必须以他的国家为事业基点，这样才能得到世界的尊重。相比于 Miguel Indurain，邓亚萍在赛场上的公平竞争行为，在学习生活上的求学拼搏经历，在公益事业上十几年如一日的不懈努力，同样具备获奖条件。在 CIFP 欧美中心主义之外，非洲备受青睐，CIFP 第三任（1997—1999 年）主席来自西非，CIFP 网站上展示了非洲球迷的公平竞争范例。历史上非洲是法国的殖民地，战后法国对非洲实行利益代理人扶持和文化殖民战略，如 2006—2007 赛季法国足球甲级联赛中有 133 名非洲球员，2008—2009 赛季有 102 名非洲球员，阿尔及利亚后裔球员齐达内成为法国足球历史、现代化与社会大熔炉的象征标志[16]，法国与非洲之间形成了新的体育双边交流关系。作为法国利益代表的软权力实践组织机构，CIFP 借助体育无国界的优势开展法国对外交流活动，建构符合法国利益诉求的地缘政治格局，在建立法非新殖民主义关系中发挥了一定作用。

赛场上的互助是以强者向弱者施与的技术援助，如果运动员的技术差距是由地域间起点公平因素引起的，那么这种技术援助本质上是不对等的、不正义的。一些有良知的发达国家公民，致力援助不发达国家的贫困运动员，至少在运动装备上形成对等关系，他们的援助行为表现出波西米亚文化、嬉皮士运动、嘻哈帮、布波族的救世精神，在日渐败坏的世俗风气中寻求人类灵魂与精神救赎。不发达国家运动员在政治、经济、科技、教育资源缺失的训练生活窘态下，仍以淡定、平静、宽容的姿态参与国际赛事竞争，凭借天赋和训练意志获取优胜，这种气魄，这种美德，本身就是对人种、民族、逐利欲望和奥林匹克精神的伟大超越。在具有同等的公平竞争行为表现的前提下，CIFP 更应该将一年一度的国际公平竞赛奖颁给这些可敬可爱的人。诚然，具体问题应具体分析，作为耐克品牌精神代言人的博尔特当属例外，商业动机因素总体上加剧了国际体育资源的两极分化，却使不发达国家的明星运动员享受到对等的训练资源条件。

植根瑞典政坛的诺贝尔和平奖，不时沦为欧美利益主体的马屁精，达赖、奥巴马、刘晓波等所谓的和平人生之旅犹如一片浮云。无论是瑞典的诺贝尔和平奖，还是法国的顾拜旦公平竞争奖，逐渐走调变味，演变为欧美国家亲属团成员的相互造势、互相捧场。CIFP 既然冠以“国际”称号，就必须摒弃欧洲情结，站在国际立场上思考与决策。9·11 事件后，欧美国家启动软权力国际认同战略，促进欧美国家发展战略的国际合法化进程，以欧美权力体为中心的国际组织、机构、协会发挥了积极的推进作用。当国际局势不利于欧美国家时，国际组织的软权力建构作用和意识形态机器功能派上用场，以平衡与稳定欧美国家既得利益格局；当国际局势有利于欧美国家并处于相对稳定状态时，国际组织参照普适价值标准运行，让发展中国家分享国际主义的崇高理想。后 9·11 时期，国际局势处于欧美国家可控范围，国际组织尝试放权行为，如北京奥运会、南非世界杯、2014 年巴西世界杯等国际重大赛事。中国历经半个世纪，于 2011 年 1 月 27 日首获国际公平竞争奖，摔跤运动员高峰的公平竞争个人行为获得媒体高度认同，CIFP 迈出了坚实的一步。

5 CIFP 的未来走向

体育软实力和软权力是容易混淆的两个概念，软实力侧重表达实际结果，软权力侧重表达塑造结果的权力运行过程。如好莱坞电影《功夫熊猫》大量采用中国传统文化与武术元素，吊诡的结果却是功夫的“美国化”。中国体育蕴涵丰富的民族文化资源，因在体育软权力上难有进步，最终不能转化为国家软实力。软权力的建构范畴包括媒体、国际组织、艺术、体育、公共外交等方面，具体到国际体育发展领域，体现在国际体育组织、体育媒体、联赛体制等作用影响方面。国际体育组织作为推行西方普遍主义话语的软权力机构的本质是不可改变的，这决定了 CIFP 未来走向必然植根西方普遍主义话语，成为欧美体育价值观、政策、文化的布道者。在今后 CIFP 主要岗位的人员构成方面，无非体现为两种形式，一是表现欧美中心主义，二是扶持欧美利益代理人。在今后 CIFP 开展国际事务方面，将进一步关注非欧美话语诉求，象征 CIFP 权力运行的国际公平竞争奖也将广泛授予非欧美国家，以提升 CIFP 的组织影响、行业地位与权威性。CIFP 将继续展开与联合国教科文组织、国际奥委会、国际体育媒体机构、知名企业赞助商广泛深入的战略合作，以夯实机构的合法性和稳定财政来源。

CIFP 也可能具有另一种截然相反的发展可能性，在存在本质与正义原则上做出改变，但这似乎是一件比铁树开花还要艰难的事情。一个国家只有代表最广大人民的切身利益时才会受到国际尊重，一个组织只有代表最广大国家的权利诉求时才会焕发勃勃生机。诚挚期望 CIFP 能够夯实公平竞争的理想，拾起公平竞争的正义法则，重建正确的公平竞争价值体系，相应进行富有成效的组织与事业改革，不要沦为欧洲中心主义和美国霸权主义的代理人。[17]

参考文献

[1] International Fair Play Committee. CIFP History [EB/OL]. http://fairplayinternational.org/cifp/organisation-history, 2011-06-06.

[2] Mark Arthur Devitt. The Myth of Olympic Unity: The Dilemma of Diversity, Olympic Oppression, and the Politics of Difference [D]. Toronto: University of Toronto (MA), 2010: 76.

[3] International Fair Play Committee. The Essence Of Fair Play [EB/OL].

http：//fairplayinternational.org/fairplay/the-essence-of-fair-play，2011-06-06.

[4] René Leveaux. Facilitating Referee's Decision Making in Sport via the Application of Technology [J/OL]. www.ibimapublishing.com/journals/CIBIMA/2010/545333/545333.pdf，2011-05-26. 开放存取期刊，DOI：10.5171/2010.545333

[5] Council of Europe. On the Revised Code of Sports Ethics [EB/OL]. http：//www.coe.int/t/dg4/epas/resources/texts/Rec（92）14rev_en.pdf，2011-05-26.

[6] J.E.Kane. Renewing Physical Education for the Future [A]. Digumarti Bhaskara Rao. Education for the 21st Century [C]. New Delhi：Discovery Publishing House，1997：125.

[7] 杨杨，陈思．起点公平、过程公平和结果公平辨析[J].辽宁师范大学学报：社会科学版，2010，33（3）：33-35.

[8] 董传升．体育技术化与公平竞争精神的破坏[J]．沈阳体育学院学报，2005，24（1）：8-10.

[9] 刘卓．对等性——"费厄泼赖"的本真含义[J]．体育文化导刊，2004，（6）：19-21.

[10] 程静静，钟明宝，张春燕．体育竞赛公平竞争的概念与规定性探究[J]．山东体育学院学报，2008，24（4）：17-21.

[11] International Committee for Fair Play. Fair Play between Idea and Reality [EB/OL]. http：//www.fairplayinternational.org/uploads/files/Fair%20Play%20Declaration_English_with%20pictures_final%20version.pdf，2011-06-06.

[12] International Fair Play Committee. CIFP Structure [EB/OL]. http：//

fairplayinternational.org/cifp/structure， 2011-06-06.

[13] 张厚福，张新生，谢光辉，等.竞技体育反不公平竞争行为的研究[J].武汉体育学院学报，2008，42（8）：32-36.

[14] 裴东光.公平竞争 体育的基石[J].体育文史，2001，（3）：60-61.

[15] International Fair Play Committee. Heroes and Legends [EB/OL]. http：//fairplayinternational.org/fairplay/heroes-and-legends， 2011-06-06.

[16] Combeau-Mari E. Le Sport Colonial à Madagascar， 1896-1939 [J]. French Colonial History， 2007， 8（1）： 123-138.

[17] 黄璐.国际公平竞争委员会研究[J].体育文化导刊，2011，（10）：1-4.

下篇 中国镜鉴

第1章　《中国足球改革发展总体方案》中的国家战略思想

《中国足球改革发展总体方案》引发了社会的强烈反响，深入学习研究蕴含其中的国家战略思想，对于领悟政策精神，凝聚行动共识大有裨益。具体表现在：推进国家经济结构调整和转型升级的战略思想，完善和发展中国特色社会主义制度的战略思想，推进国家治理体系和治理能力现代化的战略思想。

党中央、国务院重点推进的《中国足球改革发展总体方案》（以下简称《方案》）正式出台，明确指出了中国足球未来发展目标、方向和宏观政策安排，注定成为中国足球发展史上的里程碑事件。《方案》中有关“把发展足球运动纳入经济社会发展规划，实行‘三步走’战略”的主要目标阐述，广大媒体积极响应并提炼为“足球发展上升为国家战略”的阐释解读，赋予了《方案》耀目的政策光环和更高的实践期待。深入学习研究《方案》中的国家战略思想，不仅是洞察领悟国家意志、改革方向、政策导向的必要环节，做到“知其然，知其所以然”，深化全民行动共识，更是社会各行各业响应国家号召并全面深化足球改革发展的行动指南。

1 推进国家经济结构调整和转型升级的战略思想

中国在经历长期粗放型经济高速增长后，承接全球产业链低端环节的高投入、高消耗、高污染的“代工生产”模式难以为继，传统经济发展方式的危机全面爆发，国家经济社会发展步入震荡调整与平稳过渡的“新常态”，唯有加快转变国家经济发展方式，走可持续发展、结构性调整、包容性增长的转型升级道路。体育事业和体育产业作为国家经济社会发展的有机组成部分，亦是国家战略与政策调整的对象。长期以来，中国竞技体育发展践行“长尾”法则，战略投入大部分处于较低国际竞争力层次的软金牌项目，也是诸如跳水、举重、乒乓球、羽毛球、射击等中国竞技体育发展的优势项目，拖出的单项“长尾”成就了奥运金牌榜的整体业绩，业绩结构趋于较高资源消耗及必然引发的一系列社会问题，诸如运动员知识学习匮乏、成材率低、就业难等问题，资源投入与产出效率间的矛盾突出。与之形成鲜明对比的是，处于国际高竞争力层次的“三大球”运动成绩持续下滑，很大程度上代表国家体育科技发展水平的田径、游泳两大奥运基础项目难有重大突破，唯一的亮点是伦敦奥运会中国体育代表团在游泳项目中获得 5 枚金牌，为中国竞技体育发展的结构化转型和均衡可持续发展做出了表率。

践行“长尾”法则吸“金”快，也更容易创业绩，从一个侧面反映了改革开放 30 年中国经济发展要素禀赋条件的局限性，委婉的说法就是走了一条符合中国现实的发展道路。伴随中国模式、中国道路取得的伟大成就，党和国家站在新的历史高度和起点上，以更大的政治魄力，“踏石留印，抓铁有痕”的劲头，对可持续、包容性、高质量的未来经济增长进行了战略布局和工作部署。实质上，随着社会高度分化发展以及生活成本的不断攀升，竞技体育

“举国体制”作为一个传统发展体制的缩影和历史性概念，已经丧失了举国动员参与的要素禀赋条件。令人吊诡的是，作为一项社会文化系统工程建设的足球运动倒是更接近于“举国体制”的要素禀赋特征。随着中国竞技体育优势项目的专业资源积累和要素整合提升，凭借国家体育总局的领导力和行业内部资源的高效配置，完全有能力实现优势项目体育人才的“垂直培养”，更无须冠以“举国”的名头聊以自慰。“尽全力获取优胜”是竞技体育的主要特征，国人不是批评奥运金牌拿得太多，而是批评奥运基础大项和具有广泛社会影响的团体项目金牌拿得太少。

毋庸讳言，高竞争力项目具有巨大的国际影响力，广大人民对“软金牌”的认识已经比较透彻，对高竞争力项目的期待比较强烈。党和国家明辨新形势下体育工作的重点难点和可能性，下大力气推进国际高竞争力项目的战略布局和可持续发展，这不仅是对新常态下体育工作迈上新台阶的必然要求，也是努力推动我国由体育大国向体育强国迈进的必要举措。《方案》中对发展振兴足球运动有明确的认识，将足球运动定位于国际高竞争力项目的“龙头”与重点突破口，做好“顶层设计”，付诸实际行动，转型发展和攻坚克难“高精尖”的足球运动，对于中国竞技体育发展结构转型升级的意义，乃至对于中国经济结构调整和转型升级的示范作用，提升至新的战略认识高度。《方案》中指出：“党的十八大以来，以习近平同志为总书记的党中央把振兴足球作为发展体育运动、建设体育强国的重要任务摆上日程……足球运动具有广泛的社会影响，深受广大群众喜爱……坚定不移地推进改革、振兴足球……顺应人民群众新期待，提升中国体育大国形象，实现体育强国梦的实际行动。”《方案》绝非政策先行的“放空炮”，而是抱以实事求是的态度，对发展振兴足球运动的内外部环境有清醒的认识，深刻认识到重点推进发展世界第一运动存在的多方阻力和巨大难度，展望了未来，点明了问题，看到了差距，《方案》中指出："我国足球改革发展迎来了前所未有的大好机遇……对足球的价值和规律认识不足，急功近利的思想行为严重……相对于迅速发展的世界和亚洲足球，我国足球仍全方位落后。"

结构调整和转型升级的战略思想还突出体现在部委政策与行动配合上，例如，为切实支持国家体育战略转型与布局，教育部将"三大球"项目（足球、篮球、排球）、基础项目（田径、游泳、体操）、民族体育项目（武术）列为七大重点项目，强调足球运动的改革"龙头"和示范引领作用，具有明确的针对性。这并不是说跳水、举重等中国竞技体育优势项目的发展不重要，而是这些优势项目已经在国家体育总局的正确领导下，探索出一条符合中国现实的发展道路，凭借体育行业的内部力量已经完全可以实现。诚然，对于优势项目的发展也要注重低投入、低消耗与高效率、高质量的转型升级，在体育行业资源紧缩和外部环境约束不断强化的背景下，无论从人力资源储备和资源成本投入，还是从落实科学发展观和可持续发展的角度，都必须推进中国竞技体育优势项目的资源高效配置与可持续发展。《方案》的出台蕴含了经济结构调整和转型升级的国家战略思想，经济结构调整势必引发社会结构的深刻变化和社会转型的持续阵痛，党和国家对体育强国梦有了新的认识和想法，敢于打攻坚战、持久战，敢于啃"硬骨头"，以实际行动完成了大尺度的改革设计，吹响了中国体育挑战新高度、攀登新高峰的前进号角。

2 完善和发展中国特色社会主义制度的战略思想

党的十八届三中全会审议通过《中共中央关于全面深化改革若干重大问题的决定》（以下简称《决定》），提出了"全面深化改革的总目标是完善和发展中国特色社会主义制度，推进国家治理体系和治理能力现代化"这一时代命题。这是新一届中央领导班子高屋建瓴、拨云见日、审时度势的智慧体现，是全面深化改革过程中概念话语创新的切实需要，也是中国应对国内国际两个迅速变化的背景环境做出的战略选择。改革开放以来，中国力避“外科手术式”改革，选择符合中国现实的渐进式改革发展模式，获得了经济社会的长足发展和突出成效。《方案》中提出的中国足球改革发展的五大基本原则，即“立足国情与借鉴国际经验相结合，着眼长远与夯实基础相结合，创新重建与问题治理相结合，举国体制与市场机制相结合，发展足球运动与推动全民健身相结合”，很好地处理了国内与国际、当下与未来、宏观与微观、传统与革新、普及与提高的二元关系。尤其是中国经济社会发展步入新常态，面临新的经济增长、社会转型、平稳过渡的局势和压力，《方案》充分肯定了中国竞技体育“举国体制”的积极作用和独特贡献，始终坚持中国特色社会主义基本政治经济制度的优越性不动摇，坚持完善和发展中国特色社会主义制度这一基本出发点和落脚点，促进举国体制与市场机制的协调发展，《方案》指出：“举国体制与市场机制相结合。发挥社会主义制度优势，整合资源，形成合力；充分发挥市场机制作用，激发活力，创造公平诚信环境，鼓励保护平等竞争。”

完善和发展中国特色社会主义制度的战略思想，即新常态下对政府作用和职能的理性转变，对市场作用和地位的重新定位，处理好政府与市场的新型发展关系，也就是《决定》中指出的“必须更加注重改革的系统性、整体性、协同性……使市场在资源配置中起决定性作用和更好发挥政府作用”。这一战略思想充分体现在《方案》中有关政府职能定位和市场主体地位、举国体制与市场机制的二元结构设计上。《方案》一方面坚持强化政府的引导与监督角色，在调整改革中国足协的制度设计中，进一步突出与加强党的领导，“健全各级足球协会党的组织机构，按照党管干部原则和人才政策，加强协会思想政治工作和干部日常管理”，并在推进足球协会真正意义上的实体化过程中，突出中国特色社会主义制度的优越性，更好发挥党和政府的作用。这个政策导向虽然与西方发达国家在新的国际发展形势下推进体育协会私有化改革的趋势迥然不同，但要深刻认识到中西方政治制度的根本差异，充分肯定《方案》中提出“加强党的领导”对于中国足协真正意义上实现实体化改革发展的重大意义和重要保障，这也充分体现了完善和发展中国特色社会主义制度的重大战略思想。

《方案》另一方面十分注重引入市场机制盘活足球改革发展大局。中国足球在早期职业化过程中未能处理好与市场的关系，对足球市场和足球消费的规律认识不足，媒体与社会舆论对足球发展“顶层设计”、体制机制改革、释放市场活力等问题反映强烈，《方案》的出台有力回应了社会关切，其改革尺度、高度和力度前所未有，提出了“完善俱乐部法人治理结构”“调整组建职业联赛理事会”“成立中国足球发展基金会”“加大彩票公益金支持足球发展的力度”“建立足球赛事电视转播权市场竞争机制”等一系列市场化运营思路，以及发挥政策工具的调适功能和促进作用，解决了《决定》中提出的“着力解决市场体系不完善、政府干预过多和监管不到位问题”的政策设计与具体落实问题，这也充分体现了完善和发展中国特色社会主义制度这一重大战略思想。

3 推进国家治理体系和治理能力现代化的战略思想

随着全球化进程的逐步深入，全球贫困、生态恶化、艾滋病、恐怖主义等全球重大问题不断涌现与发展，这些国际政治经济危机绝非某国政府或某国际组织所能控制与化解的。同理，冷战后国际体育发展过程中愈演愈烈的兴奋剂、暴力、赌球（互联网转向）、腐败等一系列重大问题，这些牵涉广泛利益面的全球性体育问题，是国际奥委会、国际足联等国际非政府组织的有限权力规制所无法解决的。面对急剧变化的国内国际复杂形势，党和国家审时度势，转变思考，超越了“社会的归社会，体育界的归体育界”的二元割裂思维，将学生体质健康、全民健身、体育产业、体育消费、足球发展等体育界的重大问题，也是体育系统推进缓慢的“疑难杂症”问题，放在国家层面和全社会的高度来重新思考布局。

《方案》中提出把发展足球运动纳入经济社会发展规划，实行“三步走”战略，一方面充分考虑了足球改革与发展的长期性和艰巨性，一方面突出强调了社会系统要素参与的广泛性和协商性。足球改革动作大，涉及面广，诸如足协体制、竞赛体系、职业联赛理事会、企业、教育、土地、税收、金融、足球基金会、彩票公益金、社会力量、法治保障、新闻宣传等全方位共治共管和联动发展，也是中国社会全面深化改革的一个缩影。《方案》打破了凭借体育界的单一力量和单维思路来发展足球的传统体制机制设计，由“体育界的足球”向“全社会的足球”的思维转变，围绕足球运动这一社会文化系统工程的战略思想和功能定位，明确利益共同体，打造责任共同体，迈向命运共同体，开创社会各行各业共同参与促进足球大发展大繁荣的喜人局面。

作为行动主体多元化、利益关系复杂化的社会文化系统工程建设，必须以协调各方利益和互利共赢为价值旨归，以推进治理体系和治理能力现代化为制度根基。既要看到社会高度分化的事实，又要聚首足球发展“同一条道路”的高度协调统一，建立符合中国现实的足球发展领导协调体制机制十分迫切。由于中国职业足球发展状况不尽如人意，作为中国足球运动发展管理机构的中国足协，很难借助职业足球发展利益共同体的影响力来保障管理机构的权威和领导力，也就很难扮演类似于国际足联在管理发展世界足球运动中表现出强大领导力和政策推进力的中心角色。由于中国足协的社会公信力和管理绩效偏低，管办不分，赛事经营混乱，缺乏必要监督，利益关系复杂（依据中央第十一巡视组向国家体育总局反馈巡视意见），协会组织长期处于权力与权威分离的状态，中国足协的号召力和组织协调社会各行各业的能力十分有限，这就很难扮演类似于国际奥委会在治理与推进世界体育发展过程中表现出协商民主的卓越能力的中心角色。

基于行动主体多元化的足球发展格局，必须创造一个与国际足联、欧洲足联功能相似，并且能够统摄全局、高效运行的足球领导协调机构，建立一套符合中国现实的足球治理体系和运行机制。《方案》中指出："为持续推动足球改革发展，确保本方案落实，建立足球改革发展部际联席会议制度。"进一步明确国家体育总局和教育部两大部门在推动足球发展中的主体责任，并要求"各方面应当各司其职、各负其责、各尽其力、协同配合，共同推动足球改革发展"。联席会议制度很大程度上沿袭了中国政治组织体系和政治体制改革中的"领导小组"特色化模式，源于中国特色社会主义坚定信念的道路自信、理论自信、制度自信，也是在新常态下，坚持和发展中国特色社会主义的必然要求，实现中国特色社会主义现代化的应有之义。《方案》中进一步明确了有关"加强对足球工作的领导"意见，在"建立足球改革发展部际联席会议制度"这一制度保障"强心剂"之外，完善了一揽子制度设计与配套政策，为政策落地及下一步实施方案的具体设计指明了目标方向，具体包括："把足球工作纳入重要工作日程，加强足球行业作风和法治建设，营造良好舆论环境，发挥典型带动作用。"《方案》坚决贯彻党的十八届三中全会提出的推进国家治理体系和治理能力现代化的战略思想，将足球发展作为国家与社会的重大问题，跨部联动，齐抓共管，跨界整合，综合治理，预期达到良好成效。

4 社会高度分化与全面深化改革的战略思想

国家经济与社会发展呈现出高度分化的趋势，赋予了全面深化各领域改革的紧迫性和重要性，《决定》中共计137次提到“改革”一词，基于人民的根本利益推动寻找各方利益的最大公约数，充分表明了“全面深化改革是关系党和国家事业发展全局的重大战略部署”。全面深化各领域改革的战略思想，首先必须对各领域实际情况有比较宏观的把握，对突出问题有比较深入的认识，这就需要在社会高度分化的背景中把握好政策的专业性和可操作性，使全面深化改革的战略思想和政策精神平稳落地。面对广大人民对体育领域改革的迫切要求，党和国家制定出台了一揽子政策文件和工作部署，体现了较高的专业水准和政策水平。长期以来，体育行业、学界、全社会对于体育工作的理解比较笼统，其中有实用主义的智慧，也有懒得深究争论的玩世不恭态度，表面上是对体育概念缺乏必要的理解和共识，实质上是对体育的作用、功能与价值理解不透彻，对体育工作的多元目标理解不到位。

如今，伴随体育行业与学界的深入反思，以及全民体育话题讨论和社会舆论力量的促动，“大一统”体育概念的分化乃大势所趋。也就是说，对于身体教育、职业体育、精英体育、大众体育、休闲、游戏、健康等体育核心概念或“家族相似”概念，要有明确的区分，不能用一个无所不包的“大体育观”敷衍，更不能用敷衍的“大体育观”指导具体的体育工作。“大体育观”什么都是，怎样都行，在体育实践中就会找不到工作抓手，理不清工作头绪，聚不起行动合力，最后可能流于形式，效果欠佳。党和国家决策高层、学界和业界已经深入认识到社会高度分化和体育概念分化的必然趋势，在体育政策实践中设定多元目标，区别对待，统分结合，凝聚共识。国家主席习近平指出：“我们要广泛开展全民健身运动，促进群众体育和竞技体育全面发展。”群众体育和竞技体育协调发展的思想种子扎根发芽，在《方案》中表现得更突出，更彻底，政策考虑更周全，更完善，同时突破了中国唯金牌论的认识局限[3]。

《方案》打破了体育事业和体育产业的二元认知边界，迎合足球改革发展规律和社会关切，“顶层设计”注重落实到更为具体的足球工作领域。具体划分为职业足球（职业足球俱乐部、体育产业与体育消费层面）、校园足球（青少年足球普及与后备力量培养、体教结合层面）、精英足球（国家代表队层面）、社会足球（全民健身与社会娱乐层面）等不同的体育概念表现形态和体育实践发展形势，以及完善与建立“改进足球专业人才培养发展方式；加强足球场地建设管理；完善投入机制；加强对足球工作的领导”等一揽子配套政策措施。

此外，《方案》中针对足球改革发展的各方面，相应提出完善与建立符合足球改革发展规律的体制机制和法治保障，积极创造良好的发展环境和竞争秩序，这也充分体现了全面推进依法治国这一重大战略思想。应该说，全面深化体育改革和全面推进“依法治体”为全面建成足球强国提供动力和保障，也是努力推动我国由体育大国向体育强国迈进的必然要求。国家主席习近平在中央全面深化改革领导小组第十一次会议上强调指出：“深刻把握全面深化改革关键地位，自觉运用改革精神谋划推动工作。”唯有将《方案》中的国家战略思想和政策文件精神读懂、吃透，才能将足球改革发展具体工作干好、做实。

参考文献

[1] 新华社北京 3 月 16 日电 . 中国足球改革发展总体方案［N］. 人民日报，2015-03-17（6）.

[2] 人民出版社编写组 .《中共中央关于全面深化改革若干重大问题的决定》辅导读本［M］. 北京：人民出版社，2013.

[3] 黄璐 . 国际舆论导向下的中国唯金牌论［J］. 天津体育学院学报，2009，24（4）：341-344.

第2章 足球改革与社会变革

十八大以来中国足球改革发展力度空间，《体育与科学》杂志适时组织“足球改革与社会变革”学术工作坊，对工作坊诸位学者的主要观点进行评论性回应，为中国足球改革发展建言献策。主要论点：足球改革是社会变革的缩影，具有引领示范作用。中国足球积弱是一种现代性断裂的结果。校园足球发展应注重统一性、本土性和校本化相结合。中国足协的组织化再造目标是大幅提高组织效能、社会适应性和创新能力，变现改革承诺并不容易。足球经济在城市发展战略中的作用，应更多地关注文化经济的成长性目标和足球俱乐部的地方认同问题。不能模糊国家人口、足球人口和注册球员人数的区别。

由党中央、国务院重点推进的《中国足球改革发展总体方案》（以下简称《足改方案》）正式出台，以高瞻远瞩的“顶层设计”思路，大尺度的发展改革设计，求真务实的发展目标定位和宏观政策安排，将十八大以来中国足球改革推向了高潮。社会各界热烈响应，好评如潮。在举国欢腾氛围中，一些批判的声音被淹没、遗忘了。纵观历史长河，在一片叫好声中，往往隐含着发展危机，对此应保持必要的警惕。专家学者应该发挥在“问题意识”“敢于发声”等方面的优势，在批判性方面承担更多的责任，对《足改方案》中若干问题进行冷思考，避免“顶层设计”陷入“千人诺诺”“难于落地”的境地。《体育与科学》杂志毅然承担起批判审视的责任，适时组织“足球改革与社会变革”为主题的学术工作坊，围绕足球改革的社会功能、足球经济、足球训练、足协分离、校园足球、体育的现代性转型、足球人口等问题展开了学术对话[1]。笔者有幸聆听了论坛报告，受到工作坊组织形式的影响，一些观点未能与主讲嘉宾展开更深入的对话，甚为遗憾。这里围绕工作坊的主要观点进行评论性回应，旨在为中国足球改革发展建言献策。

1　社会变革的支点

将足球改革这一具有象征性意义的社会发展进程，置于社会变革这一历史大环境大背景下思考，体现了诸位学者的思维发散特征和理论认识高度。将足球改革发展上升为国家战略的高度，不仅让体育界感到无比振奋，也让外界感到些许困惑。较之足球改革更紧迫、更棘手的社会问题尚待解决，诸如民生问题、环境治理、医疗保障、教育体制等重点领域改革，足球改革得以扬帆起航，彰显了党和国家高屋建瓴、深谋远虑的战略布局。选择足球作为国家体育改革的突破口，甚至社会变革的支点，正是充分考虑足球作为世界第一运动，具有巨大的社会影响力问题所在。乒乓球、体操、举重、跳水、射击等中国奥运优势项目具有较低的社会关注度，国内国际两个舆论场范畴均如此，从营销再造的视角来看，这些项目具有较强的分众营销特征，也就是缺乏眼球经济基础和营销共振效应的小众项目。足球、篮球、网球、橄榄球（特指美国）等项目无疑具有社会舆论聚焦效应，这些项目在影响社会进程方面的作用无疑比小众项目要大。《夏季奥运会竞赛项目全球影响力定量分析》一文研究表明[2]，夏季奥运会最具有全球影响力的项目（第一档项目）包括田径、网球、足球、游泳、篮球、排球、自行车大项，中国奥运六大优势项目无一列入。

这不是社会组织形式方面的维稳问题，而是涉及国家制度变迁和社会变革的重大命题，即中国特色社会主义制度的合法化基础，马克思主义理论信仰层面上的制度有效性与合法性问题，中国道路、中国崛起能否持续获得合法性这一动态发展问题。美国斯坦福大学政治学和社会学教授拉里·戴蒙德指出，“威权政体不得不在很大程度上依靠绩效来为自己提供正当性，如果它不能带来人们所期望的秩序和经济发展，它就丧失了唯一的合法性基础”[3]。一个现代国家存在的根基和繁荣昌盛取决于国民发自内心的认同（国家的、民族的、文化的），以及衍生出的身份优越性和一系列正向行动。一个国家要证明自己的制度优越性和实现合法性的过程，仅仅凭借“软金牌”项目是没有说服力的，必须在足球、篮球等国际较高竞争力项目上干出一番突出的成绩，才能得到广泛深入的认同。也就是说，中国地大物博，只要愿意付出资源、环境、人口与人权代价，就能保持粗放式经济的快速增长，这种不可持续的增长模式当然体现不了国家制度的优越性。具体到竞技体育发展领域，《足改方案》有力诠释了推进国家经济结构调整和转型升级的战略思想[4]。中国精英体育必须从“软金牌”模式驱动逐步过渡到国际较高竞争力项目驱动，实现奥运优势项目的结构性调整，这充分体现了国家制度和社会系统的优越性。新加坡籍学者 Jason Phan 指出[5]，国家应当追求社会系统的卓越，充分利用国家制度和社会系统的优势，培养自己的公民在某些专业领域取得卓越的成就，而不是靠归化球员这种功利的方式来塑造国家的荣誉。

足球运动是绕不过的一道坎，如果要证明中国模式、中国道路和社会系统的卓越，就要鼓起巨大的政治勇气，吹响国家足球改革发展的号角。精英体育具有较强的社会表征性意义，胡小明教授形象比喻为“一个提前抢占制高点摇旗呐喊的鼓动者”[6]，中国精英体育由“软金牌”到“硬实力”的转型过程，这种表征经济结构转型和社会变革的重要意义是无法想象的。也就是说，国家足球改革的根本动因在于足球独一无二的世界影响力，也是十八大以来中国进一步融入全球化进程并与世界深入交往的重要方式。王晋教授将国家足球改革的动因归结为 4 个方面，即足球是全世界影响最大的项目，足球运动促进青少年体质健康问题，足球运动带来的社会凝聚力、国家荣誉感与团队配合效应，足球运动带来的幸福感[1]。很显然，足球运动具有强身健体功能、社会安全阀功能、娱乐身心（幸福感）功能，换作篮球、排球、田径等项目同样适用。例如，教育部将足球、篮球、排球、田径、游泳、体操、武术列为七大重点发展项目（第一批依托项目），从中表明学校体育单项战略布局实现均衡发展的重要性，足球项目无疑具有引领示范效应，也唯独足球项目的世界影响力具有独特性。换言之，足球项目能够成为社会变革的支点，这种社会表征意义的彰显表达和诸多社会正向功能的集成效应，只能诉诸“足球是全世界影响最大的项目”这一合理解释。

吴驷认为我们长期忽视了体育的三个重要功能，第一是体育的外溢效应，实则为文化产业的附加值效应。影视产业、体育产业、文化产业均具有高附加值特征，产业链比较长，环节与分工较为复杂。需要看到的是，不仅体育产业没有处理好附加值问题，中国的影视产业、文化产业也面临产业链开发不足的状况。第二是体育的注意力经济问题，“春晚”这一案例不具有可比性，“春晚”是中国人的“时间约定”，你看或不看，她都在那里。中国还创造了《中国好声音》《爸爸去哪儿》《奔跑吧兄弟》等人气爆棚的娱乐节目，同样解决了众口难调的问题，只能说作为朝阳产业的体育经济增长潜力还有待深入开发。第三是体育与自由的“在场”关系问题。自由的根本在于“玩耍”

和“游戏”，这里的“游戏”显然是赫伊津哈在《游戏的人》中指出的高级“游戏”，是一种高层次、高境界的游戏人生的态度和行为。运动员选择精英体育这一职业，在不断挑战身体极限和提升运动技能的过程中享受竞技体育的乐趣，为行动、名誉、心灵寻求更大范畴的自由价值实现，将作为一门职业、工作的竞技体育做到极致，在本领域取得突出的成绩并享受拼搏的过程，不论在闲暇与生活中，还是在学习与工作中，游戏人生的姿态与心境化为原动力，这才是真正意义上的自由人生。

孙科博士关于“足球统治一切”的诘问让人掩卷沉思。谈足球发展的普遍性就无法回避美国这一特例，孙科博士认为反抗足球是美国人与英国及其他国家进行抗争的方式。笔者认为这是一种历史文化选择的结果。美国问题研究专家资中筠指出：“美国独立战争就是枪杆子里出政权，用武力争取脱离英国统治，但事实上，这不等于美国作为一个国家的诞生。”[7]北美洲的开拓者大部分来自英国移民精英群体，一方面精英们特立独行的品质要求创造独特的民族文化，另一方面精英们拒绝做文化意义上的依附主义。美国不仅需要一片安身立命的土地，更需要一个心灵的居所。从早期的“没有代表就不纳税”问题，到美国独立战争后寻求真正意义上的自治和国家独立性之诉求，美国一直在探索建立区别于英国宗主国的国家制度与民族文化。借用英国政治学者沃拉斯的观点：“现代国家不是一个地理范围的概念，而是一个心灵的实体和抽象的概念。”[8]美国一方面排斥流行于英国的板球和英式足球，另一方面借鉴“他者”体育文化努力塑造自身的文化特性，通过当代体育神话与英雄主义建构，完成塑造民族文化认同的使命[9]。从建国早期的国家娱乐形式——棒球运动，到当下的新型神话建筑——美式橄榄球，更多的是一个当代体育神话构成体系，篮球、冰球、拳击、街舞（嘻哈文化）等单项运动发展也纳入到这个文化网格化的神话体系中。从美式橄榄球与英式橄榄球的历史区隔，美职篮竞赛规则与国际篮联竞赛规则存在的较大差异，从外源性的霹雳舞到美国流行时尚的嘻哈文化，美国四大职业体育联赛的全球市场（单项运动）垄断地位……种种案例说明，美国体育制度和文化特性的形成是历史文化选择的结果。置于五彩斑斓的世界民族文化之林，诸如美国的橄榄球文化、英格兰的足球文化、印度的板球文化、中国的武术文化等，这是在安德森“想象的共同体”意义上，现代民族国家崛起过程中历史与现代化冲突（或断裂）的文化选择结果。美国文化特性恰恰在于它没有卷入摧毁一切民族力量的现代性进程，而是很大程度上参与创造了现代性和全球化的当代神话。美国体育的发展成就和文化特性不屑于英式足球的普遍性和现代性来证明其存在的价值，中日韩、西亚、东南亚国家体育先后卷入体育现代性与全球化进程，民族体育文化日渐衰落，现代足球运动大行其道，这是后殖民时代发展中国家依附性发展共同面临的文化道路选择问题[10]。

李睿博士提出“足球维稳论”激发了更多的思考。大范围推进社会改革必然对既有社会结构与秩序造成冲击，社会变革与社会稳定如影随形。“维稳”这个概念偏向于敏感时期的政治性诉求，盲目地套用概念框架，渲染后革命的氛围，宣扬社会冲突论的基调，不仅无助于社会改革进程中诸多问题的反思和解决，没有发挥新生代知识阶层更为严谨、多元、建设性的智库作用，也不符合党和国家“四个全面”战略布局与建立和谐社会的客观要求。如果在更广泛的意义上理解这个概念，“维稳”是让社会变革中的人们转移注意力，或者说释放剩余精力，不要纠结于社会变革可能产生的矛盾与仇恨问题，而要发现健康、旅游、体育、文艺等崭新的生活和人生价值。如果人生拥有为之奋斗的事业，何来剩余精力，体育、文艺、旅游、健康等社会领域的改革正是释放剩余精力的绝佳路径。路云亭教授点评认为：“足球改革是从更加深刻的角度强化维稳，二者并不矛盾，恰恰非常匹配。”吴驷则从体育的社会安全阀功能视角来理解“足球维稳论”。如果足球改革是“维稳”的现实需要，那么社会各行各业的改革也能够达到“维稳”的实际效果，也就是释放改革活力，共享发展红利，“维稳”这一概念的挪移就华而不实了。多谈一些实践问题，少搬一些空泛概念，或许更符合一种建设性的评论姿态。

2 足球积弱的历史文化线索

路云亭教授将中国足球积弱的病灶指向了“文化基因论”，中国人擅长隐士型项目，正如中国传统武术文化的关门修炼与避世情结，中国竞技体育优势项目延续了这种文化惯性或模式，都是室内封闭性的运动项目，见风死、见光死，运动员跟坐月子没什么区别，处于隐士状态的体育发展很难与主流社会合作，造就了中国在团队合作项目上衰败的事实。新中国成立后就是全国延安化，中国竞技体育优势项目都是延安时期的强势项目，这就是“文化基因论”的潜在作用[1]。路云亭教授连续抛出奇特观点，哗众取宠之外，也活跃了论坛气氛，达到了“人类一思考，上帝就发笑”这一享受学术乐趣和游戏人生的效果。竞技体育（Competitive Sports）是舶来品，依据中国全面参与奥运会竞争这一标志性事件，改革开放前后的体育发展模式呈现巨大的差异，文化基因在体育中的延续作用，被西方体育的全球化进程消解了，中华传统文化和武术的衰落充分说明，这是一个现代化的断裂过程，是与历史与传统世界的决裂。诚然，笔者与大多数有识之士一样，对中华传统文化的衰落持忧虑的态度，中华文化兴盛是中华民族伟大复兴的必然要求。与中国经济高速增长背景下的文化传统、社会秩序与道德垮塌相比，现代化的断裂问题而非文化基因的传承作用，显然占据社会焦虑的主流，亦是“新常态”下社会变革面临的紧迫局势，尤其是西方体育作为现代化进程不可逆世界的一部分，现代化的断裂特征在中国奥运战略实现跨越式发展过程中表现得十分突出。

以竞技体育一般常理来看，“文化基因论”可能产生的决定性作用也是不攻自破。美国近 7 届夏季奥运会获得 270 枚金牌，其中游泳大项（包括跳水和花样游泳分项）获得 93 枚金牌，金牌贡献率高达三分之一，游泳大项同样是室内封闭性的运动项目。延安时期有没有普及开展跳水项目，在池塘里练习跳水，还是在江河里练习跳水？乒乓球双打、羽毛球双打、跳水双人、体操团体项目一直是中国奥运优势项目；中国花样游泳团体、射箭团体等单项是奥运金牌的有力竞争者；中国夺得北京奥运会赛艇项目女子四人双桨冠军；中国在 2015 年世界田径锦标赛上创造的历史性突破，恰恰是在男子 4×100 米接力项目上，美国在该项决赛中交接棒犯规被取消比赛成绩，能否说明美国队丧失了团队精神？中国非奥运项目——竞技健美操比赛的三人操、集体五人操（原六人操）等团体项目一直处于世界领先水平；以及 2015 年强势崛起的中国女排、中国男篮……种种例证不胜枚举。

王晋教授力挺“文化基因论”，认为这是美国社会讲究合作文化的结果。美国一以贯之自由主义道路，美国四大职业体育联赛、好莱坞电影塑造的明星时尚文化和个人英雄主义盛行。中国历来主张集体主义，国家荣誉、全局观念高于个人得失、局部认识，国家竞技体育战略“全国一盘棋”、各单位精诚合作，以及“为国争光”指导思想至上。暂且不论王晋教授列举的中国国家足球队比赛互不传球问题是否真实存在，就美国崇尚的个人主义文化而言，美职篮比赛惯例彰显了球星单打独斗的鲜明特征，更多的场景历历在目，由詹姆斯、科比等篮坛巨星完成比赛“绝杀”时刻，再现了美国民族价值观的精髓——个人主义和英雄主义情结。吴驷适时反驳“文化基因论”，指出现代体育与中华传统文化之间不存在必然关系，历史选择的偶然性、政治原因都是影响因素。吴驷论及李娜的社会影响力与乒乓球冠军的天壤之别，这才是根本问题所在。中国奥运6大优势项目，即跳水、体操、举重、乒乓球、射击、羽毛球项目，也是市场价值偏弱、较低国际竞争力、世界诸国不愿投入更多资源的项目[11]，中国以“软金牌”项目建立了奥运金牌强国的地位。美国奥运优势项目为游泳、田径基础大项，以及与职业体育发展高度拟合的集体球类项目，美国奥运优势项目的结构性特征与中国截然不同。

“文化基因论”的华而不实，也让我们反思学术对话形式的思辨逻辑问题。由于实践现象林林总总，总能找到自己偏爱的例证，这种信手拈来符合自我观点精神的对话方式，像是市井生活中的“泼妇骂街”，不是学术对话呈现深邃思想、触发想象力的应有姿态。遗憾的是，学界充斥着这种市井“约架模式”，乃至争论不休，消耗学术资源。2015年世界田径锦标赛期间，圈内一位知名编审与笔者“打赌”，指出苏炳添进不了男子100m决赛，中国队在交接棒完美发挥的前提下可获男子4×100米接力项目铜牌，而最终的比赛结果是，苏炳添并列第8名进入决赛，中国队摘得男子4×100米接力项目银牌。赛场上的“运气”无处不在，科学预测只能依据运动训练学的内在规律，评估可能达到的比赛成绩，而对于比赛中运气因素的影响（例如美国队被罚成绩无效）、对手的竞技发挥问题等来自竞争者的外部环境变化是无法判断的，这是竞技体育彰显人类主体性存在的基本特征。如果作为人类主体性存在形式可以预测，那么竞技体育的存在价值也就失去了光泽，也就是说，预测比赛名次是一种博彩心理，而不是科学预测。同理，这种追求外在形式，而不是建立在竞技体育的内在规律和科学研究的一般规则范畴内的奇特观点，是缺乏立论基础的。一元训练理论的辩证立论过程援引大量符合自我意志的形式化概念解说[12]，以及类似于“足球改革对中国社会影响力评估[13]”这一追求“自圆其说”的想象性看法，均能见到这种似曾相识的立论套路。这种立论套路与“文化基因论”一样，形式大于内容，宏观长于细微，概念“连环套”优于训练实践，风格化的自我阐释高于科学依据，“自圆其说”代替辩证逻辑。“文化基因论”作为启发思路的急就章必不可少，作为立论模式则越少越好。

3　足球训练的开放性

王晋教授从运动技能学习与控制的视角，为提升中国足球水平建言献策。作为开放式项目的足球训练规律问题，王晋教授在《开放式运动技能学习之道》一文中有比较系统的阐述[14]，笔者赞同王晋教授关于运动技能学习的观点，但对王晋教授有意或无意夸大运动技能学习要素的主导性作用持质疑态度。毋庸讳言，足球项目是一个复杂的社会系统工程，受到各要素环节和社会方方面面的影响，运动技能学习是提升中国足球水平的重要因素之一，是必要条件，但不是决定性因素和充分必要条件。“中国足球水平”这个概念比较模糊，至少包括职业足球、社会足球、校园足球、国家足球队几个范畴。以恒大淘宝俱乐部为代表的中国职业足球市场，说明了中超联赛整体水平稳步提升的趋势。社会足球和校园足球的整体发展水平尚需做出科学评估。国家足球队比赛成绩纵向比较呈迅速下滑趋势是不争的事实。从王晋教授感叹“中国 13 亿人无法涌现罗纳尔多、梅西等技术顶尖球员”，并提供运动技能学习这一解释视角来看，王晋教授所说的“中国足球水平”概念主要是指国家足球队竞技水平。

来自英国埃克塞特大学的研究者 Anthony King 指出[15]，影响国家足球队成绩的五大因素包括足协、教练员、本土球员、媒体、球迷，结合英格兰国家队的案例具体来说，英国足协以及英国足球的制度结构和随之而来的英国足协聘请优秀国家队教练的困境，英国本土教练员的整体素质，选手的地域性特点（本土球员问题），无规矩的英国媒体，以及球迷群体的作为。作为国家间竞技对抗的精英足球，比赛成绩主要取决于本土球员的竞技水平，如果本土球员培养这一环节出现问题，球员移民归化则是迅速提升国家队成绩的有效途径。以依附理论（Dependency Theory）的角度，法国与阿尔及利亚形成了球员移民双边网络，阿尔及利亚在国家足球发展环境和整体竞技水平、训练体制对提升国家队竞技水平的贡献程度等方面处于较低层次，阿尔及利亚借助承认“双重国籍”的优势，引进归化球员打造“法国二队”，阿尔及利亚国家队在2010年南非世界杯赛上的归化球员高达17人，在2014年巴西世界杯赛上的归化球员达到14人（全部来自法国），这种便捷且功利的移民归化模式，说明阿尔及利亚国家队成绩的提高与运动技能学习之间没有必然联系。

社会各方面影响亦是制约国家足球队水平提升的重要因素。诸如足协不作为、乱作为，青训培养体制与球员选拔机制存在问题，优秀球员选拔不出来。中国足球改革发展缺乏球迷群体的认同与支持，球迷家庭不支持自己的孩子从事足球行业，足球人才捉襟见肘。校园足球和俱乐部足球培养途径尚未打通，传统体工队模式不堪重负。中国本土优秀教练稀缺，走马灯式的外籍教练组，致使国家队战术风格多变，对需要长期坚持的战术思想缺乏统一认识。广大媒体长期秉持对立批评情绪，中国足球改革发展缺乏良好的舆论生态。综上所述，可以认为运动技能学习是提升中国足球水平的重要因素和必要条件，切勿将运动技能学习的重要作用绝对化，或者扩大理论解释范畴。也就是说，如果国家队比赛成绩完全取决于运动技能学习，何必下大力气推进国家足球改革发展，制定出台《足改方案》《中国足球协会调整改革方案》《教育部等6部门关于加快发展青少年校园足球的实施意见》等一揽子政策文本，直接采用20世纪90年代留学巴西的“健力宝青年队”模式，外派一支U13国家队接受德国最先进的足球技能训练，国家足球队“离岸外包”以实现高效的“垂直培养”，这种单一性思维无法解释中国足球水平低迷的现状。即便派一支 U13 国家队到拜仁慕尼黑俱乐部接受长年训练，也培养不出未来高水平的国家足球队。

王晋教授将问题归结为足球这一开放性项目的训练特征，中国教练往往将足球当成封闭性项目来练。任何发展成熟的运动项目，在漫长的历史长河中，形成了一整套基本的技术动作规范，这是青训培养必须遵守的技术动作标准，建立在基本的技术动作规范之上，可以根据个体差异重点培养球员的技术风格特点。标准动作的可控性相对较高，技术动作的经济性（动作效率）较高，在高强度比赛中相对失误率较低，梅西、穆勒等世界级球星在高强度比赛中的常规传接球动作是教科书式的标准动作，唯有在特定比赛情境中才会被迫选择非标准化的、创造性技术动作。乒乓球、羽毛球运动属于开放性项目，中国讲究标准化动作和规范化训练，取得了令人瞩目的历史成就。路云亭教授声援王晋教授的观点，继续搬出“特殊案例”立论套路，世界上有三个著名教练没有踢过职业足球，以此证明教练员思维和运动员思维的差异。

4　校园足球发展理念

毋庸讳言，校园足球是中国足球改革发展的根基，如果我们摆脱功利主义的国家队战绩提升之路，赋予国家足球发展生态全新的含义，切实做好校园足球的基础性工作，对于实现“立德树人”教育改革目标和中国足球可持续发展具有重要意义。王晋教授极力反对校园足球统一教材，路云亭教授予以支持指出：“足球改革的教材有点像样板足球，这是我们国家传统的习惯，已经是一种超体育行为。”[1]而现实情况是，广大的基层中小学校不仅教练员资源奇缺，也缺乏具有指导性价值的统一足球教材。2009 年制定实施的《全国青少年校园足球活动实施方案》中提出“制定校园足球教学大纲和教材”，作为经济发达地区的上海市走在实践前列，但是截至2012年的实地调研表明，上海市根本未制定统一的校园足球训练大纲，也没有一所布点学校开发校本课程[16]。王晋教授的观点过于超前，以美国完善的青训体系与丰厚的教练员资源储备状况，置于中国校园足球现实环境考虑，而无视本土性的校园足球资源约束条件。笔者并非否认校园足球校本课程以及个性化培养的重要价值，如何开发符合青少年身心特点和具有体育教师可操作性的足球校本课程模式，对于校园足球活动在我国的推进起着至关重要的作用，应遵循整体性、教育性、人本性、趣味性的原则，体现趣味性、实践性和拓展性的课程教材编写原则，学生在愉快的氛围中学习，规范的训练贯穿始终[17]。

这里面不是“随性而为”“怎样都行”，不是“悬空建筑”“毫无根基”，而是建立在统一足球教材的基础上，遵循基本的教育规律和一般的技能教学、训练学原理，充分运用各地、各校足球资源差异与核心竞争力，制定符合青少年个性化发展特点的差异化、科学化的校本课程，释放青少年足球个性化发展的巨大潜能。也就是说，在完成统一足球教材训练内容的基础上，如果能够发现统一教材在个性化培养方面存在的局限性，以及统一教材自身存在的突出问题，这是一种从普遍到个性、从运动技能学习到竞技优势识别的实践升华过程。一方面与统一教材形成实践效果的比较，为创建更为合理、科学、丰富、高效的校本课程提供了区别性条件；一方面统一教材实践中提炼出的普遍性问题，可以促进统一教材的更新完善，进一步将地方实践与校本课程的成功经验推广开来。广大基层学校面临的现实问题是，普遍缺乏一个指导性的统一足球教材，或者说地区性（例如上海市）的统一足球教材，一线足球教师或教练员不知道怎样去操作，也就是长年、系统地推进青少年足球技能教学与训练工作。广大基层学校普遍缺乏优秀足球教练员的事实，让基层教练员失去了创建高水平的、科学化的校本足球教材的能力，在这样的现实情境下高谈“统一教材就是死路一条”，是不了解中国国情和校园足球实际情况的浮夸表现，理论解说也便失去了光泽。也就是说，不建立在高度的制度化、规则化基础之上，遑论社会文化的生成性与自主性；不经历现代性的生成过程，奢谈后现代的理论原则，亦是华而不实的理论嫁接与空谈。

路云亭教授进一步展开文化判断，指出了校园足球改革与应试教育、高考制度之间的紧张关系：“高考如果能向足球让步的话，绝对是中国人的一大进步！现在的高考是绞肉机，完全健康的孩子经过十几年完全变成废品，高考绝对是人性毁灭性的机器。”[1]第一，不能否认高考制度的历史性以及在教育公平意义上客观存在的某种合理性。目前在社会各行各业做出突出成绩的一批人，大部分是“文革”后第一批参加高考的，高考制度为他们提供了一个相对平等的发展平台，也是一种苦尽甘来、人生逆转的历史性机遇，不能抹掉高考制度塑造的这一代人对于国家与社会发展做出的突出贡献。第二，现在的高考制度面临社会道德诚信的两难困境，是一种促进教育公平且不得已的最佳选择，如果照搬美国新自由主义模式，完全放开院校自主招生，道德崩溃的风险和招生混乱的局面是唯一能够预判的结果，五花八门的招录标准，鱼龙混杂的在册学生，进退自由的特权阶层。或许问题的根源不在于高考制度，而在于教育教学主体的创造性实践，特别是党的十八大以来我国教育制度改革力度加大，取得了实质性的进展。

相比于路云亭教授毫无根据的泄愤式批判，吴驷关于“让真正的体育回归学校”、王晋教授关于“校园足球就是孩子回归自然的过程”的观点更具有建设性，也更接近于学校体育的本原。而事实上，校园足球正经历“返璞归真”的过程，让教育回归本源，让体育回归本真，各方力量正在积极推进这一社会变革。2015 年 7 月 22 日下发的《教育部等 6 部门关于加快发展青少年校园足球的实施意见》中明确指出：“把发展青少年校园足球作为落实立德树人根本任务、培育和践行社会主义核心价值观的重要举措，作为推进素质教育、引领学校体育改革创新的重要突破口，充分发挥足球育人功能……促进青少年身心健康、体魄强健、全面发展，为提升人口素质、推动足球事业发展、振奋民族精神提供有力支撑。”[18]二位学者观点与国家目前推行校园足球改革发展战略的指导思想不谋而合，目前面临的最大障碍或许不在理念建构层面，而在于广大基层学校和改革行动主体推进的操作性层面，这才是决定校园足球改革发展成败的关键所在。

5 组织化再造的起点

路云亭教授从体育概念的“三分法”切入，认为这“三座大山”人为地割裂了体育的自然本性，足球改革就是要解构这种体育分类的壁垒，唤醒体育的自然属性，使其变成人们生活的一部分[1]。体育概念的“三分法”是指竞技体育、社会体育和学校体育的类型划分，一直处于无法撼动的实践地位，体育概念的“三分法”不断受到学界的质疑和学理的拷问。尽管我们在实践中信奉不讨论，这种存而不论的态度里面也许有一种实用主义的智慧，但也许有一种争论也争论不清楚，不如先这么混下去再说的玩世不恭，任何做概念上的和规范性总结的企图都必定无效，但我们的确可以指出许多名与实之间的错位[19]。体育概念的“三分法”倾向于更好地开展体育全面工作而言，也是一个基于实践操作性语境中的概念体系，也就是程志理编审所说的“达成性思路”问题。足球改革并不是要解构“三分法”，而是要强化“三分法”的可操作性和可达成性，接地气，有抓手，明重点，分类推进全方位的足球改革工作。《足改方案》政策内容框架分为职业足球、校园足球、社会足球、精英足球几大部分，这是典型的体育概念“三分法”的实践形态，其中竞技体育概念依据实践目标指向，分化为职业足球（职业体育市场层面）和精英足球（国家代表队层面）实践领域。

路云亭教授深谙中国文学评论的惯有套路，信手拈来诸如解构、唤醒、转型、回归、治疗等时髦的学术名词，一顿拆解与组装，炮制出一堆脱离实际、不知所云的华丽辞藻。借助飘逸的文风，抛出“国人还在留恋这迷人、实惠和现实的老体制”这一随性的想法。“国人”是指全国人民，还是指一部分特定人群？到底哪些人在留恋体育“举国体制”？哪些人在鼓噪与催促改革？心理学研究表明，对于变革的抵制并不一定真正意味着人们反对变革，很多人只是下意识地防备变革可能带来的利益冲突，实际上这只是人们对变革可能会带来利益变化的防御行为[20]。体育“举国体制”的改革无关乎全国人民的直接利益，至少支持改革要比维持老体制可能带来公共体育服务方面的资源投入，享受健身服务方面的更多实惠。或许也仅仅存在依靠老体制谋生的人，诸如被老体制征用身体的人[21]，迫于生活的无奈却又出于某些原因考虑，可能留恋体育“举国体制”提供的稳定岗位，甚至抱以“接班”的盘算，让自己的后代走他们的老路。改革必然产生社会风险，古今同理，要达成共识和形成正确的判断，中国选择了一条渐进式的改革发展道路，也是新一届中央领导班子以刮骨疗毒、壮士断腕的勇气，锐意进取、攻坚克难的真义所在。

吴驷提出“组织化再造”这一命题切中肯綮，引出社会组织改革这一国家制度改革的宏大命题。伴随《中国足球协会调整改革方案》的制定出台，“中国足协与体育总局脱钩”这一“顶层设计”正在稳妥推进，取得了积极的阶段性进展。公共部门、私营部门和第三部门是构成社会的三个主要力量，第三部门又称非政府组织、非营利组织或社会组织（社团组织），加拿大管理学家明茨伯格定义为，“由广泛的一系列人组成的社团，形成的与公共部门和私营部门并驾齐驱的‘社群领域’”。[22]受到国家制度设计的长期影响，社会组织并不承担或分担国家与社会发展的责任，也没有充分发挥协调政府与市场（国家主权与资本力量）间关系的作用，以中国足协为标志的社会组织长期处于“管办不分”与功能退化的抑制状态。在市场与社会力量迅速成长且社会问题不断涌现的环境背景下，政府单一治理模式愈发不可持续，建立一个良性健康的社会组织发展生态，是释放公共部门压力和缓解社会病灶的有效途径。中国足协的根本性改革对于整个社会组织的改革具有积极的引领作用，其改革示范意义超越了体育界，在整个社会变革层面上寻找价值共识。

吴驷对于中国足协改革的社会变革意义有着明确的认识：“一旦足球这个游戏玩成功了，如果我们的组织化再造成功，社会组织将成为对这个社会最有利的平台。一切会从这次改革开始改变。”[1]所谓“再造”是指对公共体制和公共组织进行根本性的转型，以大幅提高组织效能、效率、适应性以及创新的能力，并通过变革组织目标、组织激励、责任机制、权力结构以及组织文化等来完成这种转型过程[23]。组织化再造的最终目标是大幅提高组织效能、社会适应性和创新能力，而不能拘束于组织结构的形式化改造，变现改革承诺并不容易。“使市场在资源配置中起决定性作用和更好发挥政府作用”这一纲领性指导思想，强调政府与市场的协同作用，具体到中国足球改革发展领域，既要实现中国足协与体育总局脱钩，赋予社团法人身份的中国足协更多的自主权，发挥体育组织化再造效应，开启体育行业自治的崭新局面，又要贯彻落实《关于加强社会组织党的建设工作的意见（试行）》的政策文件精神，按照《足改方案》第9条的改革部署，切实“加强党的领导”方面的改革工作。在社会组织建设中“加强党的领导”这一指导思想如何解释，又如何付诸实践，具有较大的弹性空间，《足改方案》第9条明确指出：“健全各级足球协会党的组织机构，按照党管干部原则和人才政策，加强协会思想政治工作和干部日常管理。中国足球协会设立党委，由体育总局党组领导。”[24]加强足协党委和体育总局党组的领导权，这样的政策表述，是不是“管办不分”的回潮，是否回到竞技体育“举国体制”的老路，我们不得而知。足球改革涉及各方利益，不可控因素较多，局势尚不明朗，唯有冷静观望。

6　足球经济与城市发展战略

体育经济与城市发展战略具有紧密联系，尤其在世界经济缓慢复苏的背景下，体育嵌入城市发展道路已形成广泛深入的国际共识。吴驷引入经济学的“爆米花效应”，从可见的足球经济增长和文化增值效应两个层面，论述了足球经济对新的城市发展战略的重要意义。“爆米花效应”也是一种附加值效应，大型体育活动能够将众多优质资源集聚在一起，产生多种经济与文化效应，基于传统工业革命带来的城市低迷和经济衰败的社会背景，英国城市为寻求转型契机，落脚体育为城市发展动因，谋求经济再生和城市复兴[25]。吴驷超越了城市经济增长单维的理解，将体育拉回到体育与文化的交互性本质上，体育把城市重新纳入现实和历史的舞台，创造一个综合的、全民参与、超于各种文化共识的仪式化节目。将城市体育文化的思考引向深处，关涉一个城市文化记忆的生成与创造问题，城市文化身份作为人类群居生活的心灵纽带问题。

这里引入科幻电影《遗落战境》中的一个“文化记忆”场景，希望能形象表达城市体育文化生成的重要意义。克隆人杰克操作巡视机飞越了曾经气势恢宏、万众瞩目的 NFL（全美职业橄榄球联赛）超级碗赛场上空，椭圆形超级碗赛场中央涌现巨大的水坑，凋零和风化的景象沦为人类主体性退场的又一曲挽歌[26]。由自大的人类创造出的人工智能体系“西塔”全面掌控了人类现实世界，批量生产的克隆人以清除人类残余力量为己任，苟延残喘的人类深信克隆人体系中“先知力量”的存在，期待克隆人“先知”的启幕，或者说记忆断片的“重现”与“激活”，带领他们摧毁“西塔”体系，回到往昔的地球和失落的人类文明世界中。体育（Sports）无疑是彰显人类主体性存在的表现形式，克隆人杰克在超级碗赛场找到了失去的记忆，激动人心的比赛场景历历在目，“我看过那场比赛，就是在这里，最后的超级碗……比赛就要结束了，还有一线希望……”当人类保留体育博物馆成为一种奢侈，类似于古罗马斗兽场这一历史文化景观便承担起唤醒克隆人杰克“文化记忆”和“先知力量”的责任，找回被“西塔”掩埋的真相。由跃动的体育活动生成的城市文化记忆总是印象深刻的，这种基于体育文化的地方记忆建构活动和文化地标性建筑处于社会变革的支配性地位，在“新常态”社会转型和新的城市发展战略布局中具有不可替代的作用。

为了建立体育品牌而主导投资，这种投资拉动经济数据指标的做法十分功利，也是不可逆的和不可持续的，忽视了经济增长的成长性价值。足球经济不仅仅是提供高质量的足球赛事活动，赛事活动作为足球经济的主体构成并不错，问题是没有看到足球经济作为呈现与塑造人们的生活方式这一经济成长性特征。如果我们能够创造足够多的足球话题和地方叙事，踏踏实实地建立一批具有忠实拥趸（甚至两代人构成的球迷结构）组成的城市足球俱乐部，植入地方生活的根系中，融入球迷们的血液里，这样的地方足球俱乐部不愁比赛没人看、球迷产品没人买。长期以来我们关注的是体育用品产业这种物质性的可见指标，主导投资驱动模式，太注重于形式化的足球与城市发展战略，带有政府授权与命名的牌坊化痕迹，导致的糟糕结果正如吴驹所说：“我们中国的足球、排球之乡都是静态的，命名为文化名城，但所有文化名城都是死城，品牌没有什么效应。”[1]足球改革极有可能创造与实现一种别样的城市生活方式，一种基于体育的内在秩序生发的“游戏人生”的姿态和行为，这种生活方式区别于高考文化、“礼尚往来”等中国人的主流生活方式，从这一价值实践的角度来说，足球改革是一种社会变革的突出形式。

吴驷进一步指出了由“举国体制”、国家荣誉为代表的传统体育观念转向广泛开展基层体育活动的价值，“衡量一个国家的体育价值是大众群体能否有效地进行体育活动。以欧美为例，对于处于基层的人们而言，获得一个学校的联赛、一个社区的联赛冠军比国家的还要兴奋。体育场能不能活跃起来、有效地进行比赛，比国家队能不能参加世界杯要重要”。[1]这涉及国家认同与地方认同的关系问题，不是一个非此即彼、此消彼长的关系，而是一个“你中有我、我中有你”的融合性关系概念。犹如大力发展全民健身事业，就要否定“金牌体育”的发展道路这一媒体评论观点，这一扭曲且别有用心的评论观点迟早会扔进历史的垃圾桶里，作为未来体育强国的认知定位，大众体育和竞技体育实现“两手抓，两手都要硬”是中国经济与社会发展进程赋予中华民族伟大复兴的历史使命。这个例子可能不恰当，但基本上能够形象说明这个问题。由国家认同转向地方认同的过程，这一身份“在场状态”（die anwesenheit）的认知转向过程并不以否定民族认同的作用为发展代价。事实上，美国同样在奥运会等重大体育赛事中塑造菲尔普斯、道格拉斯（女子体操项目）等国家英雄，代表国家最高荣誉的体育英雄从未退场。在美国男篮陷入历史低谷并遭受世界质疑时，科比领衔的“梦之队”在北京奥运会的突出表现，更多的不是一种商业表演，而是在捍卫失落的国家荣誉，这是国家认同与地方认同、体育英雄与体育明星两面性价值融合的结果。

王晋教授认为引入私人投资是发展职业足球俱乐部的关键，路云亭教授回应认为彻底允许私人投资和私人管理介入，资本流动将催生真正意义上的足球经济，这是与会者共同寄予中国足球的美好期盼，也传达了“足球梦”与“中国梦”的论坛主题。期盼与现实的割裂状况引发了更多忧虑，在足球改革与社会变革势不可当的时代潮流下，利益集团阻碍改革的力量蠢蠢欲动。他们一直信奉中超联赛是公共产品，或者保守来说是准公共产品，将足球联赛产权与公共产品供给联系起来，无视中超联赛作为新的经济增长点所表现出来的私营性和公司化特征，作为公益性社团组织继续存在的声音也从未消停。一部分学者无视混合所有制经济改革潮流，仍在借助一些“优先股”“黄金股”[27]“政府产权”等概念，维护利益集团“一票否决”权力的正当性，凭借学者在高深理论辩证方面的优势，创造利益集团对中超联赛“超控制权”行为的合法性。相对于利益集团可预见的阻碍改革的行为，一些学者参与互动和辩护的行为应当引起我们的高度警惕。《国务院关于加快发展体育产业促进体育消费的若干意见》中指出：“支持扩大对外开放，鼓励境外资本投资体育产业。推广和运用政府和社会资本合作等多种模式，吸引社会资本参与体育产业发展。”[28]《足改方案》第11条“优化俱乐部股权结构”中指出：“实行政府、企业、个人多元投资，鼓励俱乐部所在地政府以足球场馆等资源投资入股，形成合理的投资来源结构……”[24]目前中国职业足球联赛尚不规范，距离成熟的职业联赛业态差距明显，对联赛属性问题的认识还比较模糊[29]，中超联赛的属性是公益组织、国有企业，还是私营企业、混合所有制企业，《足改方案》并未给出明确的答案。鼓励当地政府以足球场馆等资源投资入股这一国家政策导向，是否会成为利益集团为实现自我利益最大化行为和“超控制权”主导收益分配机制的“护身符”，将联赛产权问题重新拉回到归属模糊的境地，势必阻碍中国职业足球的改革发展进程，这是改革行动派担心的问题，也是亟待我们深入论证的理论命题。正如学术工作坊综述论文的结束语指出：“道路坎坷，我们需要在圆梦的路上耐心成长！”

此外，足改本质是不是体育的现代性转型，从哪个理论视角或价值层面可视为一种体育的现代性转型，或者说足改本质根本就不是体育的现代性转型，而是新中国体育发展的结构性与历史偶然性协同作用产生的一种体育的现代性断裂。路云亭教授捕风捉影式的跳跃性思维，充斥着“工业现代性”、

“文化现代性”和“体育现代性”、“game”与“sport”、“古典体育”与“现代体育”、“自主性”与“强制性”、“传统体育”与“现代意义上的体育”等一揽子比较性概念，扔出一个个逐新趋异的想象性看法，大有“语不惊人死不休”的点评气势。也就是说，古典体育、旧体育指什么？路云亭教授所说的古典体育、旧体育又指什么？不做严肃的概念阐释则无从揣摩。正如钱钟书先生所言：“你不问我文化是什么的时候，我还知道文化是什么；你问我什么是文化，我反而不知道文化是什么了。”“现代性”“自由”“民主”“文化”“治理”等广泛使用的概念，反而更需要严肃严谨的界定，现在全世界国家在说“民主”，而事实上中国的民主同样离不开人民的选举、权力的监督和公民的参与，体现了民主的特殊性，走了一条中国特色的民主道路[30]，也算是一个现代民主国家。置换为“现代性”这一概念也十分贴切，无法明确基本概念的所指和能指，也便无法形成有效的学术对话与评论回应，故对学术工作坊展示的足球改革与现代性转型关系这一议题持保留意见。

7　足球人口和注册球员人数的区别

在讨论中国足球改革命题中，部分学者专家往往将国家人口、足球人口、注册球员人数这三个指标混为一谈，以此证明中国在足球技能训练环节上存在的差距。这里不否认中国本土球员培养、优秀足球教练员、足球训练方法、科研支撑等方面存在的巨大差距，但凭借混淆概念的论辩形式则不可取。王晋教授指出：“尽管现在我们全国踢足球的人也不少，为什么成绩还是上不去呢？中国队员基础那么大，有那么多人踢球，挑出一些好运动员完全可以做到的。”[31]程志理编审指出：“乌拉圭就是一个 300 万人的蕞尔小国，就算全国人都是足球人口，也没有我们国家踢足球的人多，但是足球竞技能力我们与乌拉圭有极大的差距。”[1]按照这一认知逻辑，世界人口最多的四个国家，即中国、印度、美国、印度尼西亚都应该是世界足球强国，问题或许不仅限于足球领域，在人类普及开展的运动项目形式上，人口大国都应该是各单项运动强国。而事实上，中国、印度、美国、印度尼西亚都不是足球强国（特指男足），人口大国与足球强国之间并不存在必然联系。

刘志民教授辨析认为[32]，国家人口总量是创建世界竞技体育强国的重要因素之一，但决定是否成为竞技体育强国的另一重要和决定性因素显然是竞技“运动人口”存量，即对年龄指标 / 运动人口存量的检验发现，若将 24 岁时仍保持高运动参与性的男性人口作为可能成为现役高水平竞技运动员考虑时，美国这项指标高达 18%，“二战”前德国有 10% 符合现役高水平竞技运动员的标准。这里引出了三个相关概念，即国家人口、足球人口和注册球员人数，国家人口是各单项运动的选材基础，但不是决定性的要素。足球人口概念衍生自体育人口，这一概念本身无法区分各年龄段的足球人口，以及将足球项目作为健身手段或职业选择的足球人口，中国的体育人口指标乃至每周进行三次以上足球活动的足球人口，并不能与足球强国之间画等号。刘志民教授建议参照的年龄指标 / 运动人口存量指标，与“注册球员人数”与“青少年球员人数”概念具有一定出入，却基本能够说明某单项运动的整体竞技水平，取决于符合高水平竞技体育规律的适龄人口存量，如果沿用“注册球员人数”这一操作性指标，更能够直白地明确问题所在。

随着中国足球职业化发展环境的持续恶化，足球适龄人口存量大幅萎缩，据有关部门调查统计，2011 年中国足协注册职业球员仅 8000 人，青少年球员不足 7000 人，与日本足协注册球员的 50 万人、法国的 146 万人相差甚远[33]。也有国际足联官网数据称中国足球人口排名世界第一，中国足球人数已成一笔糊涂账[34]，至今尚未发布广泛认同的权威数据。足球人口这一概念应用的主要分歧在于，如何定义足球人口，简化来说，足球人口包括广大的足球健身爱好者、青少年球员和职业球员。更要在形式化的足球人口定义范畴之外，重点强调足球人口结构与人口质量之间的关系，足球人口质量取决于高效的校园足球体制与青训体系、高水平教练员、科研支撑、发展环境等各个环节要素的协同效应所能产生的实际效果，足球人口的多少与足球人口质量之间没有必然关系，足球人口质量与国家队竞技水平之间具有正向关系。如果刻意地玩弄概念，将国家人口、足球人口与注册职业球员人数、青少年球员人数混为一谈，无助于提升观点的说服力，同时遮蔽了注册球员人数、青少年球员人数这些可操作性概念背后的价值生成和社会意义。程志理编审进一步指出："足球人口概念不是一种评价标准，而是一种整体的、综合的评价方式，强调我国体育运动向纵深发展，与以体质概念表示人的生存状况有一致性。因此足球人口概念的非效益因素之于大众体育的发展更为重要。"[1]点评观点如一缕清风，醍醐灌顶，令人茅塞顿开。

8　尾声

笔者选择"足球改革与社会变革"这一宏大叙事属于一种命题式错误，学术评论的针对性和有效性大打折扣。正如王晋教授不了解中国体育的实际情况，路云亭教授令人炫目的点评和飘忽的文化逻辑，吴驷还算中肯到位的评析，学术工作坊也未能实质性讨论《足改方案》的政策内容。学术对话与时评这一宏大叙事形式，缺乏对细微的考虑与描摹，也无法展开更有效的研究论证，形式本身就是不完美的。然而瑕不掩瑜，遮蔽不住分享新想法、新点子带来的启发价值，让聆听者享受学术思考与话语表达的乐趣。笔者对工作坊诸位学者的主要观点进行评论性回应，斗胆提出一些不成熟的观点，囿于学术时评和宏大叙事的某种缺陷，无法一一展开深入的研究论证，事实上在这里也做不到。工作坊诸位学者的观点足够宏大与深刻，每个切入点足以单独成篇，一些宏观命题和共识性问题足以成为博士论文选题。月有阴晴圆缺，人生不尽完美，如能带给学友一些启发，立此存照，也对得住编辑的辛勤劳动和稀缺的版面资源。

参考文献

[1] 刘米娜．“足球梦”与“中国梦”——《体育与科学》学术工作坊“足球改革与社会变革”论坛综述 [J]．体育与科学，2015，36（4）：1–5，13.

[2] 刘健，舒盛芳．夏季奥运会竞赛项目全球影响力定量分析 [J]．上海体育学院学报，2011，35（3）：23–27.

[3] [美] 拉里·戴蒙德．民主的精神 [M]．张大军，译．北京：群言出版社，2013：100.

[4] 黄璐．《中国足球改革发展总体方案》中的国家战略思想 [J]．体育成人教育学刊，2015，31（2）：34–37.

[5] Jason Phan.Foreign Talent， Local Glory：Can National Excellence Be Outsourced? [J] .Sport，Ethics and Philosophy，2013，7（2）：186–201.

[6] 胡小明．体育精神和改革开放 [J]．华南师范大学学报（社会科学版），2002，（3）：109–113.

[7] 资中筠．美国十讲 [M]．桂林：广西师范大学出版社，2014：1–20.

[8] [英] 格雷厄姆·沃拉斯．政治中的人性 [M]．朱曾坟，译．北京：商务印书馆，1995：172–175.

[9] 马军．体育运动对民族认同的整合作用——美国经验的启示 [J]．体育学刊，2015，22（3）：71–74.

[10] Callum Gilmour，David Rowe.Sport in Malaysia：National Imperatives and Western Seductions［J］.Sociology of Sport Journal，2012，29（4）：485–505.

[11] 黄璐 . 巴西世界杯足球赛全景时评［J］. 体育成人教育学刊，2014，30（4）：17–24.

[12] 茅鹏 . 马拉松 · 整体设置 · 体力波 · 滚动式［J］. 体育与科学，2008，29（2）：1–3.

[13] 杨红 . 足球改革对中国社会影响力评估［J］. 体育与科学，2015，36（6）：16–22.

[14] 石岩，王冰 . 开放式运动技能学习之道——王晋教授访谈录［J］. 体育学刊，2014，21（3）：1–7.

[15] Anthony King. Why England fails［J］.Sport in Society：Cultures，Commerce，Media，Politics，2014，17（2）：233–253.

[16] 刘桦楠，季浏 . 上海市校园足球“一条龙”培养体系的集聚、辐射效应［J］. 武汉体育学院学报，2012，46（7）：89.

[17] 张晓贤 . 校园足球活动中小学校校本课程的开发——基于美国 SPARK 课程理念［J］体育学刊，2015，22（3）：90–94.

[18] 教育部，等 . 教育部等 6 部门关于加快发展青少年校园足球的实施意见［EB/OL］.［2015–08–13］.http：//sports.qq.com/a/20150813/051943.htm.

[19] 张旭东 . 全球化时代的文化认同：西方普遍主义话语的历史批判［M］. 第 2 版 . 北京：北京大学出版社，2006：82.

[20] 罗伯特 · 基根，莉萨 · 拉斯考 · 莱希 . 人们拒绝变革的真正原因［A］. 孙震，赵新洁，译 . 文化与变革［C］. 北京：中国人民大学出版社，2004：40.

［21］孙睿诒，陶双宾 . 身体的征用——一项关于体育与现代性的研究［J］. 社会学研究，2012，（6）：125–145.

［22］［加］亨利·明茨伯格 . 社会再平衡［M］. 陆维东，鲁强，译 . 北京：东方出版社，2015：2.

［23］［美］戴维·奥斯本，彼得·普拉斯特里克 . 再造政府：政府改革的五项战略［M］. 谭功荣，刘霞，译 . 北京：中国人民大学出版社，2014：12–13.

［24］新华社北京 3 月 16 日电 . 中国足球改革发展总体方案［N］. 人民日报，2015–03–17（6）.

［25］王成，张鸿雁 . 英国体育城市创建的实践、成因与启示［J］. 武汉体育学院学报，2015，49（6）：24–30.

［26］黄璐 .《遗落战境》对人类主体性存在的铺陈叙事［J］. 电影文学，2015，（3）：132–133.

［27］梁伟 . 基于资本权力错配与重置的中国足球超级联赛股权管办分离研究［J］. 体育科学，2013，33（1）：17–22.

［28］国务院 .《国务院关于加快发展体育产业促进体育消费的若干意见》（国发［2014］46 号）［EB/OL］.［2014–12–20］.http：//www.gov.cn/zhengce/content/2014–10/20/content_9152.htm.

［29］谭刚，易剑东 . 中国职业足球联赛的产品属性研究［J］. 体育科学，2013，33（9）：29–35.

［30］俞可平 . 民主在中国：挑战还是机遇？［A］. 弗拉季斯拉夫·伊诺泽姆采夫 . 民主与现代化：有关 21 世纪挑战的争论［C］. 北京：中央编译出版社，2011：94–101.

［31］石岩，王冰 . 论中国足球崛起之道——美国 Kennesaw State University 王

晋教授访谈录［J］. 体育与科学，2014，35（1）：82–83.
［32］刘志民 . 论“竞技理念”“移民和归化球员”和“多种族竞技”——以德国为镜［J］. 南京体育学院学报，2015，29（4）：1–8.
［33］搜狐体育 . 中国职业球员注册人数仅 8 千 日本 50 万法国 146 万［EB/OL］.［2011–10–25］. http：//sports.sohu.com/20111025/n323315001.shtml.
［34］腾讯体育 . 中国足球人数已成糊涂账 足协 8000 球员遭质疑［EB/OL］.［2011–11–14］. http：//sports.qq.com/a/20111114/000333.htm.

第3章 中国足球协会设立道德委员会的可行性思考

在中国社会组织改革和创新社会治理的背景下，中国足协设立道德委员会是落实体育社会组织内部监督的重要举措，也是实现体育行业内外部监管的重要一环。中国足球协会设立道德委员会的合法性主要体现在，国内国际体育发展面临严峻的反腐形势的客观需要，调整改革后的中国足协具有自主设立“专项委员会”的权限，在中国社会组织改革关于“完善综合监管体制”方面具有高度统一性。中国足协道德委员会主要承接对违反道德规范行为的审查与裁决功能，在基本建制、独立性、民主程序等方面具有较大的解释空间，这也为道德委员会能否发挥应有的内部监督功能增添了很大变数，必须强化道德委员会的独立性。借鉴国际足联道德委员会的基本建制模式，将“调查”和“复审”两个环节分离，强化案件复审功能，保障当事人的权利。

《中国足球改革发展总体方案》（简称《总体方案》）《中国足球协会调整改革方案》（简称《调整方案》）相继出台，中国足球领域掀起改革热潮。

《调整方案》中明确指出："调整改革中国足球协会是中国足球改革发展的关键，是理顺足球管理体制、创新足球管理模式的基础。"《调整方案》坚持统筹国内国际两个大局，基于中国国情与国际趋势的紧密结合，切实推进中国足协调整改革和中国足球改革发展。《调整方案》"指导思想"中指出："建立符合中国社会发展要求和国际足球发展趋势的管理模式，为中国足球发展提供组织保障，为深化体育管理体制改革探索道路。"[1]国际体育组织内部普遍设有道德委员会（Ethics Commission），基于西方民主国家"三权分立"的建制原则，在行业自治组织的内部实现立法权、行政权和司法权的相对独立。道德委员会相当于行业自治的"司法系统"，对体育社会组织的管理人员、雇员、会员协会、运动员、裁判员、经纪人以及广泛的利益相关者行使道德审查、监督和裁决权。《调整方案》启动以来，行业内部和广大媒体不时曝出中国足协设立道德委员会的呼吁。这里旨在回应中国足协设立道德委员会这一紧迫议题，在符合中国国情和中国社会发展要求下，借鉴国际足联道德委员会的基本建制模式，对中国足协设立道德委员会的监督功能、独立性、基本建制等若干问题展开讨论，为中国足协调整改革提供一些参考建议。

1　中国足协设立道德委员会的合法性

《总体方案》是引领中国足球改革发展的纲领性文件，《调整方案》是实现《总体方案》良好开局的先行配套政策。《总体方案》第二大部分"调整改革中国足球协会"对组织内部建制进行了重点部署，"完善中国足球协会内部治理结构、权力运行程序和工作规则，建立决策权、执行权、监督权既相互制约又相互协调的机制"。[2]这里的"决策权""执行权""监督权"概念在某种意义上相当于政治建制的"立法权""行政权""司法权"的相对独立。2012 年版《国际足联章程》关于组织建制问题指出："代表大会是国际足联的立法机构，也是最高权力机构；执委会是国际足联的执行机构；秘书处是国际足联的行政机构；常务委员会和特别委员会负责协助执委会的工作并向其提供建议。国际足联的法律机构包括纪律委员会、道德委员会和申诉委员会。”《调整方案》对于实现体育行业自治，划清政府与社会的边界，让体育社会组织复归社会属性，创新社会治理和释放社会活力等方面具有积极的改革引领作用。《调整方案》“指导思想”要求“逐步形成依法自治、民主协商、行业自律的组织框架”，行业自治和自律离不开国家法律层面的统一规制，也离不开社会组织内部的依法依规监督，这是行业内部自律和外部司法审查两个层面的协同监管。体育社会组织内部设立道德委员会十分必要，同时也是全面深化社会组织改革发展中“行业自律”的客观要求。

其一，国内国际体育发展面临严峻的反腐形势，迫使中国足协高度重视足球行业的道德和腐败问题。步入新世纪，国际奥委会、国际足联、国际田联等国际体育组织相继曝出大范围的腐败案件，这些腐败案件绝大部分是由组织内部缺乏独立的监督权引发的，道德委员会的设立在一定程度上解决了组织建制存在的监督缺位问题。然而，国际体育组织内部设立的道德委员会普遍缺乏独立性，这一内部监督机构一般隶属于执委会，在开展组织内部道德审查和反腐调查过程中，陷入组织内部日趋复杂的裙带关系不可自拔。如果调查对象官司缠身（外部司法力量介入调查），就一定要等到该国司法机关处理结束（或在立案审查的压力下），再做出马后炮的决定[3]，2015 年国际足联爆发大规模腐败案件、国际田联爆发大规模兴奋剂案件，这些案件的不断反复出现，致使组织内部监督机构缺乏应有的公信力。中国足坛在经历“8 · 25 足球反腐案”之后，仍然面临严峻的足球反腐形势，道德和腐败问题是决定中国足球改革发展成败的关键因素。既要借鉴国际足联道德委员会的模式和经验，看到国际体育组织道德委员会普遍存在的局限性，又要结合中国社会发展要求和中国足球发展实际，设立创新中国足协道德委员会的基本建制和工作程序。

其二，调整改革后的中国足协有权自主设立道德委员会。《总体方案》中明确指出："按照政社分开、权责明确、依法自治的原则调整组建中国足球协会。中国足球协会与体育总局脱钩，在内部机构设置、工作计划制订、财务和薪酬管理、人事管理、国际专业交流等方面拥有自主权。"[2]《调整方案》重申了以上内容，并进一步要求"按照政社分开、权责明确、依法自治的原则，实现中国足协与体育总局脱钩，中国足协依法独立运行，在内部机构设置等方面拥有自主权"。其中在"健全专项委员会"改革方面，明确提出了道德委员会等法律机构建设的必要性和重要性："参照国际先进经验，结合我国实际，科学、合理设置各专项委员会；完善技术、竞赛、裁判、青少年、女足、新闻等委员会，充分加强其在业务领域的权威、专业地位；突出重视纪律、仲裁、道德与公平竞赛等法律机构的建设，充分发挥其监督、保障的重要作用。"[1]专项委员会一方面要更好地组织开展具体的足球业务工作，一方面要承担法律的监督保障功能。道德委员会作为专项委员会的一个分支机构，在组织内部道德审查、反腐调查与裁决方面赋予独立角色和独有功能。同时，国际足联章程要求各会员协会，在内部设立各委员会并与国际足联相对应的委员会展开紧密合作。

其三，中国足协调整改革置于整个社会组织改革的背景环境下，在"完善综合监管体制"方面具有高度统一性。《行业协会商会与行政机关脱钩总体方案》"总体要求"指出："厘清行政机关与行业协会商会的职能边界，加强综合监管和党建工作，促进行业协会商会成为依法设立、自主办会、服务为本、治理规范、行为自律的社会组织。"[4]"加强综合监管工作"的范畴，包括社会组织的外部监管和内部监督两个范畴，既要接受政府各职能部门的必要监管，接受国家法律制度的必要规制，接受党的各级纪检机关的监督执纪问责，又要在社会组织内部建立健全监事制度，内外结合，齐抓共管，综合监管，协同治理。其中涉及社会组织内部监督问题指出："建立完善法人治理结构。健全会员大会（会员代表大会）、理事会（常务理事会）制度，建立和健全监事会（监事）制度。"[4]一些行业协会商会开始尝试探索调整改革后的内部监督制度建设，设立道德委员会成为落实内部监督的一种有效形式，中国记协（中华全国新闻工作者协会）的做法值得借鉴参考。中国记协于2015年12月29日成立新闻道德委员会，建立新闻道德委员会是新闻战线深入贯彻落实"四个全面"战略布局的重大举措，是新闻战线落实党管媒体原则、坚持以人民为中心工作导向的重要探索。新闻道德委员会将把各级各类新闻媒体和从业人员纳入监督范围，通过新闻评议、媒体道歉、通报曝光等方式，在加强职业道德建设、治理新闻界突出问题方面发挥更大作用[5]。

中国足协设立道德委员会在发展形势、自主性、改革背景三个方面突显必要性和合法性，如果进一步追问设立道德委员会的深层含义，如同"民主"概念发生的实践状况，依据民主化实践的某些原则或理念，中国同样是一个现代民主国家。在量化方法的影响下，我们不再问民主是或不是什么，而是问一个政治系统若存在着民主的话，它民主到什么程度[6]。中国足协能不能设立道德委员会，正如定义民主国家一样空洞乏力。也就是说，中国足协具有充足的合法性自主设立"道德委员会"，决定设立"道德委员会"属于组织内部事务，这一事件本身并不具有实际意义。深入反思"道德委员会为何与何为"这一价值存在问题，以及超越民主概念的空泛表述，对中国足协道德委员会的监督功能、独立性、基本建制等若干问题展开讨论，或许更具有建设性意义。

2　国际足球行业自治的内外部监管特征

中国足协设立道德委员会，应该在哪些方面发挥积极的作用？结合国际体育组织的发展经验，道德委员会这一内部机构是 21 世纪以来组织治理改革的新事物，主要的产生背景是为了应对外部司法审查和公共舆论的腐败指控，为了解决组织内部控制机制和治理结构存在的一系列重大问题，为了挽救国际体育组织普遍面临的公信力危机。这不是完全由全球治理形势驱动的主动改革调整过程，而是由组织治理危机引发的被动改革实践过程；不是一个自主的组织结构化演进过程，而是一个不断适应和化解治理危机形成的倒逼局势。1998 年 12 月爆发奥运史上影响最恶劣的“盐湖城丑闻”，国际奥委会陷入最严重的公信力危机，萨马兰奇治下的国际奥委会迅速出台一揽子改革措施，1999 年 3 月国际奥委会第 108 次特别全会决议成立道德委员会，这一标榜“独立性”的内部机构将广泛的奥林匹克大家庭成员纳入到正确的道德行为规范框架下，所有的奥林匹克大家庭成员必须接受道德约束和道德审查。

相比于国际奥委会，现金流十分充盈的国际足联始终无法摆脱腐败指控，现有指控尚在处理，新的指控不断涌现。国际足联借鉴国际奥委会道德委员会的基本建制，于 2006 年 6 月国际足联代表大会决议成立道德委员会，这一标榜“独立于国际足联之外的检察机构”，将广泛的利益相关者纳入道德审查和反腐议程中，具体涉及腐败、兴奋剂、种族主义、操控比赛等道德问题。2010 年 11 月爆发“ISL 腐败案”，“ISL 腐败案”是指国际体育娱乐和休闲集团（ISL）大规模贿赂国际足联官员案件，国际足联随即启动了“2011—2013 年治理改革计划”，针对道德审查和反腐治理问题，特别设立“道德委员会改革工作组”和“透明度与合规性改革工作组”。2015 年 5 月爆发“国际足联腐败窝案”，倒逼国际足联重启道德委员会改革议程，国际足联“改革委员会”最新提案指出，强化2012年版《国际足联章程》的“诚信审查”原则，司法机构的成员在选举前应接受道德委员会对委员的诚信审查，国际足联常务委员会的全部成员需接受强制和全面的道德审查，审查由独立的评估委员会负责实施[7]。

国际足联道德委员会的设立以及一系列改革调整，旨在遏制迅速蔓延的腐败行为，从道德根性层面铲除腐败毒瘤。然而，以前是外患，现在则是内忧，面对组织行为突然出现的趋利性，业余体育组织固有的规范不足、法治缺失、监管不力等缺陷充分暴露无遗，在强大的利益驱动下，道德自律迅速失效[3]。体育行业沿袭的自治传统，大部分国际体育组织的注册地——瑞士法律中规定“非营利组织不适用贪污罪”条款，以及组织内部规定的“治外法权”，组织章程规定内部纠纷不得提交国家司法部门处理，这些依赖自治传统而生的“豁免原则”，进一步纵容了组织内部的腐败行为，内部监督很难摆脱组织管理层的权力控制，无法确保道德委员会的独立性。近两年来，国际足联、国际田联、国际排联、国际手联等国际体育组织的一些高管人员相继接受某些国家司法部门的调查，再现了“绝对权力绝对导致腐败”这一历史铁律。国际体育组织以自治的名义，试图阻止外部司法机构的介入调查，而事实上，行业自治不能独立于法律之外，加强对国际体育组织的外部监管已经成为各国司法机构的普遍共识。由美国司法部门领衔的2015年5月“国际足联腐败窝案”调查，联合瑞士当局已经起诉了39名国际足联高官和与之密切业务往来的人员，目前司法调查仍在进行中，与此同时，瑞士当局针对突显的私营腐败问题，已经加强立法和监管工作，将依照瑞士刑法追究当事人的刑事责任[8]。

从国际足球发展趋势来看，实现行业监督一般采用“一内一外”“内外结合”的协同治理方式，“内部监督”是指国际足联法律机构行使的权力，道德委员会的设立和正常运转是重要的表现形式，“外部监管”是指对当事人具有司法管辖权的各国司法机构行使的权力，例如法国司法部门对国际田联前主席迪亚克涉嫌“间接腐败”和私下金钱交易问题提起诉讼，巴西反贪局对国际排联主席格拉萨展开腐败渎职调查等。虽然国际足联极力排斥外部司法力量的介入，但国际足联陷入大规模的腐败境地使其丧失了公信力，各国司法机构介入调查成为纠正国际足联沿着正确道路前进的客观需要。结合中国足协调整改革的内外部政策环境考虑，落实行业内部监督的功能，必须采用“内外结合”的协同治理模式。

3　中国足球行业自治实行内外部监管的必然要求

十八大以来，党和国家在“释放改革红利、激发社会活力”方面付出重要努力，相继出台一系列改革政策。2013 年 3 月 14 日，第十二届全国人民代表大会第一次会议批准通过了《国务院机构改革和职能转变方案》，其中明确指出：“必须处理好政府与市场、政府与社会、中央与地方的关系……真正做到该管的管住管好，不该管的不管不干预，切实提高政府管理科学化水平。”[9]同时对“改革社会组织管理制度”进行了战略布局，后继出台的一揽子涉及社会组织改革的政策文件，诸如《行业协会商会与行政机关脱钩总体方案》《总体方案》《调整方案》等，是对《国务院机构改革和职能转变方案》的进一步深化和政策配套。关于全面深化社会组织改革的基本思路，是明确界定政府职能部门的权力边界，推行权力清单制度，诸如《关于推行地方各级政府工作部门权力清单制度的指导意见》等，促进政府监管职能与具体业务的分离。《调整方案》全面贯彻了政府监管与具体业务分离的改革思路，在“理顺中国足协与国务院体育行政部门的关系”中明确提出：“中国足协与体育总局脱钩改革完成后，体育总局不再具体参与足球业务工作。

体育总局对中国足协给予必要的业务指导与监督管理。”[1]也就是说，政府、市场与社会三者既相对独立，又是协同发展的关系，中国足协调整改革遵循了三者协同发展关系的基本制度设计，既要充分体现体育社会组织的自主性和重要性，又要“使市场在资源配置中起决定性作用和更好发挥政府作用”，将政府、市场与社会组织三者的改革与发展整合在一起，从整体上探讨体育社会组织的改革与发展问题[10]。

中国足协调整改革进一步加大了组织内部的自主性，进一步加强组织在引领行业发展中的突出作用。《调整方案》既是对组织自主性的授权，又是对开展具体足球业务功能的移交，“中国足协要全面贯彻落实党和国家关于体育工作的路线、方针、政策，承担并完成国家交办的各项任务”。中国足协的独立性和自主性，乃至体育行业自治改革问题，并不是脱离政府职能部门的监管，而是创新综合监管方式，进一步加强监管力度，这充分体现在“加强党的领导”方面，也是贯彻落实《中共中央关于全面深化改革若干重大问题的决定》关于“更好发挥政府作用”的重要举措。中共中央办公厅印发《关于加强社会组织党的建设工作的意见（试行）》中明确指出：“加强对与行政机关脱钩的社会组织党建工作的领导，确保脱钩不脱管。”[11]《行业协会商会与行政机关脱钩总体方案》中同时指出：“加快转移适合由行业协会商会承担的职能。行政机关对适合由行业协会商会承担的职能，制定清单目录，按程序移交行业协会商会承担，并制定监管措施、履行监管责任。”具体的监管改革思路是“完善综合监管体制”，既要完善政府综合监管体系，健全监督管理机制，诸如民政、财政、税务、审计等各职能部门要按照各自的职能分工承担监管责任，又要发挥党的纪律监督、专业化和社会化的第三方监督、社会监督、监事会内部监督等综合监督的作用，最终“促进行业协会商会成为依法设立、自主办会、服务为本、治理规范、行为自律的社会组织”。

党和国家对体育社会组织改革的外部监管要求十分明确，同时指明了可操作性的改革方案。社会组织实行严格的外部监管，并不代表组织内部监督就没有必要，内部监督制度设计也就可以缺位。社会组织改革对“完善综合监管体制”的目标要求，包括了政府监管、党的监督、第三方监督、社会监督、内部监督等全方位的协同治理，在接受体育社会组织的外部监管的基础上，建立健全组织内部监督体制机制。《总体方案》和《调整方案》结合足球行业发展实际，进一步明确了“加强党的领导”的重要地位和引领作用，《总体方案》明确要求“健全各级足球协会党的组织机构，按照党管干部原则和人才政策，加强协会思想政治工作和干部日常管理。中国足球协会设立党委，由体育总局党组领导。[2]”《调整方案》同时要求“加强党风廉政建设，中国足协成立纪委，履行监督责任，充分发挥监督、执纪、问责职责。[1]”毫无疑问，在党和国家“四个全面”战略布局下，中国足协调整改革实行内外部监管是“完善综合监管体制”的客观要求，也是对建立“治理规范、行为自律”的社会组织的实际需要。

4　国际足联道德委员会建制模式的借鉴与启示

国际体育组织道德委员会的功能不尽相同，结合中国足协的自治传统，中国足协设立道德委员会与国际足联道德委员会不可一概而论。任海教授认为，国际奥委会道德委员会在某种意义上相当于我国的纪律检查委员会[3]。一直以来，中国足协缺乏内部的“司法系统”。中国足协官网并未公开内部机构设置情况，按照各大门户网站透露的信息，2010年中国足协内部机构调整为7大部门，分别为综合部、外事部、技术部、职业足球发展和监管部、竞赛管理部、国家队管理部、青少年和社会足球发展部。也有观点指出，中国足协执行机构（即主席会议）下设咨询、财务、竞赛、女子足球、青少年足球、学校足球、裁判、法规、科学技术、教练、安全、新闻、外事、纪律等专项委员会。由于原中国足协未设立道德委员会，符合组织内部“司法系统”条件的只有“纪律委员会”。纪律委员会依据《中国足球协会纪律准则》赋予的职责和权限，负责审查处理《中国足球协会纪律准则》规定的违规违纪行为。而事实上，根据2015年2月新版《中国足球协会纪律准则》内容，广泛涵盖了比赛违规违纪、贿赂、赌博、反兴奋剂、不正当交易与关联关系等方方面面的违规违纪与道德问题。应该说，《中国足球协会纪律准则》在某种程度上统摄了国际足联颁布的《国际足联道德规范守则》《国际足联纪律准则》《国际足联行为准则》《国际足联公平竞赛准则》等文件，虽然实现了足球违规违纪和道德问题的统一性，但在具体的道德规范、行为认定、公平竞赛、纪律处罚程序等方面略显粗糙，还有待进一步的修订完善。中国足协纪律委员会也不仅仅负责审查处理在中国足协主办的比赛中出现的违规违纪行为，同时也具备类似于国际足联道德委员会的各项审查裁决功能。例如，2013年02月18日，中国足协纪律委员会对中国足坛反赌扫黑中出现的违纪单位和个人进行了处罚，33人被判罚终身禁止从事足球活动，25人被判罚5年内禁止从事足球活动[12]。如果置换为国际足联处理此类案件，审查与处罚权应归属道德委员会。也就是说，中国足协纪律委员会涵盖了组织内部“司法系统”的全功能，事实上涵盖并行使了国际足联道德委员会的监督功能。如果简化来说，中国足协纪律委员会的全功能在某种意义上相当于国际足联纪律委员会和道德委员会的功能叠加。

由于中国足协纪律委员会属于组织内部的“专项委员会”，受到中国足协执行部门的直接管辖，也可以说是受到中国足协行政系统的直接领导，这种上下级的隶属关系，致使中国足协纪律委员会缺乏独立性，纪律委员会的执法范畴集中在运动员、俱乐部违规违纪方面，在涉及内部管理人员的违规违纪和道德问题缺乏审查力度，组织内部长期处于道德监督权的缺位状态。加之中国足协依附于国家职能部门的状况，很大程度上扮演了国家体育政策和国家意志执行者的角色，致使组织内部缺乏创新活力，盘根错节的裙带关系比较严重，内部道德监督机制形同虚设。中国足协纪律委员会名义上具有道德审查处理的职能，而事实上又无法独立对组织内部腐败等道德问题展开有效的调查与裁决，这一缺乏独立性的机构属性与国际足联道德委员会面临的窘境如出一辙，沦为名存实亡的“马后炮”机构，即国家司法部门如果不介入道德案件调查，组织内部就不会主动做出审查处理。道德审查与监督的功能亟待从纪律委员会中分离出来，纪律委员会仅承担对比赛违规违纪行为的审查裁决功能。比赛纪律和道德审查分离的机构设置符合国际体育组织的组织框架，同时从足球业务开展的角度，也为全面提升两个不同职能机构的专业性和运行效率创造了制度条件，分设纪律委员会和道德委员会具有可行性。

结合中国足协调整改革的实际情况，中国足协纪律委员会不能兼顾行使组织内部监督和道德审查的职能，应设立专门机构承担组织的内部监督功能。《调整方案》为“加强党风廉政建设”要求在组织内部成立纪委，这一纪委机构设置是独立于世界体系的中国特色，充分体现了中国特色社会主义制度的优越性，也是推动全面从严治党向各领域延伸的重要举措。《调整方案》在“加强党风廉政建设”的内容框架中提出“成立纪委”的必然要求，这里的“纪委”不同于纪律委员会这一“专项委员会”，不属于具体的足球业务机构，应从“党要管党、从严治党”的改革背景下深入理解。“纪委”又称“纪律检查委员会”，是中国共产党的纪律检察机关。由于中国足球改革发展广泛纳入足球行业利益相关者代表进入中国足协的管理层和决策层，党员干部比例可能呈现下降的趋势，“纪委”对非党员干部不具有调查的权力，但是依据《中国共产党纪律检查机关案件检查工作条例》第 28 条的规定，“凡是知道案件情况的组织和个人都有提供证据的义务”，因而中国足协纪委在“协助调查”的名义上又具备对组织内部任何个人、成员协会以及广泛的利益相关者的道德审查权限。

中国足协纪委实际拥有的内部监督权限，与道德委员会的道德审查权限是否形成职能冲突，也就是说，设立两个监督职能相近的内部机构是否会造成“多头监管”的局面，也可能面临“推诿扯皮”、效率低下的监管风险。从内部监督功能的落实与可操作性方面来看，中国足协纪委和道德委员会各有侧重，纪委属于中国共产党的纪律监察部门，由纪委审查处理广泛且日趋复杂的道德问题，有违《国际足联章程》关于国家足协独立性之规定，也有违国际足球通行的做法。中国足协纪委在监督促进党的建设工作，保持党的先进性方面具有突出作用，相比较而言，道德委员会成员选任一般来自社会各界的权威人士，这些权威人士具有广泛的社会影响力和公信力，同时也是对社会监督形式的一种融入。从国际体育组织内部监督面临的困境来看，道德委员会普遍缺乏独立性，也限制了道德委员会所能发挥的道德监督作用。正值国家推进供给侧结构性改革，清理“僵尸企业”之际，如果中国足协道德委员会不能拥有更大范畴的自主性和独立性，就必将沦为“僵尸机构”，仅仅为满足对外宣传的需要，以及针对组织内部违规违纪与道德行为的“选择性审查”工具。2015 年 5 月 27 日全面爆发的“国际足联腐败窝案”就是典型例证，国际足联道德委员会接受执委会的领导，道德委员会名义上可以对组织内部任何个人行使道德审查与裁决的权力，而事实上一些国际足联高官总能躲避道德审查，道德委员会沦为一个趋炎附势的“僵尸机构”，内部监督机制只是应付外部舆论和司法审查压力的一种“障眼法”，导致国际足联陷入大面积的、系统性的腐败中，陷入国际足联发展史上最大的治理危机。中国足协道德委员会应汲取深刻教训，以“顶层设计”引领机构调整改革实践，创新各项机制设计，强化道德委员会的独立性。这种基于“独立性”的组织治理结构改革，能够增进利益各方主体的协商民主，凝聚足球改革发展共识，提升治理体系的运转效率和治理行动能力，从根本上克制组织内部的“工具性”思维，即用一种修改过的纪律准则处罚具有针对性的行为，用典型的“形式法治”掩盖“人治”[13]。从实现“依法治体”和“实质法治”的深远意义上，强化道德委员会的独立性。或者说道德委员会具有某些方面的独立性并能够独立到何种程度，决定了这一机构设置切实落实内部监督权的成败，进而实现组织治理结构改革的初衷。

这里有必要借鉴参考国际足联道德委员会的建制模式，对建立符合中国社会发展要求的道德委员会建制模式提供一些建设性意见。国际足联“2011—2013 年治理改革计划”对道德委员会进行了大刀阔斧的改革，《国际足联道德规范守则》同时完成了更新完善，在概念定义、结构性、合规性、民主程序等方面都有很大的提升，《道德规范守则》文本内容也由 2009 年版的 21 条进一步规范细化到 2012 年版的 88 条。国际足联道德委员会调整改革的最大创新是引入“两院制”模式，道德委员会分设“调查院”和“裁决院”，将调查与裁决两个工作环节分离，调查院负责对违反《国际足联道德规范守则》的行为进行调查取证，裁决院负责调查报告的复审、追加调查与裁决。国际足联道德委员会实行的“两院制”模式，在某种程度上借鉴了西方民主政治的“两院制”基本建制，但在民主化程序和实质民主方面均表现出较大的差异。依据美国“参议院”和“众议院”的基本建制，众议院议员由公民普选产生，而参议院议员由各州的立法机构代表选举产生，一个是直接选举的结果，一个是间接选举的结果[14]，也可视为一种全民参与民主与代议制民主的混合设计，以调和资本主义统治阶层和公民阶层两股势力。以国际奥委会为代表的国际体育组织历来坚持精英自治的传统，国际奥委会实行的是逆向代表制，国际足联表现出一定的议会制民主特征，成员选任一般实行代表大会（包括6大区域足联代表大会）或执委会投票选举制度，也有类似于国际足联“威斯敏斯特体系”由高级官员任命组建“内阁”（专项委员会）的民主化形式。

国际足联道德委员会在实质民主方面也不同于西方民主政治的“两院制”基本建制，“参议院拥有立法权，但只在立法工作中扮演着众议院合作者的身份。在司法权方面，参议院负责审理和判决由众议院提交的政治司法案件，主要是众议院向参议院提交的控诉和弹劾公职人员的案件。[14]”国际足联道德委员会“调查院”具有立案调查的权限，并撰写调查报告提交“裁决院”审议，这种复审制的民主化机制设计，能够在很大程度上避免“调查院”在立案审查的后续裁决环节中“先入为主”的观念，有利于保护当事人的权利。由于中国与西方政治制度具有较大差异，中国足协道德委员会借鉴“两院制”基本建制，不符合中国特色社会主义的基本政治制度要求，但在一些民主化形式方面可以引入一些创新的组织结构设计。国际足联道德委员会“裁决院”具有复审的功能，这一功能与我国启动的新一轮司法体制改革具有某种程度的切合性，《关于贯彻落实党的十八届四中全会决定进一步深化司法体制和社会体制改革的实施方案》中明确提出“健全检察权运行监督制约机制”的重要改革举措，这一改革举措主要指向建立领导干部干预司法活动、插手具体案件处理的记录、通报和责任追究制度，对于中国足协道德委员会建立健全内部道德审查的检察权同样具有政策指导意义。当前中国的二审实践在很大程度上是监督和指导初审，往往更多重复关注了一审法院关注的事实问题，这种审级制度主要借鉴的是欧洲大陆司法模式，各级法院功能基本相似，没有职能分工导致缺乏效率，与之相对应，二审迫使重审法官更有效且平衡地考虑法律规定和社会共识，并依照制度和程序的要求获得最高司法权对重审判决的认可[15]。这种司法体制利弊共存的现实，一方面造成了机制性冗余的状况，一方面也在某种程度上保障了当事人的权利。

中国足协调整改革应紧密结合中国现实情况，探索建立符合中国社会发展要求、司法体制改革要求、国际足球发展趋势的内部监督体制机制。基于道德委员会复审制的机制设计，突出“调查”和“复审”两个环节的相对独立，亦可将道德委员会分设为“调查院”和“复审院”，两院独立设置，两套人员配置，“调查院”仅负责对违反道德规范行为的调查环节，“复审院”负责审议由“调查院”提交的调查报告，在特殊情况下（重大且关系复杂性案件）可启动“复审院”牵头进行追加调查，强化善治的“透明性”原则，在利益各方的知情、参与下做出相关裁决。中国足协道德委员会在处罚权限方面不能逾越司法权限，仅限定于足球行业内部的处罚范畴。国际足联属于国际非政府组织，组织内部不能行使司法职能，道德委员会的处罚内容包括：警告、谴责、罚款、退还奖项、停赛、禁入更衣室或替补席、禁入球场、禁止参加任何与足球有关的活动等[16]，2015 年版《中国足球协会纪律准则》有关道德处罚规定与国际足联保持一致，其中涉及“威胁”与“赌博”的条款，要求“有任何本款行为构成刑事责任的；构成违法犯罪的，移交有关司法部门处理”[17]。坚持内部处罚与司法介入相结合，充分尊重“用尽体育行业内部救济原则”[18]，建立司法干预机制，规避体育行业自治成为“法外之地”[19]。同时也要兼顾行业公平问题考虑[20–21]。

5　结语

中国足球协会设立道德委员会具有可行性，是切实落实体育社会组织内部监督的重要举措，也是实现体育行业内外部监管的重要一环。在中国社会组织改革和创新社会治理的背景下，中国足协纪律委员会应摆脱对“纪律”概念的广义理解，破除纪律委员会全功能设计存在的局限性，回归对审查处理在中国足协主办的比赛中出现的违规违纪行为这一专职功能。中国足协道德委员会主要承接对违反道德规范行为的审查与裁决功能，由于中国足协道德委员会在基本建制、独立性、民主程序等方面具有较大的解释空间，这也为道德委员会能否发挥应有的内部监督功能增添了很大变数。中国足球协会设立道德委员会不能停留在形式化民主方面，由于涉及组织内部的重大利益，必须强化道德委员会的独立性。中国足协应当建立健全组织内部检察权运行监督制约机制，可参考借鉴国际足联道德委员会的基本建制，将“调查”和“复审”两个环节分离，将道德委员会分设为“调查院”和“复审院”，强化案件复审功能，保障当事人的权利。这里仅对中国足协设立道德委员会的可行性，诸如中国足协道德委员会的监督功能、独立性、基本建制等若干问题展开讨论，旨在为中国足协设立道德委员会这一紧迫议题建言献策。对于民主程序和操作性层面，诸如中国足协道德委员会的职能与权限、独立性的体制机制设计、成员选任、工作程序（合规性）、裁决过程等方面问题还需要进一步的深入研究。

参考文献

［1］国务院足球改革发展部际联席会议办公室．关于印发中国足球协会调整改革方案的通知［EB/OL］．［2015-08-17］.http：//www.sport.gov.cn/n16/n1077/n1227/6838823.html.

［2］新华社北京3月16日电．中国足球改革发展总体方案［N］．人民日报，2015-03-17（6）．

［3］任海．国际奥委会演进的历史逻辑——从自治到善治［M］．北京：北京体育大学出版社，2013：30，167，186.

［4］新华社．中共中央办公厅、国务院办公厅印发《行业协会商会与行政机关

脱钩总体方案》[EB/OL].[2015-07-08].http：//www.gov.cn/zhengce/2015-07/08/ content_2894118.htm.

[5] 新华社.中国记协新闻道德委员会成立[EB/OL].[2015-12-29].http：//www.gov.cn/xinwen/2015-12/29/content_5029269.htm.

[6] [美]乔万尼·萨托利.民主新论：当代论争[M].冯克利，阎克文，译.上海：上海人民出版社，2015：273.

[7] FIFA.2016 FIFA Reform Committee report presented to the Executive Committee [EB/OL].[2015-12-03].http：//www.fifa.com/governance/news/y=2015/m=12/news=2016-fifa-reform-committee-report-presented-to-the-executive-committee-2741751.html.

[8] Jens Sejer Andersen.The Year That Killed the Autonomy of Sport [EB/OL].[2015-12-23].http：//www.playthegame.org/news/comments/2015/021_the-year-that-killed-the-autonomy-of-sport/.

[9] 新华社北京 3 月 14 日电.国务院机构改革和职能转变方案[EB/OL].[2013-03-15].http：//www.gov.cn/2013lh/content_2354443.htm.

[10] 傅振磊.我国体育社会组织改革与发展的思考[J].浙江体育科学，2016，38（1）：8-12.

[11] 新华社北京 9 月 28 日电.中共中央办公厅印发《关于加强社会组织党的建设工作的意见（试行）》[N].人民日报，2015-09-29（11）.

[12] 新华网.中国足协纪律委员会对足球腐败案违纪单位和个人处罚一览表[EB/OL].[2013-02-18].http：//news.xinhuanet.com/sports /2013-02/18/c_114715382.htm.

[13] 高军东.法治视角下的中国足协及其《纪律准则及处罚办法》[J].天津体育学院学报，2011，26（2）：145-148.

[14] [法] 托克维尔．论美国的民主（典藏全译本）[M]．周明圣，译．北京：中华书局，2014：135.

[15] 苏力．法条主义、民意与难办案件 [J]．中外法学，2009，21（1）：93-111.

[16] FIFA.FIFA Code of Ethics，2012 edition [EB/OL]．[2016-02-05]．http：//resources.fifa.com/mm/document/affederation/administration/50/02/82/codeofethics_v211015_e_neutral.pdf.

[17] 中国足球协会．关于印发《中国足球协会纪律准则》的通知 [EB/OL]．[2015-03-05]．http：//www.fa.org.cn/bulletin/other/2015-03-05/465887.html.

[18] 王家宏，陈华荣．用尽体育行业内部救济原则反思——兼谈奥运会对我国社会治理的部分影响 [J]．体育与科学，2009，30（1）：1-4.

[19] 谭小勇．依法治体语境下的体育行业自治路径 [J]．上海体育学院学报，2016，40（1）：37-45.

[20] 黄璐．伦敦奥运会有关公平竞争的案例分析 [J]．体育学刊，2013，20（5）：31-35.

[21] 黄璐．动了谁的“奶酪”？——伦敦奥运会羽毛球消极比赛事件评论 [J]．山东体育科技，2013，35（3）：6-9.

第 4 章　NBA 与 CBA 联赛竞争平衡的比较研究
——基于外籍球员和净胜分数据

搜集整理 NBA、CBA 外籍球员和比赛净胜分的相关数据，运用线性回归等研究方法，对 NBA 与 CBA 外籍球员、比赛净胜分进行相关性分析，结合“冠军”“常规赛”“季后赛”三个竞争平衡层次可能形成的数据表现差异展开了讨论。研究结果表明：NBA 与 CBA 联赛常规赛的竞争平衡状态非常接近，NBA 与 CBA 季后赛竞争平衡状态表现出一定差异。引进外籍球员与 CBA 常规赛、季后赛竞争平衡之间没有线性关系，但在近五个赛季季后赛外籍球员与净胜分“≤ 3”的层次水平之间具有明显的线性关系。建议认为：竞争平衡只是联赛诸多成功因素中的一个必要环节，CBA 联赛不能过于追求竞争平衡状态，应该将联赛主要的成长性目标放在提高联赛整体竞技水平，引进高水平外籍球员等方面。

1 研究简评

党的十八大以来,“释放改革红利”进行时,社会各行各业的改革如火如荼。2014年10月,国务院制定下发《关于加快发展体育产业促进体育消费的若干意见》(国发[2014]46号),以中超联赛、CBA联赛(中国男子篮球职业联赛)为首的体育赛事经济将得到前所未有的关注与发展。如何将中国职业体育联赛搞上去,不仅关系到全面深化体育改革的绩效评价问题,乃至深入贯彻中央“四个全面”战略布局问题,也是推动我国由体育大国向体育强国迈进所面临的紧迫任务。关于职业体育联赛竞争平衡理论与实践认识问题,学界主要呈现出三种不同的观点。第一种关于竞争平衡“重要性”的观点占据主流,该观点认为实现“竞争平衡”对于职业体育联盟的健康成长具有重要影响,“竞争平衡”要素单元作为一个充分且必要的条件,在职业体育联赛价值链中处于无可替代的地位。竞争平衡能够保证比赛结果的不确定性[1],关系到职业体育联盟的生存和发展,亦是职业体育联盟管理的核心问题[2]。第二种关于竞争平衡“必要性”的观点普遍受到学界关注,该观点认为“竞争平衡”是职业体育联赛不可或缺的成功因素,前提条件是在一定范围内存在“竞争平衡”状态[3]。可以这样认为,竞争平衡“必要性”观点是对“重要性”观点的“降格”。在特定的职业体育联赛内外部发展环境中,实现较高水平的“竞争平衡”状态并非决定职业体育联赛利益最大化的唯一成功因素,联赛是否成功具有多因素参与、复杂性、系统化特征,诸如联盟运行体制建设、赛制设计、球员实力(或明星球员)、赛事营销与推广、公平竞争与道德建设、利益相关者等要素构成,亦是实现职业体育联赛利益最大化的成功因素。第三种关于竞争平衡“适用性”的观点处于非主流状态,尚未引起更多的支持和共鸣。该观点从经济社会学的视角独辟蹊径,认为“竞争平衡”理论建立在西方职业体育联赛充分且高水平竞争的假设条件上，具有联赛考虑视角偏窄、经济性目标追求的片面性、全球化经验性积累等局限，对于中国职业体育联赛这一后发职业体育运行模式的适用性较差[4]。“竞争平衡”并非“放之四海而皆准”的理论解释模式，西甲联赛的非均衡发展、“恒大模式”的优越性等实践案例的存在，也为“竞争平衡”的“适用性”观点提供了一定的实践支持。

这三种不同观点孰优孰劣，理论实证提供了一把衡量的标尺。目前针对职业体育联赛“竞争平衡”大致有“胜率标准差”“HHI 指数”“TOP K ranking”“基尼指数”“惊喜指数”以及建立各种评测模型等测量方法[1-3, 5-11]。吊诡的是，现有的实证研究结论表现出较大的差异，即便运用同一研究方法、同一赛季数据，却得出不同的结论。恐怕不能简单地考虑研究成果发表的期刊“级别”，进而判断研究结论的“真伪”（详见后续论述）。这里有必要明确“竞争平衡”的定义，Dr.Christoph BREUER 等人认为，在团队体育项目中，“竞争平衡”是指体育联赛中各参赛队实力的均衡状态[3]。张宝钰认为“竞争平衡”指的是联赛球队竞技水平接近的情况[10]。何斌认为“竞争平衡”是指通过一系列市场因素和制衡机制，各成员队保持着相近的经济实力平衡和竞技实力平衡[8]。从目前具有代表性的“竞争平衡”定义来看，主要指职业体育联赛整体上的竞争平衡状态，结合目前已有研究成果普遍运用的“胜率标准差”“HHI 指数”“TOP K ranking”等测量方法，笔者认为有必要进一步区分三个“竞争平衡”层次，即在哪个竞争层级上实现各俱乐部竞技实力的均衡。

第一个层次是“冠军”平衡，即在联赛时间序列中“冠军”球队（也可以理解为赛季前三名球队）的平衡。第二个层次是“季后赛”平衡，即在联赛中具有较高竞技实力球队之间的平衡。这两个层次分别针对联赛排名的“第一集团”和“第一、第二集团”球队竞技实力平衡问题，即针对具有联赛夺冠实力球队之间的竞争平衡问题，进而以“第一集团”或“第一、第二集团”局部性竞争平衡状态与联赛整体性的关系，来测评联赛整体的竞争平衡状况，主要运用“HHI 指数”“TOP K ranking”“C5 指数”等测量方法。这一解释模式存在的局限性在于，即便西甲联赛中存在“巴萨”和“皇马”两大巨头，中超联赛中存在“恒大”这一“巨无霸”，成为联赛的“常胜将军”，并不能证明联赛在整体水平上处于不平衡状态。也就是说，即便 NBA 联赛（美国男子篮球职业联赛）实行“逆向性选秀”、保留条款、收入分享、工资帽与奢侈税等制衡机制，也不能证明 NBA 联赛在整体水平上处于竞争平衡状态。

第三个层次是“常规赛”平衡，主要针对联赛整体的竞争平衡状况，主要运用“胜率标准差”等测量方法，这一方法的局限性在于，不能很好地解释平局比赛，同时，“获胜概率”与“竞争平衡”之间是一个间接的关系，不论是“获胜比率”还是“点数”作为排列指标都很强的与“排名”相关联[3]，不能准确反映不同排名球队竞争平衡情况[10]。平局的比赛很显然体现了“比赛结果的不确定性”或精彩比赛的要素特征，尤其在篮球比赛中的加时赛，甚至出现 2 次以上加时赛的情况。诚然，足球比赛中出现平局并不能说明比赛对抗的激烈性和精彩程度，如果双方采取犯规战术或保守的防守反击战术，比赛场面难看，也可能产生平局的比赛结果。在职业篮球比赛中，以 3 分之差惜败与较大比分失利所形成的比赛精彩程度显然是不一样的，对联赛竞争平衡所能产生的实际影响也是不一样的。如果过于注重胜率指标，就会失去对比赛激烈竞争过程及结果的考察，也会失去对人的主体性存在和“比赛结果的不确定性”方面的考虑。即便存在竞技实力悬殊的比赛，受到球队比赛状态、球员技术发挥、裁判、运气等比赛制胜因素影响，强队赢球并不轻松，这并不代表比赛毫无看点，甚至可能出现强队意外输球的结果。

结合以上评述，笔者认为联赛竞争平衡中的“冠军”平衡层次是一个众所周知的现象，例如 CBA 联赛中的“八一王朝”“广东王朝”，德甲联赛中的拜仁慕尼黑俱乐部，中超联赛中的“恒大模式”等，联赛“冠军”的高度集中或者广泛分布，并不能更好地说明联赛整体的竞争平衡状况，亦是一个没有实际意义的测评指标。这里将研究设计聚焦于联赛常规赛和季后赛这两个竞争平衡层次上，也就是考察联赛整体性层面上和较高竞技实力球队之间的竞争平衡状态。借鉴 Bernd Frick 关于足球比赛净胜球的研究设计，考虑移民归化球员（本文考虑外籍球员因素）对世界杯足球赛整体竞争平衡的影响，以及移民归化球员与比赛净胜球之间的相关性[11]。尤其是针对 CBA 联赛而言，引进高水平外籍球员对于迅速提升球队竞技实力具有重要影响，以 CBA 2014/2015 赛季为例，辽宁队的哈德森和北京队的马布里均在本队比赛中发挥了无可替代的作用，CBA 联赛外籍球员的引进质量已经成为球队制胜的重要因素。

2　研究对象与方法

2.1　研究对象

2.1.1　联赛外籍球员

NBA 2012/2013 赛季和 CBA 2010/2011、2011/2012、2012/2013、2013/2014、2014/2015 赛季的注册球员为研究统计对象。CBA 2011/2012、2012/2013、2013/2014、2014/2015 赛季外籍球员的统计数据，来源于 CBA 官方网站（http://www.cbachina.com）。CBA 官网由搜狐体育承建，比赛数据库中仅有近两个赛季的球员名单。对于 CBA 2010/2011 赛季外籍球员的统计数据，补充考虑了网易 CBA 历史数据库的球员资料（http://cba.sports.163.com/2010/stat/standings.html）。2012/2013 赛季 NBA 外籍球员的统计数据，来源于 NBA 中

国官方网站（http：//china.nba.com）。本文集中时间对联赛外籍球员进行数据统计，第一轮数据统计时间为2013年7月15日—8月1日，第二轮补充CBA 2013/2014、2014/2015赛季数据，统计时间为2015年8月20日—9月3日。两轮统计均分为两次统计，第一次正式统计，第二次核实数据，前后两次数据未有差异。未考虑联赛进行中的球员变动情况，例如赛前报名预留名额、替换外援等情况。本文统计源数据完全以CBA官网、NBA中国官网为准，如官网与实际球员人数或名单有差异，仍以官网公布数据为准。

2.1.2 比赛净胜分

本研究对NBA与CBA联赛场次情况统计如表1所示，NBA联赛的全球篮球市场垄断地位，为其创造了足够大的市场容量。NBA常规赛比赛场次约为CBA联赛的4.5倍，还不包括NBA季前赛，NBA季后赛比赛场次约为CBA联赛的3倍，体现出CBA与NBA联赛在市场容量和品牌影响力方面的巨大差距。以NBA 2012/2013赛季和CBA 2010/2011、2011/2012、2012/2013、2013/2014、2014/2015赛季的所有比赛场次净胜分为研究统计对象，比赛净胜分数据分别来源于NBA中国官方网站和CBA官方网站。

表1 NBA与CBA联赛场次情况统计

联盟	赛季	队数	轮次	常规赛总场次	季后赛总场次
NBA	2012/2013赛季	30	30	1230	85
CBA	2010/2011赛季	17	34	272	25
	2011/2012赛季	17	34	272	28
	2012/2013赛季	17	34	272	24
	2013/2014赛季	18	34	306	29
	2014/2015赛季	20	38	380	26

2.2 研究方法

搜集整理NBA、CBA外籍球员和比赛净胜分的相关数据，在Excel中进行常规数理统计处理，对联赛球员跨国流动情况进行量化及宏观描述。运用线性回归、Robust 检验等研究方法，对 NBA 与 CBA 外籍球员、比赛净胜分进行相关性分析。

3　研究结果与分析

3.1　NBA 与 CBA 联赛外籍球员的比较分析

NBA 联赛是世界职业篮球领域的“顶级联赛”，聚集了世界上最优秀的篮球运动员。犹如巴西足球运动员迁移模式产生的影响，具有天赋的巴西年轻球员将欧洲足球顶级联赛视为实现自己“巴西梦”的地方，巴西球员需要站在欧洲赛场上证明自己的足球技能和人生价值[12]。世界各国的精英球员迫切需要到 NBA 联赛中证明自己的精湛技术及实现人生的价值。纵观世界篮坛，美国是当之无愧的世界篮球强国，欧洲国家仅次于美国，具有较高的篮球发展水平和竞技实力，如表 2 所示，在 NBA 2012/2013 赛季效力的欧洲球员占外籍球员总数的 61.5%。NBA 联赛外籍球员的洲际分布比较均衡，既要充分考虑球员竞技水平这一“硬实力”，又要兼顾亚洲、大洋洲、非洲等篮球竞技水平较弱区域的平衡，考虑外籍球员洲际平衡分布所能产生的市场价值。NBA 与 CBA 联赛外籍球员的比例高度接近，一般维持在 20% 的水平线上，但从外籍球员洲际分布情况来看，也就是 NBA 与 CBA 联赛外籍球员的结构性特征存在巨大的差异，表现出强烈的美国中心主义的结构性特征。美国高水平篮球运动员“人才济济”，具有压倒性的项目主导优势，由此形成了显著的人才溢出效应。在 CBA 联赛近五个赛季中效力的美国球员占外籍球员总数分别为 84.8%、79.2%、81.3%、87.0%、84.2%，这种体育人才高度聚集的现象类似于巴西足球运动员迁移模式，因为桑巴足球名声在外，相同竞技水平的巴西足球运动员更容易获得迁移机会和竞争优势[12]。

如表 2 所示，NBA 2012/2013 赛季外籍球员总计 78 人，占总球员比例为 17.5%，外籍球员洲际分布占总球员比例分别为 10.78、2.02、2.02、1.34、0.67、0.67。CBA 2012/2013 赛季外籍球员总计 48 人，占总球员比例为 18.8%，外籍球员洲际分布占总球员比例分别为 0.4、0、15.63、0.78、1.95、0。导入到线性回归方程中得：a=2.940，b=-0.104，r=-0.0673，由此表明，NBA 与 CBA 2012/2013 赛季外籍球员洲际分布占总球员的比例情况之间不存在线性关系。使用 Robust 检验法，因为 $b \neq 0$，检验两组数据的线性相关性的显著性，可以对 b=0 进行假设检验。假设 H0：b=0，写出线性回归的方差分析表，结果如表 3 所示，由于 F 值远小于 7.71，可以认为 NBA 与 CBA 2012/2013 赛季外籍球员洲际分布占球员的比例之间的线性关系不显著或不存在线性关系。也进一步说明，虽然 NBA 与 CBA 联赛外籍球员的比例高度接近，但二者的内部结构存在巨大的差异。

表 2　NBA 与 CBA 联赛外籍球员情况统计

联盟与赛季	球员总数（n）	外籍球员（n）（比例，%）	外籍球员来源的洲际分布情况（n）					
			欧洲	南美洲	北美洲	非洲	亚洲	大洋洲
NBA 2012/2013 赛季	445	78（17.5%）	48	9	9	6	3	3
CBA 2010/2011 赛季	281	46（16.4%）			40	2	4	
CBA 2011/2012 赛季	244	48（19.7%）	1		39	2	5	1
CBA 2012/2013 赛季	256	48（18.8%）	1		40	2	5	
CBA 2013/2014 赛季	261	54（20.7%）	1		47	1	5	
CBA 2014/2015 赛季	300	57（19.0%）	2		48	1	6	

表 3　NBA 与 CBA 2012/2013 赛季外籍球员洲际分布相关性分析

方差来源	平方和	自由度	F 值	临界值	显著性
回归	3.5396	1	0.0759	7.71	不显著
剩余	186.67	4		21.20	
总计	190.212	5			

3.2 NBA 与 CBA 联赛常规赛净胜分的比较分析

如表 4 所示，NBA 与 CBA 联赛在净胜分“≤ 3”的场次比例一般维持在 15% 的水平线上，在净胜分“>12”的场次比例一般维持在 35% 的水平线上。在净胜分“≤ 3”和“>12”这两个决定联赛整体上是否处于竞争平衡状态的指标表现方面，NBA 2012/2013 赛季与 CBA 2011/2012、2012/2013、2013/2014 赛季的数据表现高度接近，与 CBA 2010/2011 赛季的数据表现较为接近，与 CBA 2014/2015 赛季的数据表现差异较大。净胜分“≤ 3”和“≤ 6”这两个级别能够反映双方竞技实力较为接近的状态，NBA 与 CBA 联赛在净胜分“>3 且≤ 6”的场次比例一般维持在 18% 的水平线上。结合篮球比赛规律，一场竞技实力相近的精彩比赛，一般决胜于比赛结束前 2 分钟，这 2 分钟的技战术安排和临场发挥充分体现了“比赛结果的不确定性”。对于比赛双方而言，这是一个“全有”或“全无”的博弈过程，要么缩小比分差距，甚至实现“翻盘”，要么扩大比分差距。假设比分落后的球队采取犯规战术未能实现比分“反超”，将对方球员送上罚球线进而扩大比分差距，这一篮球比赛中常见的“决胜于最后时刻”的情形，能够反映比赛双方竞技实力接近的状态，而比分差距并不能证明全场比赛的精彩程度。NBA 2012/2013 赛季在净胜分“≤ 3”和“≤ 6”这两个级别的场次比例为 34%，从篮球比赛的规律来看，考虑到常规赛各参赛队竞技实力“正态分布”的基本规律，每 3 场比赛就有 1 场比赛的比分相对接近，呈现出较高水平的竞争平衡状态。

表 4 NBA 与 CBA 联赛常规赛净胜分情况统计

	场次数（n）及比例（%）					场次总计
	≤ 3 分	≤ 6 分	≤ 9 分	≤ 12 分	>12 分	
NBA 2012/2013 赛季	190（15.4）	229(18.6)	218(17.7)	187（15.2）	406(33.0)	1230
CBA 2010/2011 赛季	34（12.5）	48（17.6）	46（16.9）	38（14.0）	106(39.0)	272
CBA 2011/2012 赛季	45（16.5）	53（19.5）	40（14.7）	34（12.5）	100(36.8)	272

续表

	场次数（n）及比例（%）					场次总计
	≤ 3 分	≤ 6 分	≤ 9 分	≤ 12 分	>12 分	
CBA 2012/2013 赛季	38（14.0）	50（18.4）	47（17.3）	48（17.6）	89（32.7）	272
CBA 2013/2014 赛季	46（15.0）	51（16.7）	55（18.0）	43（14.0）	111（36.3）	306
CBA 2014/2015 赛季	41（10.8）	47（12.4）	58（15.3）	55（14.5）	179（47.0）	380

CBA 2014/2015 赛季在净胜分“≤ 3”和“≤ 6”这两个级别上的数据表现异常（仅为 23%），与之形成强烈反差的是，净胜分“>12”的场次比例高达 47%，与前 4 个赛季相比，表现出联赛整体竞技实力两极分化的趋势。这种竞争平衡状态的变化，很大程度上受到新加盟俱乐部及由此增加的常规赛比赛场次的影响。CBA 联赛于 2004 年实行职业联盟准入制，联赛规模扩充到 18 个俱乐部，2009/2010 赛季云南红河俱乐部因未达到准入条件而被迫退出。新加盟职业俱乐部的财政状况和竞技实力，对于职业联盟整体的竞争平衡具有一定的影响。CBA 2013/2014 赛季增加了四川金强俱乐部，由于球队获得 2013 赛季 NBL 联赛（全国男子篮球联赛）冠军，具有较强的竞技实力，进入 CBA 联赛并未表现出较大的实力差距，CBA 2013/2014 赛季四川金强俱乐部胜率为 41.18%，常规赛排在第 12 名，在联盟处于居中的实力水平，未对 CBA 联赛竞争平衡形成冲击。CBA 2014/2015 赛季进一步扩大规模，增加了江苏同曦俱乐部和重庆翱龙俱乐部，新加盟的三个俱乐部明显处于较低的竞争层次，CBA 2014/2015 赛季四川金强、江苏同曦、重庆翱龙俱乐部胜率分别为 21.5%、26.3%、10.5%，联赛排名分别为第 18 位、第 17 位、第 20 位。由此可以做出初步的判断，CBA 联赛竞争平衡状态的波动，很大程度上来自新加盟俱乐部的影响。这也说明新加盟俱乐部的财政状况和竞技实力处于较低的层次，职业联盟盲目扩大联赛规模是造成联赛竞争失衡的推手。

以下使用相关系数检验法检验 NBA 与 CBA 联赛净胜分关系的线性相关

性。NBA 2012/2013 赛季常规赛净胜分各级别占比情况为：X：15.45，18.62，17.72，15.20，33.00，CBA 2012/2013 赛季常规赛净胜分各级别占比情况为：Y：13.97，18.38，17.28，17.65，32.72，导入线性回归方程中得：a=0.6689，b=0.9667，r=-0.9804，r 值越大说明回归性越好，越接近 1 说明相关性越强，r0.05（3）=0.878，r0.01（3）=0.959，因为 r>0.959。由此可知，NBA 与 CBA 2012/2013 赛季常规赛净胜分情况之间的线性相关性非常显著。大概可以根据线性相关性关系得到想要的 CBA 2012/2013 赛季常规赛净胜分情况的估计值，即 y=0.6689+0.9667x。也就是说，NBA 与 CBA 2012/2013 赛季净胜分情况存在直接正比关系，NBA 常规赛中净胜分"≤ 3"的场次较多，相对应的 CBA 常规赛中净胜分"≤ 3"的场次也会增多。由此说明，NBA 与 CBA 2012/2013 赛季处于相同水平的竞争平衡状态。

以下用 NBA 2012/2013 赛季与 CBA 2010/2011、2011/2012、2012/2013 赛季常规赛净胜分平均值做比较，CBA 三个赛季常规赛净胜分各级别的平均比例情况为：Y：14.34，18.51，16.30，14.70，36.15，导入到线性回归方程中得：a=-4.7090，b=1.2356，r=0.9982，因为 r>0.959，y=-4.7090+1.2356x，由此可知，NBA 2012/2013 赛季与 CBA 三个赛季常规赛净胜分平均值之间的线性相关性非常显著。用 NBA 2012/2013 赛季与 CBA 五个赛季常规赛净胜分平均值做比较，CBA 五个赛季常规赛净胜分各级别的平均比例情况为：Y：13.76，16.92，16.44，14.52，38.36，导入到线性回归方程中得：a=-7.7509，b=1.3889，r=0.9966，y=-7.7509+1.3889x，由此可知，NBA 2012/2013 赛季与 CBA 五个赛季常规赛净胜分平均值之间的线性相关性非常显著。

从以上对 NBA 与 CBA 常规赛净胜分三个数据层面的比较结果来看，NBA 与 CBA 常规赛竞争平衡状态非常接近，但仅凭这一数据比较结果，还不能证明 NBA 与 CBA 常规赛同处于竞争平衡的状态，也有可能二者同时面临竞争失衡的危机。此外，因为求得是CBA五个赛季常规赛净胜分平均值的数据表现，对CBA 2014/2015赛季“≤3”和“>12”这两个级别上的数据异常并未做出有效考虑，故NBA 2012/2013赛季与CBA多个赛季的比较并不能说明问题。

3.3 NBA与CBA联赛季后赛净胜分的比较分析

季后赛在整个联赛运行体系和经济收益结构中处于重要的地位，采用淘汰赛制为获得“比赛结果的不确定性”创造了制度保障条件，联赛中具有较高竞技实力球队之间的竞争平衡（季后赛模式）对于联盟实现利益最大化具有重要的意义。如表5所示，NBA 2012/2013赛季季后赛净胜分各级别占比情况为：X：15.29，11.76，18.83，20.00，34.12，CBA 2012/2013赛季季后赛净胜分各级别占比情况为：Y：16.67，16.67，12.50，8.33，45.83，导入线性回归方程中得：a=−8.6508，b=1.4325，r=0.8227，因为r=<0.878，由此可知，NBA与CBA 2012/2013赛季季后赛净胜分情况之间的线性相关性不显著。

表5 NBA与CBA联赛季后赛净胜分情况统计

	场次数（n）及比例（%）					场次总计
	≤3分	≤6分	≤9分	≤12分	>12分	
NBA 2012/2013赛季	13（15.3）	10（11.8）	16（18.8）	17（20.0）	29（34.1）	85
CBA 2010/2011赛季	3（12.0）	6（24.0）	3（12.0）	2（8.0）	11（44.0）	25
CBA 2011/2012赛季	7（25.0）	5（17.85）	5（17.85）	3（10.7）	8（28.6）	28
CBA 2012/2013赛季	4（16.7）	4（16.7）	3（12.5）	2（8.3）	11（45.8）	24
CBA 2013/2014赛季	9（31.1）	5（17.2）	5（17.2）	2（6.9）	8（27.6）	29
CBA 2014/2015赛季	5（19.2）	1（3.9）	6（23.1）	3（11.5）	11（42.3）	26

以下用NBA 2012/2013赛季与CBA 2010/2011、2011/2012、2012/2013赛季季后赛净胜分平均值做比较，CBA三个赛季季后赛净胜分各级别的平均比例情况为：Y：18.18，19.48，14.29，9.09，38.96，导入到线性回归方程中得：a=0.2457，b=0.9877，r=0.7425，因为r=<0.878，由此可知，NBA 2012/2013赛季与CBA三个赛季季后赛净胜分平均值之间的线性相关性不显著。用NBA 2012/2013

赛季与 CBA 五个赛季季后赛净胜分平均值做比较，CBA 五个赛季季后赛净胜分各级别的平均比例情况为：Y：20.80，15.93，16.53，9.08，37.66，导入到线性回归方程中得：a=0.5252，b=0.9737，r=0.7739，因为 r=<0.878，由此可知，NBA 2012/2013 赛季与 CBA 五个赛季季后赛净胜分平均值之间的线性相关性不显著。

从目前已有的研究成果来看，已有的研究结论表现出较大分歧，结合上述对两大联盟的净胜分数据分析结果，来回应一些学者的研究结论。这里选择运用“胜率标准差”“HHI 指数”“TOP K ranking”等系列方法的研究成果，这一研究范式主要针对“冠军”平衡或“季后赛”平衡层次，在当下对职业联盟竞争平衡研究中比较主流，具有一定的比较与讨论价值。第一种观点认为，NBA 联赛处于竞争平衡状态，而 CBA 联赛处于竞争失衡状态。李国兴等人对 CBA 2005/2006 赛季至 2013/2014 赛季常规赛竞争平衡研究结果表明，随着联赛职业化程度不断提高，各俱乐部间的竞争实力不平衡状态并无显著改观[5]，并在后续对 NBA 与 CBA 2008/2009 赛季至 2013/2014 赛季的比较研究中指出，CBA 联赛强队与弱队竞技实力相差悬殊，并处于比较严重的竞争不平衡状态，与 NBA 联赛竞争平衡状态具有明显差距[9]。冯维玲等人的研究结果也回应了这一观点，认为 NBA 联赛竞争平衡较 CBA 更加稳定[6]。第二种观点认为，NBA 与 CBA 同处于竞争失衡状态。孙荣艾等人对 NBA 与 CBA 2000/2001 赛季至 2009/2010 赛季常规赛竞争平衡的比较研究结果表明，NBA 与 CBA 都处于较高的不平衡状态，随着职业化程度的提高，NBA 与 CBA 的竞争平衡性都没有进一步好转的趋势[7]。这两种截然不同的研究结论采用相同的研究方法，有所叠加的赛季数据，却得出了不同的结论。从第一种观点来看，由于 NBA 联赛的市场影响力明显大于 CBA 联赛这一事实有目共睹，按常理很容易接受“NBA 比 CBA 联赛竞争平衡程度要高”这一预设观念。第二种观点明显考虑到预设观念的不利影响，孙荣艾等人对 NBA 与 CBA 常规赛竞争平衡指数的比较结果几乎没有差异，并将 NBA 与 CBA 联赛市场影响力的差异归结为竞技水平差异问题，认为 CBA 是低水平层次的竞争平衡，NBA 是拥有国际一流水平球员的高水平竞争平衡[7]。张兵从经济社会学视角回应了这一观点[4]，笔者也从时评角度回应与支持了这一观点[13]。诚然，没有经过重复数据实证的过程，不能主观断定这两种观点的任何一方存在数据计算错误问题。

这里再列举一组具有较大分歧的研究数据及结论，黄刚强对 CBA 1995/1996 赛季至 2006/2007 赛季竞争平衡研究表明，除了 2003/2004 赛季外，其余各赛季处于高位的竞争不平衡状态[1]。何斌的研究结论恰恰相反，认为 CBA 2003/2004 赛季比赛胜率的分布幅度较大，处于竞技实力失衡的状态[8]。二者同用“胜率标准差”研究方法，同用 CBA 2003/2004 赛季比赛胜率数据。基于 CBA 常规赛比赛胜率推导出较高竞技实力球队之间的竞争平衡状态，在结论适用方面存在一定的局限性。由于常规赛与季后赛在赛制设计、争胜状态等方面存在差异，“常规赛”层次与竞争环境中的较高竞技实力球队之间的竞争平衡，很难与“季后赛”层次上的竞争平衡画等号，以上对 NBA 与 CBA 联赛“季后赛”层次的比较结果说明，两个职业联盟的“季后赛”层次处于不同的竞争平衡状态。这无法证明 CBA 联赛“季后赛”层次处于竞争失衡的状态，也无法证明“NBA 各俱乐部之间的竞争日趋激烈，顶级俱乐部间的差距越来越小”这一事实[9]。NBA 2012/2013 赛季季后赛净胜分“≤ 12 分”和“>12 分”这两个级别的场次比例高达 54.1%，相对于常规赛而言，季后赛相对处于竞争平衡的状态，在激烈的季后赛竞争中，2 场比赛中有 1 场比赛具有较大的比分差距，至少说明 NBA 常规赛竞争平衡与“理想状态”还有较大的距离。CBA 2011/2012、2013/2014 赛季季后赛净胜分“≤ 12 分”和“>12 分”这两个级别的场次比例分别为 39.3%、34.5%，与之相对应，CBA 季后赛“≤ 3

分”的场次比例分别为 25%、31.1%，而 NBA 季后赛“≤ 3 分”的场次比例仅为 15.3%。

从以上对 NBA 与 CBA 季后赛净胜分三个数据层面的比较结果来看，NBA 与 CBA 季后赛竞争平衡状态表现出一定差异，但仅凭这一数据比较结果，还不能判断 NBA 与 CBA 季后赛同时处于竞争平衡或竞争失衡的状态，结合二者在净胜分“≤ 12 分”和“>12 分”这两个级别上的数据表现，可初步判断二者同时处于竞争失衡的状态。由此进一步推断出，NBA 与 CBA 季后赛在竞争失衡的程度方面存在差异，从局部性视角来考虑 NBA 与 CBA 季后赛净胜分“≤ 12 分”和“>12 分”这两个级别上的数据表现，可以认为 CBA 季后赛竞争平衡略优于 NBA，但这一局部数据表现缺乏有效的说服力。从 NBA 与 CBA 季后赛净胜分三个数据层面的比较结果来看，并不能体现 NBA 与 CBA 季后赛竞争失衡的程度，也就无法比较说明二者在竞争平衡状态上谁优谁劣。

3.4　CBA 联赛外籍球员与比赛净胜分的关系

CBA 三个赛季外籍球员占总球员的比例分别为 16.37，19.67，18.75，与 CBA 三个赛季常规赛净胜分比例进行线性回归分析，结果如表 6 所示，外籍球员的比例情况与常规赛净胜分“≤ 12”级别具有非常显著的线性关系，因为 b=−1.5577，可以看出 CBA 联赛外籍球员的比例越大，常规赛中净胜分“>9 且≤ 12”的场次越少。从数据结果来看，“≤ 9”和“≤ 12”这两个级别处于竞争平衡两极的中间位置，凭借这一数据表现并不能说明 CBA 联赛外籍球员的引入以及引援质量保障，对促进 CBA 常规赛竞争平衡具有的积极作用，也不能说明外籍球员与各俱乐部竞技实力平衡之间的相关性。以下对 CBA 三个赛季外籍球员与季后赛净胜分比例进行线性回归分析，结果如表 7 所示，通过 r 值的比对，CBA 三个赛季外籍球员比例对季后赛净胜分场次没有表现出显著的线性关系，说明 CBA 联赛外籍球员的多少，与比赛结果之间没有直接关系。

表 6　CBA 三个赛季外籍球员与常规赛净胜分的线性回归分析

	≤ 3	≤ 6	≤ 9	≤ 12	>12
2012—2013 赛季	13.97	18.38	17.28	17.65	32.72
2011—2012 赛季	16.54	19.49	14.71	12.50	36.76
2010—2011 赛季	12.5	17.65	16.91	13.97	38.97
a=	5.2063	14.7089	28.25	43.156	8.6788
b=	0.4999	0.2079	−0.6543	−1.5577	1.5042
r=	0.4164	0.3822	−0.8020	−0.99997	0.8082

表 7　CBA 三个赛季外籍球员与季后赛净胜分的线性回归分析

	≤ 3	≤ 6	≤ 9	≤ 12	>12
2012—2013 赛季	16.67	16.67	12.50	8.33	32.72
2011—2012 赛季	25.00	17.86	17.86	10.17	36.76
2010—2011 赛季	12.00	24.00	12.00	8.00	38.97
a=	−11.8489	3.007	−8.8542	−1.0224	118.72
b=	1.6283	0.9036	1.2579	0.5495	−4.3394
r=	0.4210	0.3912	0.6594	0.6329	−0.7794

以下进一步扩展数据的覆盖范围，CBA 五个赛季外籍球员占总球员的比例分别为 16.37，19.67，18.75， 20.69， 19.00，与 CBA 五个赛季常规赛净胜分比例进行线性回归分析，结果如表 8 所示，外籍球员的比例情况与常规赛净胜分没有非常显著的线性关系。也就是说，外籍球员的多少不会直接影响常规赛净胜分的变化。这补充解释了上述对三个赛季外籍球员与 CBA 常规赛净胜分比例的线性回归结果中，“≤ 12”级别数据异常的情况，也进一步说明了“≤ 9”和“≤ 12”这两个级别的数据表现并不具有实际意义。以下对 CBA 五个赛季外籍球员与季后赛净胜分比例进行线性回归分析，结果如表 9 所示，通过对 r 值的比对，仅就这五个赛季的季后赛外籍球员的比例对净胜分“≤ 3”的场次具有明显的线性关系。也就是说，季后赛外籍球员比例越高，净胜分“≤ 3”的场次可能会增多，其余净胜分级别没有显著的线性关系。由

此得出一个初步的判断，进入 CBA 季后赛的各俱乐部，在引援质量上处于竞争优势，外籍球员具有较高的竞技水平，是决定季后赛比赛结果的重要力量。这也带来一定的启发，高质量的引援工作对于季后赛竞争平衡具有重要的作用，同时也是对 CBA 2014/2015 赛季冠亚军决赛（北京首钢俱乐部对阵辽宁药都俱乐部）激烈对决的一个有力回应。在考虑外籍球员影响因素的条件下，CBA 2014/2015 赛季整体上（常规赛和季后赛）处于竞争失衡的状态，但在“冠军”平衡方面表现十分突出，这很大程度上有赖于高水平外籍球员的竞技表现。

表 8　CBA 五个赛季外籍球员与常规赛净胜分的线性回归分析

	≤ 3	≤ 6	≤ 9	≤ 12	>12
2014—2015 赛季	10.79	12.37	15.26	14.47	47.11
2013—2014 赛季	15.03	16.67	17.97	14.05	36.28
2012—2013 赛季	13.97	18.38	17.28	17.65	32.72
2011—2012 赛季	16.54	19.49	14.71	12.50	36.76
2010—2011 赛季	12.50	17.65	16.91	13.97	38.97
a=	0.3318	18.7399	16.4755	17.2607	47.1920
b=	0.7110	−0.0967	−0.0026	−0.1446	−0.4670
r=	0.5111	−0.0565	−0.0030	−0.1219	−0.1389

表 9　CBA 五个赛季外籍球员与季后赛净胜分的线性回归分析

	≤ 3	≤ 6	≤ 9	≤ 12	>12
2014—2015 赛季	19.23	3.84	23.08	11.54	42.31
2013—2014 赛季	31.03	17.24	17.24	6.90	27.59
2012—2013 赛季	16.67	16.67	12.50	8.33	45.83
2011—2012 赛季	25.00	17.85	17.85	10.71	28.57
2010—2011 赛季	12.00	24.00	12.00	8.00	44.00
a=	−60.9868	49.0082	−11.1862	8.2757	114.9138
b=	4.3275	−1.7511	1.4670	0.0434	−4.0884
r=	0.9348	−0.3800	0.5184	0.0356	−0.7396

依据以上对 CBA 联赛外籍球员与比赛净胜分关系的三个数据层面比较结果，并结合 CBA 联赛的发展历程来看，不是因为“八一王朝”“广东王朝”的垄断地位导致联赛“季后赛”层次处于竞争失衡的状态。“广东王朝”的地位面临新疆男篮的挑战，北京首钢俱乐部的强势崛起又对“广东王朝”形

成了强烈冲击，直到 CBA 2014/2015 赛季辽宁药都俱乐部重塑联盟竞争格局，这种“冠军”平衡或“季后赛”平衡层次上的竞争性更迭，体现了竞争平衡理论的真谛，即充分竞争环境下的产品准入标准的实现。直白地说，在 CBA 联赛高水平球员资源十分匮乏的约束条件下，不能用政策调控手段，去“拆解”“广东王朝”的市场竞争力，而要集中所有的联赛资源和精力，打造第 2 个、第 3 个甚至第 4 个“广东宏远俱乐部”，按照最高级别的产品准入标准，打造具有鲜明技术特点和文化风格的强势竞争者，与之实现强强竞争。由此认为，应充分考虑 CBA 联赛处于“边缘化”的国际地位，联赛要素禀赋条件与资源配置效率长期处于约束状态，联盟品牌影响也将长期处于低位运行的现实状况，在要素禀赋结构的各个环节均与世界职业篮球顶级联赛的 NBA 品牌有着巨大的差距。因此，不能盲目追求联赛的竞争平衡状态。促进联赛处于良好的竞争平衡状态，只是作为联赛可持续发展的成功因素之一，而不是主导的、决定性的成功因素，至少不能作为联赛可持续发展的主要目标。应该将联赛发展的主要目标设定为，不断提高联赛整体竞技水平，引进高水平外籍球员，注重联赛品牌策划与营销等方面。篮球比赛的精彩程度和吸引力，不是凭借比分接近这一外在形式予以实现的，而是比赛双方充分展示的较高竞技水平决定的。

与精英体育背后蕴涵的民族国家推进力不同，职业体育以追求商业利益最大化为价值旨归。从职业体育的发展规律来看，职业联赛的市场价值取决于赛事产品的内在质量，取决于职业球员的竞技水平，与漫长的本土球员培养过程相比，引进高水平外籍球员是迅速提升赛事产品内在质量的最佳途径。在不充分竞争的市场环境中，盲目追求竞争平衡只能消解联盟“拳头产品”的影响力。这种要素禀赋结构约束条件下的资源配置“平均主义”导向，只能从宏观政策调控层面上消解 CBA 联赛处于主导地位的“季后赛”竞争层次的吸引力，进而从整体上拉低 CBA 联赛的品牌竞争力。一些形式批判的学理分析内容，也是按照常理推出的预设观念产物，具有典型代表性的观点是“‘恒大模式’对联赛竞争平衡的冲击”[14]，无视 CBA 联赛的本土性和成长性，幻想为竞争平衡的“理想状态”。NBA 联赛使用一系列政策调控工具也无法在竞争平衡问题上做得更好。从竞技本质和身体天赋意义上承认“人类不平等的起源和基础”，也是 NBA 联赛一以贯之的运营。从职业体育联赛成长性的角度来说，NBA 联盟创造的“逆向性选秀”、收入分享、工资帽等政策调控工具，从所能产生的实际效果来看，不是一种竞争平衡的制衡机制，而是一种实现各俱乐部大资本家的利益平衡机制。需要强调的是，这里并未否定实现联赛竞争平衡的积极作用，而要确切表达的意思是，竞争平衡远不如想象的重要，也只是联赛诸多成功因素中的一个必要环节。

4　结论

NBA 与 CBA 常规赛净胜分三个数据层面的比较结果显示，NBA 与 CBA 常规赛竞争平衡状态非常接近。NBA 与 CBA 季后赛净胜分三个数据层面的比较结果显示，NBA 与 CBA 季后赛竞争平衡状态表现出一定差异。但仅凭这一数据比较结果，还不能判断 NBA 与 CBA 季后赛同时处于竞争平衡或竞争失衡的状态。NBA 与 CBA 2012/2013 赛季外籍球员洲际分布占球员的比例之间的线性关系不显著。也进一步说明，NBA 与 CBA 联赛外籍球员的比例高度接近，但二者的内部结构存在巨大的差异。CBA 外籍球员与 CBA 常规赛、季后赛净胜分三个数据层面的比较结果显示，CBA 外籍球员比例对常规赛、季后赛净胜分场次没有表现出显著的线性关系，说明 CBA 联赛外籍球员的多少，与比赛结果之间没有直接关系。但在近五个赛季季后赛外籍球员与净胜分“≤ 3”的层次水平之间具有明显的线性关系，这也带来一定的启发，高质量的引援工作对于季后赛竞争平衡具有重要的作用，同时也是对 CBA 2014/2015 赛季冠亚军决赛(北京首钢俱乐部对阵辽宁药都俱乐部)激烈对决的一个有力回应。NBA 联赛竞争平衡制衡机制是一种利益平衡(补偿)机制，CBA 联赛不能过于追求竞争平衡状态，应该将联赛主要的成长性目标放在提高联赛整体竞技水平，引进高水平外籍球员，联赛品牌策划与营销等方面。实现联赛的竞争平衡状态远不如想象的重要，只是联赛诸多成功因素中的一个必要环节。

参考文献

[1] 黄刚强 . 中国篮球职业联赛竞争平衡研究 [J]. 天津体育学院学报，2007，22(5)：437–440.

[2] 何文胜，张保华，吴元生 . 职业体育联盟竞争平衡的测量与分析 [J]. 体育科学，2009，29(12)：12–18.

[3] DR.CHRISTOPH BREUER，TIM PWLOWSKI，ARND HOVEMANN，等 . 试析欧洲足球冠军联赛中的“竞争平衡”[J]. 体育科学，2009，29(4)：3–14.

[4] 张兵 . 职业体育竞争平衡的经济社会学分析 [J]. 山东体育学院学报，2012，28(1)：6–11.

[5] 李国兴，宋君毅 . 中国男子篮球职业联赛竞争平衡性问题研究 [J]. 成都体育学院学报，2014，40(8)：68–72.

[6] 冯维玲，许彩明 .CBA 与 NBA 职业联赛竞争性平衡的对比研究 [J]. 山西师大体育学院学报，2011，26(1)：97–99.

[7] 孙荣艾，杜江伟，王志平，等 . 近十年来 CBA 与 NBA“竞争平衡”的比较研究 [J]. 武夷学院学报，2010，29(5)：93–96.

[8] 何斌 . 职业篮球的竞争平衡 [J]. 北京体育大学学报，2005，28(7)：

990–991.

[9] 李国兴，张锡庆 .CBA 与 NBA 竞争力平衡机制比较研究 [J] . 沈阳体育学院学报，2015，34（4）：122–125.

[10] 张宝钰 . 职业体育联赛竞争平衡评价的视角与方法研究 [J] . 广州体育学院学报，2011，31（4）：68–71.

[11] BERND FRICK.Globalization and Factor Mobility：The Impact of the ‘Bosman–Ruling’ on Player Migration in Professional Soccer [J] .Journal of Sports Economics，2009，10（1）：88–106.

[12] CARLOS HENRIQUE de VASCONCELLOS RIBEIRO，PAUL DIMEO.The experience of migration for Brazilian football players [J] .Sport in Society，2009，12（6）：725–736.

[13] 黄璐 . 巴西世界杯足球赛全景时评 [J] . 体育成人教育学刊，2014，30（4）：17–24.

[14] 李伟，陆作生，张绍良 . 对中国足球职业联赛竞争平衡机制的思考——基于“恒大模式”对联赛竞争平衡的冲击 [J]. 体育学刊，2015，22（1）：23–27.

第5章　中美奥运战略结构性特征的比较研究

中国在近8届奥运会跳水、体操、举重等优势项目上夺得473枚奖牌，占中国奖牌总数的65.8%。美国在近7届奥运会田径、游泳、团体项目上夺得711枚奖牌，占美国奖牌总数的57.9%。中美奥运优势项目各有所长，形成了两种截然不同的增长模式和结构体系。美国注重基础大项的集约化效应和团体项目的市场化效应，表现为高度市场化、集约化、全面协调发展的结构性特征。中国注重优势项目的要素驱动和累积效应，表现为保证重点、全面投入、要素驱动的结构性特征。中国未来奥运战略的制胜关键取决于基础大项上的突破与进步，与美国形成强力交锋，是一种“此消彼长”的竞争关系。

党的十八大以来，我国将全民健身、体育产业与体育消费、足球改革发展提升到国家战略高度，体育领域迎来了崭新的发展机遇，同时面临严峻的形势和挑战。在体育事业发展“十二五”规划胜利收官，国民经济和社会发展“十三五”规划良好开局之际，取得辉煌成就的中国奥运事业走到重大变革的拐点。他山之石，可以攻玉。对中国与美国奥运战略的结构性特征进行比较研究，有助于理解中国奥运战略面临的问题与不足，有助于对未来发展战略的调整提供建设性意见，具有一定的理论研究价值。

1　奥运会项目分类统计标准

关于夏季奥运会奖牌分布特点和结构特征的研究，一般采取奥运比赛大项[1]或小项[2]的奖牌（金牌）统计分析，或者记分赋值的量化分析[2]，也有学者从中国奥运优势项目[3]、项群特征[4]等视角进行奖牌统计分析，由于相关研究文献较多，不多引述和罗列。笔者考虑奥运项目的全球影响力因素，结合奥运会大项（或分项）分类，编制特定的奖牌项目分类体系，以折线图形成的数据曲线，形象呈现中美奥运奖牌的分布特征。金牌代表绝对竞技实力，奖牌代表整体竞技实力，也有将前 8 名成绩分别赋值进行整体评价，记分赋值评价不是研究统计的主流，本文主要考虑以奖牌统计分析，对中美奥运整体竞技实力进行比较，由此呈现出中美奥运战略的结构性特征。

结合奥运会比赛项目大项（SPORT）、分项（DISCIPLINES）和小项（EVENT）的分类标准，考虑到竞技游泳、跳水、花样游泳、水球、公开水域游泳分项的全球影响力差异，将公开水域游泳分项并入竞技游泳分项，跳水和花样游泳分项单列，水球分项作为集体球类比赛项目并入“团体项目”统计类别。田径和竞技游泳项目作为奥运会基础大项，在小项设置数量和全球影响力方面占据明显优势。足球、篮球、排球与其他集体球类项目组成“团体项目”统计类别，以北京奥运会集体球类项目为例，包括篮球（2 个）、足球（2 个）、排球（2 个）、沙滩排球（2 个）、棒球（1 个）、垒球（1 个）、曲棍球（2 个）、手球（2 个）、水球（2 个）。伦敦奥运会取消了棒球（1 个）、垒球（1 个）比赛项目，奖牌统计实行动态调整。其余奥运比赛项目均以大项命名和分类。

2 中美奥运奖牌总数比较

如表 1 所示，第 23 届奥运会奖牌榜数据表现异常，因遭遇大范围的政治抵制，是奥运会不充分竞争的结果反映。唐炎博士在对“奥运争光计划”多维审视时，考虑到第 23 届奥运会苏联和东欧国家的缺阵，通常被称为“半个奥运会”，不具有可比性，以第 24 届奥运会为基数更符合中国竞技体育的客观实际[5]。第 23 届奥运会美国夺得 83 枚金牌，位列金牌榜第二位的罗马尼亚夺得 20 枚金牌，而在奥运强国广泛参加的第 24 届奥运会上，金牌榜座次发生了巨大变化，未参加第 23 届奥运会的东方阵营国家——苏联和民主德国（东德），分别以 55 枚和 37 枚金牌占据金牌榜前两位，美国和罗马尼亚夺得金牌数分别降至 36 枚和 7 枚。第 24 届奥运会中国夺得 28 枚奖牌，虽然与第 23 届奥运会夺得 32 枚奖牌数相当，但与第 23 届奥运会夺得 15 枚金牌相比，第 24 届奥运会夺得 5 枚金牌显然与理想成绩相差甚远，这一历史性事件被业界称为“兵败汉城”。从不充分竞争的角度来说，第 23 届和第 24 届奥运会中国体育代表团的整体实力没有发生显著变化，在绝对实力方面存在较大差异，在一定程度上反映了当时中国体育代表团真实的竞技实力。在不充分竞争的第 23 届奥运会上，中国获得了高于预期的奥运成绩，而在苏联、民主德国、美国等奥运强国参加的第 24 届奥运会上，中国遭遇“滑铁卢”，国人的心理落差十分明显，历史上冠以“兵败汉城”的称谓并不恰当，只能说第 24 届奥运会金牌榜真实反映了当时中国体育代表团的绝对实力。因第 23 届和第 24 届奥运会中国奖牌数据波动不大，故列为有效统计数据。第 23 届奥运会美国奖牌数据异常，不列入有效统计数据。

在“兵败汉城”事件后，体育系统痛定思痛，于 1993 年底着手制定《奥运争光计划》战略，以全民健身为目的的群众体育和以奥运会为最高层次的竞技体育协调发展战略得以强化[6]，1995 年 7 月 6 日国家体委发布《奥运争光计划》，标志着中国奥运战略向“金牌战略”全面转型，具体表现就是，项目为金牌而设，资金为金牌所用，人力为金牌所趋[5]。这一充满实用性的“金牌战略”思维决定了一揽子配套政策和措施的价值取向，集中体育行业资源重点投入的单项，就是那些容易拿到金牌的奥运项目。这种功利性的价值导向突出强化了金牌意识，造成了金牌项目重点投入、奖牌项目保障投入、短板项目难于投入的基本格局，形成了奥运优势项目、潜优势项目、非奥项目的行业资源分配体系。《奥运争光计划》（1994—2000 年）中明确以保障重点项目投入为主的奥运战略布局，“以奥运会夺取优异成绩为最高目标。奥运项目的运动员人数达到 17000 人，重点项目的运动员占总数的 80% 以上。重点项目的国家队都要配备强有力的科研班子。要继续巩固和发展 18 个国家重点投入项目中现有优势小项和潜优势小项，大力开发若干短期内能够达到世界水平的小项以及女子垒球、女子足球等项目。国家体委外事比赛经费应以保证重点项目为主”[7]。一期“争光计划”对大幅度提升中国奥运成绩发挥了重要的政策保障作用，为进一步突出竞技体育“举国体制”优势，为中国竞技体育事业做出更大贡献，制订实施二期和三期“争光计划”，《2001—2010 年奥运争光计划纲要》中明确指出：“我国竞技体育胜利完成 1994—2000 年《奥运争光计划》各项任务并取得历史性突破。”[8]《2011—2020 年奥运争光计划纲要》中明确指出：“中国体育代表团在北京奥运会上取得历史性突破，标志着我国竞技体育圆满完成了《2001—2010 年奥运争光计划纲要》的各项任务，进入新的发展阶段。”[9]“争光计划”系列突出了政策的延续性和可持续性的发展优势，在指导思想和保障措施方面体现了继承与发展的递进式关系。

为突出重点、紧抓重点、保证重点为价值导向的奥运项目布局，强化了“唯金牌论”的战略选择，在很大程度上造成了所获金牌数占奖牌数的比重过大这一结果。截至第30届伦敦奥运会，奥运会历史上夺得100枚以上金牌的有14个国家，按照所获金牌数占奖牌数的比率依次排序为：中国（42.5%）、美国（40.6%）、苏联（1952—1988年）（39.1%）、东德（1968—1988年）（37.4%）、意大利（36%）、匈牙利（35.2%）、芬兰（33.4%）、俄罗斯（1996年至今）（33.2%）、日本（32.7%）、德国（1896—1952年、1992年至今）（30.4%）、英国（30.3%）、法国（30.2%）、澳大利亚和瑞典（同为29.6%）。也有学者对北京奥运会中美俄三国奖牌分布研究表明，中国金牌项目“扎堆”现象严重，金、银、铜牌比例呈倒金字塔形，美国获得金、银、铜牌比率比较均衡[10]。中国在所获奥运奖牌中的夺金效率排名第一，十分吻合中国奥运“金牌战略”的一贯思路，也就是重点扶持中国奥运优势项目发展，讲求奥运夺金“效益第一”原则。不得不说的是，《奥运争光计划》的实施保证了中国奥运金牌的稳定增长，也促进了中国奥运奖牌的跨越式增长，从“30枚”级别到“60枚”级别，再到“100枚”级别的顶峰。

表1 中国和美国获奥运会奖牌一览表

届数	年份	地点	金牌数		奖牌数	
			中国	美国	中国	美国
23	1984	洛杉矶	15	82	32	172
24	1988	汉城	5	36	28	94
25	1992	巴塞罗那	16	37	54	108
26	1996	亚特兰大	16	45	50	101
27	2000	悉尼	28	36	58	92
28	2004	雅典	32	35	63	101
29	2008	北京	51	36	100	110
30	2012	伦敦	38	46	88	105

需要说明的是，本文对中国和美国获奥运会奖牌的统计数据，来源于国际奥委会官网的成绩查询系统（详见：http://www.olympic.org/olympic-results），信息检索时间为2016年1月5日—11日。受到运动员服用兴奋剂、参赛年龄造假等违纪问题的影响，国际奥委会做出取消比赛成绩并收回所获奖牌的追

加处罚决定，奥运会成绩查询系统实行动态更新，故表中的奖牌数据与中国各大门户网站上公布的奖牌数据有所出入。例如，原中国体操运动员董芳霄参赛年龄造假，国际奥委会正式收回中国女子体操队在悉尼奥运会上获得的团体铜牌，当时获得第四名的美国队递补获得第三名及铜牌。再如，原美国田径运动员玛里安·琼斯、杰罗米·扬服用兴奋剂，国际奥委会正式收回美国田径队在悉尼奥运会上获得的女子 100m、200m、男子 4×400m 接力项目金牌。涉及收回奥运奖牌与递补获得奖牌的情况，奥运会历史奖牌数据会有微小的动态变化。

3　中美奥运战略的结构性特征研究

3.1　第 29 届奥运会“第一集团”奖牌项目的结构特征

如图 1 所示，第 29 届北京奥运会“第一集团”奖牌项目的分布特征，美国奥运奖牌项目呈现出“前高—中平”的分布特征，“前高”是指美国三大优势项目，体现“超高经济性”特征的田径和竞技游泳项目，体现较高市场价值和全球影响力的集体球类项目，美国优势项目的奖牌贡献率达到 59.1%。“中平”是指美国广泛分布的潜优势项目，主要有体操、射击、自行车、击剑等项目，对美国奥运奖牌项目的整体结构形成了支撑性的作用。中国奥运奖牌项目呈现出“前低—中高”的分布特征，“前低”是指中国在田径、竞技游泳和团体项目上一贯的低迷表现，奖牌贡献率仅 12%，“中高”是指中国奥运六大优势项目，也就是体操、跳水、举重、乒乓球、羽毛球、射击项目，奖牌贡献率达到 62%。中国奥运潜优势项目分布广泛，局限于优势项目的强势地位，造成潜优势项目的奖牌贡献率偏低。俄罗斯奥运奖牌项目特征与美国高度拟合，但在整体竞技实力上与美国具有一定差距，优势项目为田径、摔跤和举重项目，奖牌贡献率为63%，同时潜优势项目的奖牌贡献率有限。

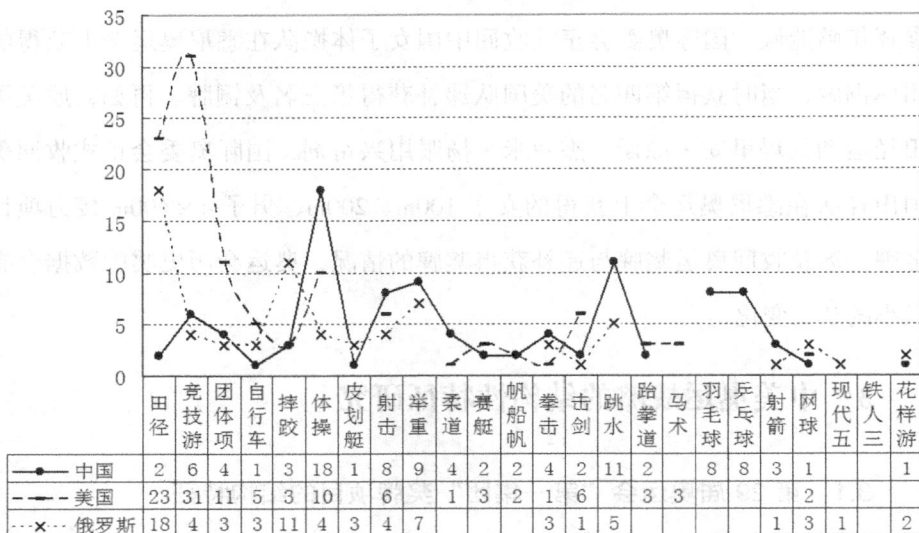

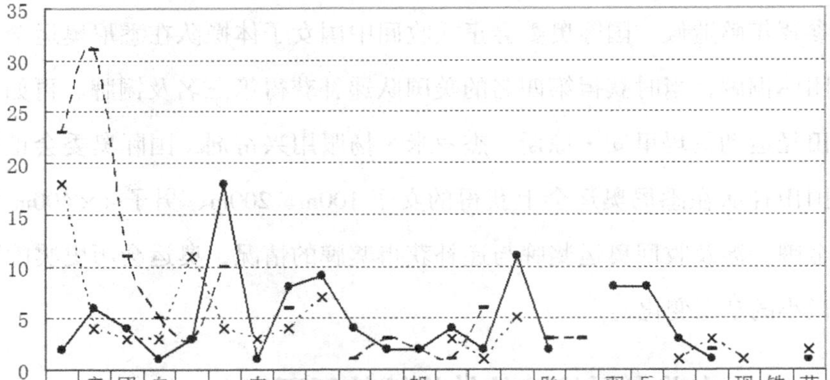

	田径	竞技游	团体项	自行车	摔跤	体操	皮划艇	射击	举重	柔道	赛艇	帆船帆	拳击	击剑	跳水	跆拳道	马术	羽毛球	乒乓球	射箭	网球	现代五	铁人三	花样游
—●— 中国	2	6	4	1	3	18	1	8	9	4	2	2	4	2	11	2		8	8	3	1			1
– – 美国	23	31	11	5	3	10		6		1	3	2	1	6		3	3				2			
···×··· 俄罗斯	18	4	3	3	11	4	3	4	7				3	1	5					1	3	1		2

图1　北京奥运会中美俄三国奖牌项目分布统计

第29届奥运会中国创造了100枚奖牌的历史最好成绩，在辉煌的背后隐藏着“金牌战略”的结构性危机。中国在六大优势项目上表现出强劲实力，田径、竞技游泳、集体球类项目、自行车、网球等最具全球影响力项目表现欠佳。中国奥运奖牌项目分布广泛，在本文设计的项目分类体系中，中国在21个项目统计单元斩获奖牌，美国仅为15个，俄罗斯为16个，这得益于北京奥运会东道主效应的促动作用。二期“争光计划”关于“全面投入、保证重点”的发展目标和保障措施卓有成效，《2001—2010年奥运争光计划纲要》明确指出：“在2008年夏季奥运会上，充分发挥东道主优势，全面参与奥运会的竞争，力争金牌数排名第3位。扩大规模，突出重点，全面参与奥运会的竞争。”[8]凭借全面投入、要素驱动的增长模式，中国奥运战略创造了以保障优势项目为重点，全面投入潜优势项目为辅的基本格局。相比较而言，美国奥运战略与职业体育市场无缝对接，高度发达的职业体育市场对本土运动员的培养发挥了保障性的作用，对美国奥运优势项目发挥了基础支撑作用，职业体育对国家队的供给效应十分明显。同时十分注重“超高经济性”项目的集约化效应，体现出系统支撑（市场、科技、教育等）、创新驱动的战略特征。

3.2　第 30 届奥运会“第一集团”奖牌项目的结构特征

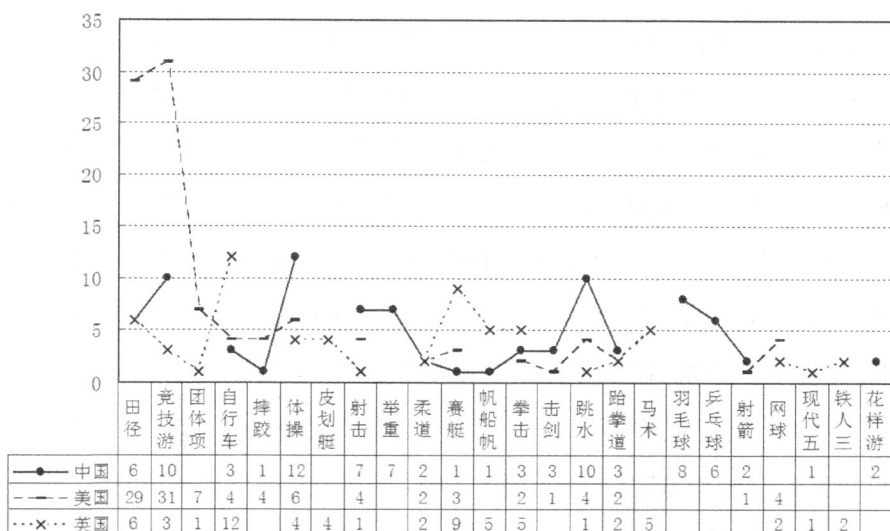

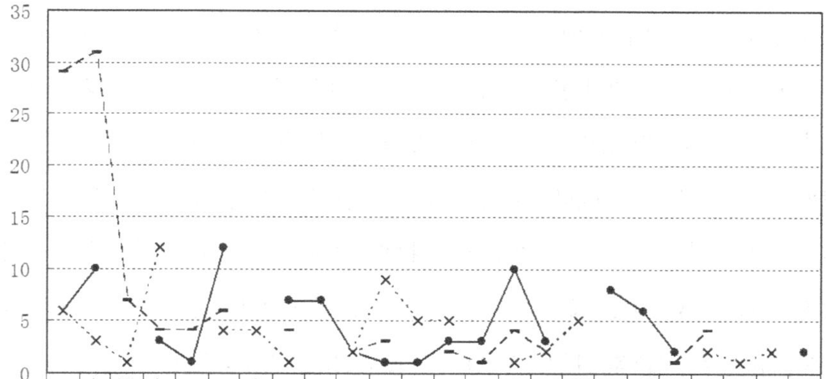

	田径	竞技游	团体项	自行车	摔跤	体操	皮划艇	射击	举重	柔道	赛艇	帆船帆	拳击	击剑	跳水	跆拳道	马术	羽毛球	乒乓球	射箭	网球	现代五	铁人三	花样游
—●— 中国	6	10		3	1	12		7	7	2	1	1	3	3	10	3		8	6	2		1		2
– – 美国	29	31	7	4	4	6		4		2	3		2	1	4	2				1	4			
···×··· 英国	6	3	1	12		4	4	1		2	9	5	5		1	2	5				2	1	2	

图 2　伦敦奥运会中美英三国奖牌项目分布统计

如图 2 所示，第 30 届伦敦奥运会“第一集团”奖牌项目的分布特征，中国奥运奖牌项目“前低”的分布特征有所改善，奖牌贡献率由 12% 提升至 18.2%；“中高”的分布特征有所弱化，中国奥运六大优势项目的奖牌贡献率由 62% 降至 56.8%。三期“争光计划”对奖牌项目的结构性调整战略已初见成效，中国在田径、竞技游泳项目上的突出表现，对中国奥运奖牌项目的结构性调整发挥了至关重要的作用。在本文设计的项目分类体系中，中国在 19 个项目统计单元斩获奖牌，美国仅为 15 个，英国为 17 个，俄罗斯为 17 个。

中国奥运奖牌分布表现出缩减的趋势，与上届奥运会奖牌项目分布相比，中国团体项目和皮划艇项目未获奖牌。中国在集体球类项目上无所作为，应当引起体制高层和业界的高度重视，亦是中国“三大球”项目竞技水平持续滑坡的缩影。

美国奥运奖牌项目继续保持“前高—中平”的分布特征，奖牌与金牌分布特征相一致，呈现出高度市场化和集约化的结构特征。也有研究表明，第30届奥运会美国金牌项目主要集中在田径、游泳、球类等众多小项中，尤其是商业前景广阔、职业化程度高的项目，如篮球、网球等项目表现出极高的竞争力和极强的引领效果，为项目普及和职业联赛的可持续发展奠定了基础[11]。俄罗斯奥运奖牌项目继续保持“前高—中平”的分布特征，与美国整体竞技实力仍有一定差距，凭借在田径、摔跤和体操三大优势项目上的稳定发挥，力保奖牌榜第三的地位。值得注意的是，俄罗斯田径项目的奖牌贡献率高达22%，世界反兴奋剂组织（WADA）独立调查委员会发布调查报告称，俄罗斯田径界存在“有组织的”“系统性的”使用兴奋剂问题，这对于俄罗斯田径项目乃至里约奥运战略将产生重要的影响。英国奥运奖牌项目呈现出“前平—中平”的分布特征，凭借东道主在“奥运会计划”政策保障方面的竞争优势，英国力压俄罗斯夺得29枚金牌，所获金牌数占奖牌数的比率高达44.6%，表现出较强的绝对竞技实力。英国共夺得65枚奖牌，与俄罗斯的82枚、中国的88枚、美国的104枚具有较大差距，英国在自行车、赛艇、田径、马术、帆船等传统优势项目上的稳定发挥，对实现奖牌榜第四名的成绩提供了支撑性作用。

3.3 中美奥运奖牌项目的结构特征

中国参加近8届（第23–30届）奥运会共夺得473枚奖牌，美国参加近

7 届（第 24–30 届）奥运会共夺得 711 枚奖牌。如图 3 所示，中国奥运奖牌大项依次排序为：体操 68 枚，跳水 59 枚，举重 50 枚，射击 49 枚，乒乓球 47 枚，羽毛球 38 枚，竞技游泳 37 枚，田径 21 枚，柔道 20 枚。以此确定中国奥运六大优势项目，分别为体操、跳水、举重、射击、乒乓球、羽毛球，对中国奥运奖牌贡献率高达 65.8%。由于田径和竞技游泳项目为奥运基础大项，第 30 届奥运会田径设 47 个小项，竞技游泳设 34 个小项（包括竞技游泳和公开水域游泳分项），以第 30 届奥运会田径、竞技游泳项目奖牌数为基数，中国参加近 8 届奥运会田径项目的夺牌率不足 2%，竞技游泳项目的夺牌率不足 5%，视为中国奥运优势项目勉为其难，亦可将柔道和竞技游泳项目视为中国奥运潜优势项目。

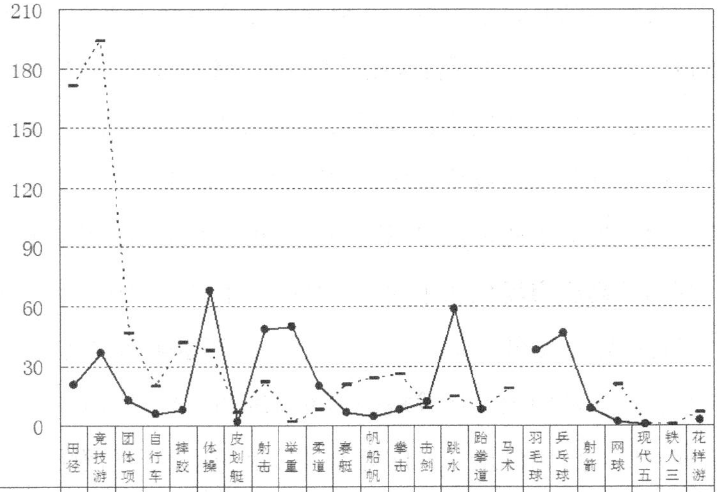

	田径	竞技游	团体项	自行车	摔跤	体操	皮划艇	射击	举重	柔道	赛艇	帆船帆	拳击	击剑	跳水	跆拳道	马术	羽毛球	乒乓球	射箭	网球	现代五	铁人三	花样游
第23-30届奥运会中国奖牌数	21	37	13	6	8	68	2	49	50	20	7	5	8	12	59	8		38	47	9	2	1		3
第24-30届奥运会美国奖牌数	171	194	47	20	42	38	7	22	2	8	21	24	26	9	15	8	19			8	21	1	1	7

图 3　奥运会中美奥运奖牌分布统计

美国奥运奖牌大项依次排序为：竞技游泳 194 枚，田径 171 枚，团体项目 47 枚，摔跤 42 枚，体操 38 枚，拳击 26 枚，帆船帆板 24 枚，射击 22 枚，网球和赛艇同为 21 枚，自行车 20 枚，以此确定美国奥运三大优势项目，分别为竞技游泳、田径、团体项目，对美国奥运奖牌贡献率达到57.9%。美国奥运潜优势项目广泛分布在摔跤、体操、拳击、帆船帆板、射击、网球、赛艇、自行车、马术等项目上，形成了以田径、竞技游泳基础大项，职业化、市场化程度高的团体项目为战略重点，摔跤、体操等广泛分布的潜优势项目为辅助支撑的奖牌项目结构体系。相比较而言，中国奥运六大优势项目夺牌集中度过高，虽然奖牌项目分布广泛，仅有马术和铁人三项未获过奖牌，美国则是乒乓球和羽毛球项目未获过奖牌，但是中国奥运潜优势项目明显偏少，对优势项目的保障性作用造成很大的夺牌压力。如果中国奥运优势项目发挥失常，将对中国奥运整体成绩造成决定性的影响。美国广泛分布的潜优势项目，很大程度上弥补了美国三大优势项目发挥失常可能产生成绩大幅波动的影响。同时更严峻的是，中国奥运优势项目夺金空间近乎饱和，如果不寻求新的突破口，依靠现有优势项目来提升整体实力势必难以为继[12]。

中美奥运优势项目各有所长，不相冲突，美国注重基础大项的集约化效应和团体项目的市场化效应，中国注重“软金牌”项目的要素驱动和累积效应，由此形成了两种截然不同的增长模式和结构体系。相比于美国奥运战略体现出的高度市场化和集约化、高附加值且全面协调发展的结构性特征，中国奥运战略体现出保证重点、全面投入、要素驱动的结构性特征。毋庸讳言，传统意义上的中国奥运战略是不可持续的，与“四个全面”战略布局及改革精神相悖。中国奥运六大优势项目的市场化效应和附加值较低，项目集约化程度偏低进一步造成资源投入使用效率偏低，以及由传统的“体工队”人才培养模式引发的运动员知识结构、文化素养、就业保障、社会适应等一系列问题。深入学习《2011—2020年奥运争光计划纲要》《体育事业发展“十二五”规划》《中国足球改革发展总体方案》等政策文件精神，结合中国奥运战略结构性转型的长远考虑，中国必须摒弃全面倚靠“软金牌”项目的奥运战略，而要逐步转向“软金牌”项目与基础大项、集体球类项目协调发展的全新格局，努力实现三期“争光计划”中关于“推动竞技体育发展从要素驱动向创新驱动转变”的战略布局和发展目标。

由于团体项目偏向于社会系统工程的全要素体现，在短时期内很难实现由“量变”到“质变”的跨越式发展，中国在短时期内很难与美国形成有力的竞技对抗。相比较而言，美国一以贯之职业体育发展道路，在短期内不会转向“软金牌”战略，除了已经与中国形成交锋并具有一定冲击的体操和射击项目，美国未来奥运战略对中国奥运六大优势项目不会形成明显的影响。这就将中国未来奥运战略的突破口，聚焦于田径和竞技游泳基础大项方面。中国田径和竞技游泳项目在2012年伦敦奥运会、2015年北京世界田径锦标赛、2015年喀山世界游泳锦标赛上表现出良好的增长态势，在2016年里约奥运会以及未来的奥运会竞争中，将与美国田径和竞技游泳项目形成强力交锋。因此，中国未来奥运战略的制胜关键取决于基础大项上的突破与进步，进一步取决于中美在田径、竞技游泳、体操、射击等形成强力交锋项目上的竞技表现，这也是一种“此消彼长”的竞争关系。中国如能在竞技游泳项目上取得重大突破，将对美国奥运战略形成整体上的抑制作用。从“田忌赛马”“此消彼长”关系角度而言，中国奥运奖牌项目的结构性调整，对于中国奥运战略来说具有重大的变革意义。

4　中国奥运战略的结构性危机

中华自古崇尚实用，注重“田忌赛马”策略，讲求“好钢用在刀刃上”“不管黑猫白猫，捉到老鼠就是好猫”，以某种特殊利益的认知逻辑，夺金才是硬道理。至于不同的奥运会比赛项目在全球影响力、体育产业与消费指标、综合效益和社会效益等方面表现出的差异，则不是体制内关心的问题。我国著名的运动训练学专家田麦久教授指出："在奥运会的赛场上，并没有把不同的竞技项目分为三六九等，而是赋予每个竞技项目、每枚金牌同等的竞技价值，对参赛国家或者地区总体竞技实力的贡献都是等价的，都拥有同样大小的权重。"[13]这一认识观点代表了体制内长期秉持的金牌价值观念，不论男篮项目金牌，还是跳水项目金牌，在奖牌统计层面不存在本质区别，都是"0"或"1"。具体到奥运战略层面上，就是讲求奥运夺金"效益第一"原则，这种功利思维在一期"争光计划"以及老一辈学者群体中体现得淋漓尽致。有研究者将奥运项目分为"最经济类""经济类""尚经济类""不经济类"四大类别，研究认为处于特定时期的行业内资源对"经济类项目"投入明显偏低，对"不经济类项目"投入明显偏高，这种投入结构不利于实现奥运战略目标[14]。这类研究只考虑资源投入与金牌产出的经济学成本，选择性地遮蔽奥运项目背后蕴涵的市场潜力和社会效益。

研究者思维认识的局限性，反映了一期"争光计划"主导价值观的某种缺陷，反映出"兵败汉城"后中国社会对奥运金牌的强烈渴望和整体观念。一期"争光计划"明确提出"建立效益投资体系"的要求："制订竞技体育投资方案，根据国家对奥项的总体布局，对于奥运会重点项目在资金、物资上予以重点保证，并注意扩大对见效快，效益大的项目的投入。"[7]二期"争光计划"充分肯定了"建立效益投资体系"所发挥的作用，指出"与竞技体育发展相适应的效益投资体系和社会保障体系逐步建立"，并进一步巩固了"效益投资体系"的战略地位，提出"完善竞技体育的效益投资体系"的整体规划，"结合奥运项目总体布局，科学制订资金投入计划，明确投入方向和投入重点，对优势项目、潜优势项目、田径、游泳和水上项目的部分夺取金牌、奖牌小项目以及女子重点集体球类项目给予重点保障"[8]。

田径、竞技游泳项目设项数最多，比赛小项的集约化程度较高，国际竞争十分激烈，很大程度上体现了国家体育科技发展水平，表现出较强的资源投入经济性特征。受到体育科技发展水平，竞技体育的职业化和市场化等要素环节的制约影响，中国一直在田径、竞技游泳项目上表现欠佳，建立效益投资体系的同时，也淡化了面向国际较高竞争力项目敢于“啃硬骨头”的魄力，弱化了体育科技发展在实现项目结构性调整过程中的重要保障地位。集体球类项目涉及要素环节多，资源投入大，且成绩产出的不可控因素较大，作为“不经济类项目”一直不在“金牌战略”重点关注的范围，一般交由市场力量，相应建立职业联赛市场运行体系，以求实现项目的外部支撑性发展。囿于行政力量掌控联赛市场的“管办不分”状况，市场主体地位尚未充分确立，联赛市场潜力尚未充分开发，投资人、媒体与社会对职业体育联赛“伪职业化”状况的批判此起彼伏，难以实现职业联赛市场对国家队竞技实力的供给效应和支撑性作用。

时至今日，以金牌数量论成败的观念仍有一批追随者，无视中国奥运金牌项目的结构性特征，无视奥运会各类项目的全球影响力差异，以及项目发展与市场的紧密联系。储建新认为第 30 届伦敦奥运会中国金牌战略是“举国体制”的成功，举国体制的成功进一步证明中国竞技体育改革的成功，认为“举国体制”是金牌制造的高效工厂，是金牌战略的最佳模式[15]。这种带有“唯 GDP 论”烙印的“金牌战略”价值取向，即以 GDP 统计数据作为考核政绩的唯一标准，或以奥运金牌数量作为评价竞技体育“举国体制”优劣的主要标准，导致了运动员就业难、项目发展与职业体育市场严重脱节等一系列棘手的问题。以往在实施“争光计划”过程中，通过选择性地确立工作重点集中使用资源，以数量扩张和赶超为目标配置体育资源，这种资源配置方式和工作方针保证了一部分重点的快速发展，却忽略了资源边际效益递减的客观规律，一方面造成竞技体育内部发展不协调、不平衡，另一方面造成有限资源的极大浪费[16]。

虽然在名义上一直强调“扬长补短”的政策精神，即扬长补短是我国奥运争光战略的必然选择[17]，三期“争光计划”在强调“统筹规划，科学布局，突出重点”的同时，突出了“均衡发展”和“全面协调可持续发展”的指导思想和战略地位。但在“争光计划”产生的实际结果上，属于一种典型的“扬长避短”策略。所谓之“避”，就是体制内过度追求奥运金牌项目的“效益第一”，集体球类项目长期处于弱化与边缘性地位，广大群众喜闻乐见的“三大球”项目成绩持续下滑，与世界强队的竞技水平差距越拉越大，男足项目沦为亚洲二流已是不争的事实。这是在“保证重点”这一战略思维引导下长期积累的政策实施结果，乃至陷入一种“不经济类项目”发展的政策排斥与恶性循环状态，最终导致中国奥运战略项目布局的结构性危机。

应该看到的是，《2011—2020年奥运争光计划纲要》在“我国竞技体育可持续发展面临的机遇与挑战”这一问题上具有深刻认识，“在项目结构上发展不均衡，优势项目提升空间有限，且保持优势已相当困难；潜优势项目尚未形成项目和人才厚度，整体缺乏后发优势和潜力；田径、游泳等基础项目和群众喜爱、社会影响广泛的三大球以及冬季项目水平仍然较低，与世界先进水平还有较大差距”[9]。由此提出“推动竞技体育发展从要素驱动向创新驱动转变”的应对策略。与此同时，更多的来自体制内学者敢于直面问题，鲍明晓、李元伟旗帜鲜明地指出[18]，“当一国竞技体育已经做大以后，如果还把工作重点放在多拿含金量不高的金牌上，不下决心在国际竞争度高的项目上争取突破，那么这样的大或强，多少还是有一些水分的”，提出了由“局部赶超、争光为先”向“全面协调、科学发展”转变的实践思路。钟秉枢教授在“拿什么样的金牌，如何拿金牌”的诘问中，提出了中国竞技体育发展模式转型的实践策略[19]。这些体制内学者深入把握三期“争光计划”的政策精神，将国家奥运战略的理念创新与转型趋势进行自我内化的学理阐释，在呼吁全面深化改革、转变工作思路、解释政策观点等方面扮演了应有的角色。

5　中国奥运战略结构性转型观察

集体球类项目是一个社会全方位参与、大投入、协同性强的社会系统工程，凭借体制内资源投入显然是不经济的，也很难看到由扩大投入、规模和依靠政策、保障等要素驱动的显著效果。与“不经济类项目”相对应的是，集体球类项目具有巨大的市场效应和社会效益，十八大以来足球改革发展上升为国家战略，充分体现了党和国家对大力发展世界头号“不经济类项目”的信心和决心，彰显了新一届中央领导集体的巨大政治魄力，也是中国经济结构性调整和社会各领域可持续发展的缩影。与中国经济发展与社会变革保持步调一致的奥运战略转型问题，这种项目布局的结构性调整变化在三期“争光计划”中得以充分体现，在发展目标和主要任务方面确立了“保持”与“提高”相结合的战略布局，金牌和奖牌结构实现渐进式改善，2020 年夏季奥运会可以预期的是，“继续保持金牌和奖牌数领先，金牌和奖牌结构显著改善，潜优势项目、基础项目金牌和奖牌数占金牌和奖牌总数的比例大幅度提升；集体球类项目整体水平显著提高，进入先进国家行列”[9]。早在 2008 年北京奥运会中国体育代表团创造历史性成绩，社会各界关于何为体育强国的激辩话语，陷入冷静与全面反思之后，中国奥运战略的结构性转型问题就浮出水面，这一战略性的转型意识也充分体现在《体育事业发展“十二五”规划》中：“不断优化项目结构，促进竞技体育均衡发展。突出重点，保持巩固优势项目。重视开发潜优势项目，使之成为新的金牌增长点。加大对田径、游泳等基础大项、集体球类项目和冬季项目的政策研究与投入，力争运动水平有所提高。”进一步体现出国民经济结构调整和发展方式的变革对体育事业可持续发展的影响，体育强国发展目标的实现，要求构建与之相适应的体育体制和运行机制[20]。

中国奥运战略的结构性转型面临巨大的难度，这种渐进式的结构调整过程也不可能在两个奥运周期内完成，要在体制机制改革、资源使用效益、科技支撑、训练业务等要素环节不断创新发展，凭借资源、技术与经验的滚动式积累，守正笃实，久久为功。在体育事业发展“十二五”规划的收官之年，中国在田径、游泳、“三大球”项目上的表现可圈可点，对中国奥运战略结构性转型的象征性意义非同寻常。中国游泳队在2015年喀山世界游泳锦标赛上再创佳绩，继续保持良好的发展势头。跳水项目继续保持强势地位。水球、公开水域游泳项目难有突破。花样游泳项目保持在“第一集团”，但要看到与冠军俄罗斯队存在较大差距。竞技游泳项目夺得5枚金牌，在短距离项目上取得历史性突破，潜优势项目有所扩展，涌现出宁泽涛、傅园慧等一批新生力量。中国田径队在2015年北京世界田径锦标赛上取得历史性突破，金牌数依旧重复“0–1–0–1”的历史节奏，但在奖牌项目的结构性调整方面取得重大突破，中国在一些高竞争力项目上创造了历史，诸如男子100米、4×100米接力、跳高、跳远等项目。中国男足在2015年亚洲杯足球赛获得小组全胜战绩，但在俄罗斯世界杯亚洲区预选赛40强赛上表现低迷。中国女排夺得2015年女排世界杯赛冠军，也要冷静看到巴西女排的缺席对不充分竞争及竞技格局带来的影响。中国女足晋级2015年女足世界杯赛8强，提前完成《中国足球改革发展总体方案》“三步走”战略目标中的国家女足指标。中国男篮重回亚洲之巅，周琦、郭艾伦、赵继伟等一批新秀挑起大梁，夺得2015年亚洲男篮锦标赛冠军。种种例证表明，三期“争光计划”实施进展过半，中国奥运战略的结构性调整初见成效。2016年里约奥运会，成为中国奥运战略结构性转型的真正“拐点”，中国奥运战略能否保持并扩大这种结构性转型的良好趋势，我们拭目以待。

参考文献

[1] 黄文敏，张扬文 . 从北京奥运会奖牌榜剖析世界体坛竞争格局 [J]. 体育学刊，2008，15（12）：73–76.

[2] 孙雷鸣，邓成虎 . 对世界体育强国在奥运会“金牌大户”项目中“弱项”的调查与分析 [J]. 上海体育学院学报，2003，27（2）：1–6.

[3] 刘芳 . 中国第 29 届奥运奖牌与竞技体育发展研究 [J]. 西南师范大学学报（自然科学版），2009，34（2）：181–184.

[4] 张建华 . 我国历届奥运金牌获得项目的项群特征 [J]. 首都体育学院学报，2009，21（6）：676–679.

[5] 唐炎 . 对我国“奥运争光计划”的多维审视 [J]. 武汉体育学院学报，2007，41（2）：16–21.

[6] 吴寿章 . 起草“奥运争光计划”的台前幕后 [J]. 体育博览，2001，（4）：22–23.

[7] 国家体委 . 奥运争光计划（1994 年—2000 年）[EB/OL]. [1995–07–06]. http：//www.olympic.cn/rule_code/code/2004–04–26/153260.html.

[8] 国家体育总局 .2001—2010 年奥运争光计划纲要（体竞字 [2002] 160 号）[EB/OL]. [2002–11–19] .http：//www.sport.gov.cn/n16/n1092/n16879/n17336/1442440.html.

[9] 国家体育总局 .2011—2020 年奥运争光计划纲要 [N]. 中国体育报，2011–05–18（2）.

[10] 张玉超 . 第 29 届奥运会中、美、俄奖牌分布特点及其启示 [J]. 体育学刊，2009，16（2）：81–84.

[11] 霍军，韩勤英 . 伦敦奥运会中美奖牌分布的项目特征研究 [J]. 体育文化导刊，2013，（3）：48–50.

[12] 何强 . 我国竞技体育奥运战略的历史审视：兼论奥运战略的可持续发展 [J]. 首都体育学院学报，2012，24（3）：243.

[13] 田麦久 . 综合赛事中单项金、奖牌的竞技价值与博弈方略 [J]. 体育科学，2013，33（12）：4–5.

[14] 董新光，陈明义 . 对奥运战略重点项目投入结构的分析与对策建议 [J]. 体育科学，1993，13（4）：4–8.

[15] 储建新 . 我国伦敦奥运战略的成功及启示 [J]. 武汉体育学院学报，2013，47（2）：21–24.

[16] 寿在勇，何强 . 实施《2011—2020 年奥运争光计划纲要》的战略定位与路径选择 [J]. 首都体育学院学报，2015，27（3）：247.

[17] 罗超毅 . 扬长补短是我国奥运争光战略的必然选择 [J]. 北京体育大学学报，2013，36（11）：11–13.

[18] 鲍明晓，李元伟 . 转变我国竞技体育发展方式的对策研究 [J]. 北京体育大学学报，2014，37（1）：9–23.

[19] 钟秉枢 . 奥运战略目标的实现与竞技体育发展模式的转型 [J]. 北京体育大学学报，2013，36（11）：114–119.

[20] 谭建湘，胡小明，谭华，等 . “十二五”我国体育事业改革与发展研究 [J]. 体育学刊，2011，18（4）：1–6.

第 6 章　中国竞技体育金牌战略的结构性转型

“软金牌”项目是相对于奥运会比赛项目的国际参与度而言，举重、跳水等项目的国际参与度较低，在这些项目上夺得金牌处于不完全竞争的状态。中国在奥运会田径、竞技游泳、团体项目等较高竞争力项目上处于弱势地位，凭借“软金牌”项目的累积效应，位列奥运会“第一集团”国家的地位。中国在近 8 届奥运会跳水、体操、举重等优势项目上获得了 152 枚金牌，占中国金牌总数的 75.6%。美国在近 7 届奥运会田径、游泳、团体项目上获得了 182 枚金牌，占美国金牌总数的 67.4%。中国与美国竞技体育金牌战略的结构性特性表现出巨大差异。中国竞技体育面临结构性的内在矛盾及转型压力，必须尽快走出“软金牌”陷阱，作为未来世界体育强国的自我定位与认同，中国竞技体育的结构性转型势在必行。

1　“软金牌”概念分析

北京奥运会中国体育代表团取得金牌榜第一的历史性成绩，新媒体针对中国奥运金牌战略问题率先发难，业界、学界积极跟进，回应社会批评与关切，围绕“需不需要金牌”[1]“如何看待竞技体育举国体制”[2]等问题进行了深刻反思。金牌多了反而不高兴，国人的抵制情绪到底源于什么？如果我们给出一个笼统的说法，那就是欧美发达国家流行（职业化）的奥运项目我们都不行，欧美发达国家不流行（业余性）的奥运项目我们都可以。这个说法当然有失偏颇，过于夸大不同奥运项目的国际竞争力差异这一事实状况，但也不失为一种看待问题的角度，一种警示性的反思。既然存在奥运项目的国际竞争力差异，那么奥运金牌的“成色”就有“软”“硬”之分。“软金牌”之“软”是相对于奥运会比赛项目的国际参与度而言，足球、篮球、田径、游泳等项目的国际参与度较高，奥运会国际竞争异常激烈，在这些项目上夺得金牌处于完全充分竞争的状态，所谓之“硬”。相比较而言，举重、跳水、乒乓球、射击等项目的国际参与度较低，奥运会国际竞争比较激烈，在这些项目上夺得金牌处于不完全竞争的状态，所谓之“软”。来自刘健、舒盛芳的《夏季奥运会竞赛项目全球影响力定量分析》研究[3]，在一定程度上也能够说明奥运会比赛项目的国际竞争参与程度问题。中国在奥运会田径、竞技游泳、团体项目等较高竞争力项目上处于弱势地位，更多地凭借“软金牌”项目的累积效应，在奥运会整体实力上超越世界各国，处于奥运会“第一集团”国家的地位。本文所指“中国竞技体育”概念，主要是指中国参与夏季奥运会这一国际体育竞争形式。以下结合中国参加近8届奥运会的夺金项目变化情况，对中国奥运金牌战略的结构特征进行研究，并对中国奥运金牌战略的转型提出一些建设性的意见。

2　奥运会项目分类标准

结合奥运会比赛项目的划分，即大项（SPORT）、分项（DISCIPLINES）和小项（EVENT）。为便于本文研究统计需要，对游泳大项进行分项金牌统计，其他大项不考虑分项金牌统计，以北京奥运会设项为例，这些大项分别为：体操大项包括竞技体操（共设置 14 个小项）、艺术体操（2 个）和蹦床（2 个）分项；自行车大项包括山地赛（2 个）、公路赛（4 个）、场地赛（10 个）、小轮车（2 个）分项；皮划艇大项包括静水（12 个）和激流（4 个）分项；摔跤大项包括自由式（11 个）和古典式（7 个）分项；马术大项包括盛装舞步（2 个）、障碍赛（2 个）、三项赛（2 个）分项。团体项目包括：篮球（2 个）、足球（2 个）、排球（2 个）、沙滩排球（2 个）、棒球（1 个）、垒球（1 个）、曲棍球（2 个）、手球（2 个）、水球（2 个）。

3　中国奥运会金牌战略的结构特征

3.1　2008 年北京奥运会和 2012 年伦敦奥运会“第一集团”夺金项目的结构特征

2008 年北京奥运会比赛共设 28 个大项，38 个分项，302 个小项。图 1 对北京奥运会中、美、俄三国夺金项目分布进行了统计。美国奥运金牌项目分布的拟合度非常高，与奥运设项“前高—中平—后低”的分布线保持高度一致；中国奥运金牌项目分布的拟合度较低，表现出“前低—中高—后平”的分布特征。俄罗斯奥运金牌项目分布表现为段状结构，优势项目为田径、摔跤和花样游泳，潜优势项目为体操、拳击等。美国与中国奥运金牌项目分布特征呈现出截然相反的线条。中国在田径、竞技游泳、团体项目等较高竞争力项目上仅获得 1 枚金牌，而美国在较高竞争力项目上获得 25 枚金牌，对美国奥运金牌贡献率达到69.4%。美国奥运金牌战略与职业体育发展有着紧密的联系，优势项目的集约度和附加值较高，体现了高质量、高效率增长的结构性特征。中国在职业体育市场发展方面与美国存在较大差距，但在攻克精英体育“软金牌”项目上付出了历史性的、持续性的、巨大的努力，也确保了中国奥运金牌战略“第一集团”的优势地位。中国奥运金牌战略的结构性特征尚存在某种天然的局限性，这种局限性是由“软金牌”战略布局引起的结构性危机，“软金牌”项目所能产生的商业影响力十分有限，“软金牌”的社会效应大打折扣。值得提出的是，中国在世界体坛公认的“强队标尺”游泳、田径和团体项目上存在相当大的差距，但也要看到10个潜优势项目，比上届雅典奥运会多了3项[4]，在赛艇、帆船帆板、拳击、射箭等大项上首次斩获金牌，金牌数、奖牌数稳步增加，奖牌项目分布更加广泛[5]，中国奥运金牌战略的结构性特征正趋于全面化态势发展，为今后中国奥运金牌战略的结构性调整打下了基础。

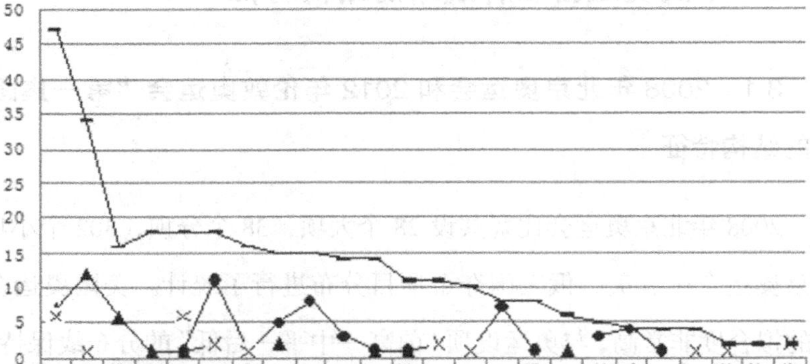

	田径	竞技游	团体项	自行车	摔跤	体操	皮划艇	射击	举重	柔道	赛艇	帆船帆	拳击	击剑	跳水	跆拳道	马术	羽毛球	乒乓球	射箭	网球	现代五	铁人三	花样游
中国		1			1	11	1	5	8	3	1	1	2	1	7	1		3	4	1				
美国	7	12	6	1	1	2		2			1	1		1			1				1			
俄罗斯	6	1			6	2	1						2	1							1	1		2
金牌总数	47	34	16	18	18	18	16	15	15	14	14	11	11	10	8	8	6	5	4	4	4	2	2	2

图 1　北京奥运会中美俄三国夺金项目分布统计

2012年伦敦奥运会比赛共设26个大项，38个分项，302个小项。图2对

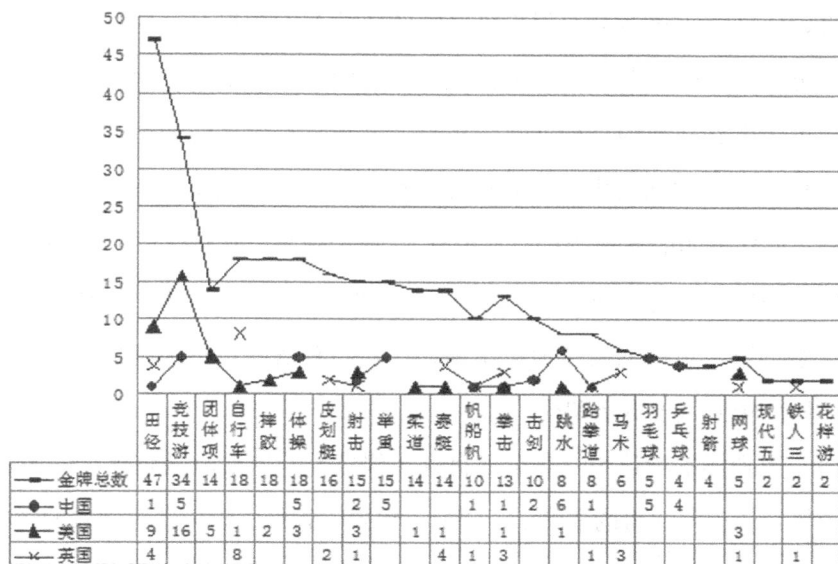

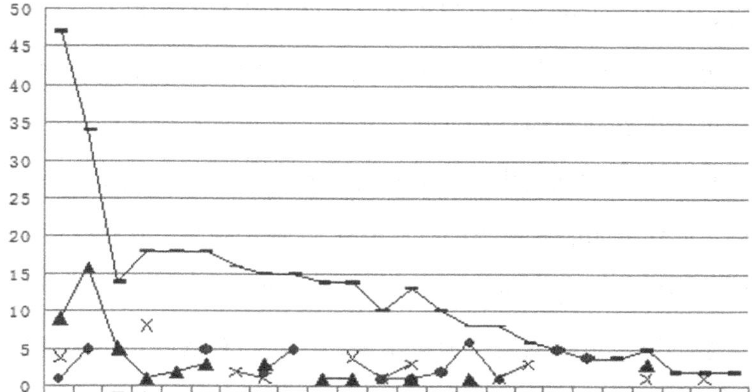

	田径	竞技游	团体项	自行车	摔跤	体操	皮划艇	射击	举重	柔道	赛艇	帆船帆	拳击	击剑	跳水	跆拳道	马术	羽毛球	乒乓球	射箭	网球	现代五	铁人三	花样游
金牌总数	47	34	14	18	18	18	16	15	15	14	14	10	13	10	8	8	6	5	4	4	5	2	2	2
中国	1	5				5		2	5			1	1	2	6	1		5	4					
美国	9	16	5	1	2	3		3		1	1		1		1						3			
英国	4			8			2	1			4	1	3			1	3				1		1	

图 2　伦敦奥运会中美英三国夺金项目分布统计

北京奥运会中、美、英三国夺金项目分布进行了统计。中国在伦敦奥运会 11 个大项上获得金牌，相比上届北京奥运会减少了 4 项，呈现夺金项目结构性紧缩的趋势。诚然，应该看到更多积极因素的变化，这些积极因素将对未来中国奥运金牌战略的结构性转型提供源源不断的推动力量。其一，伦敦奥运会中国获得金牌的女性高于男性 7.8 个百分点，较之北京奥运会 5.8 个百分点有加剧的趋势，但相比于伦敦奥运会美国获得金牌的女性高于男性 26 个百分点的事实[6]，中国金牌战略“阴盛阳衰”现象并不突出，并未表现出夺金项目男女比例严重失衡的结构性特征。世界体坛一般认为女性项目的国际竞争力较低，美国在近两届奥运会中更加依赖女性项目的贡献，中国在夺金项目的男女比例结构方面比美国表现要好。其二，伦敦奥运会中国代表团在竞技游泳项目上取得历史性突破，这也是中国奥运金牌战略结构性变化的最大亮点。伦敦奥运会中国代表团在世界体坛公认的“强队标尺”项目上获得了 6

枚金牌，较之北京奥运会获得1枚金牌的成绩有大幅提升。换言之，中国代表团在游泳、田径、水上运动等潜优势项目上的夺牌实力有所增强[7]，预示着中国奥运金牌战略的结构性特征正趋于高集约性、高附加值的方向调整，表现出积极的结构性变化和发展趋势。其三，中国代表团表现出年轻化、结构合理、层次分明的显著特点，其中有32枚金牌来自年轻选手，20枚金牌来自首次参加奥运会的运动员[8]，运动员呈现年轻化特点也为中国代表团赢得未来竞争创造了更好的后备力量条件，让我们有信心对中国竞技体育金牌战略的结构性转型赋予更多期待。

由于受到样本量偏小、夺金项目存在偶然性、短期激励政策（例如2012年英国体育代表团取得的成绩）、“第一集团”竞争位置轮转等因素的影响，基于最近两届奥运会“第一集团”金牌项目分布情况，很难更宏观、合理地把握中国与美国奥运金牌战略的结构性特征，以下置于中国奥运金牌的整体性视角进行再分析。

3.2 中国参加近8届奥运会夺金项目的结构特征

如图3所示，新中国参加1984年第23届洛杉矶奥运会夺得第一枚金牌，从第23届到第30届伦敦奥运会共夺得201枚金牌，夺金大项依次排序为跳水33枚、体操29枚、举重29枚、乒乓球24枚、射击21枚、羽毛球16枚、游泳12枚、柔道8枚等。从数据统计表现出的明显差距，可以确定中国竞技体育的优势项目为6个大项，即跳水、体操、举重、乒乓球、射击、羽毛球。近8届奥运会中国奥运优势项目共获得了152枚金牌，占中国金牌总数的75.6%。

本文没有将游泳项目纳入中国竞技体育优势项目，主要考虑的是游泳大项金牌数仅次于田径（伦敦奥运会设34个游泳小项），在中国参加的近8届奥运会上，游泳大项的夺金率不到 5%，而羽毛球大项的夺金率高达 40%。

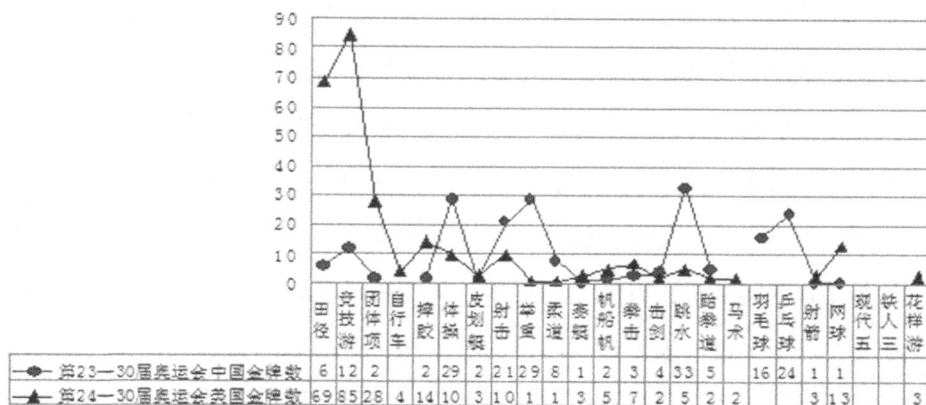

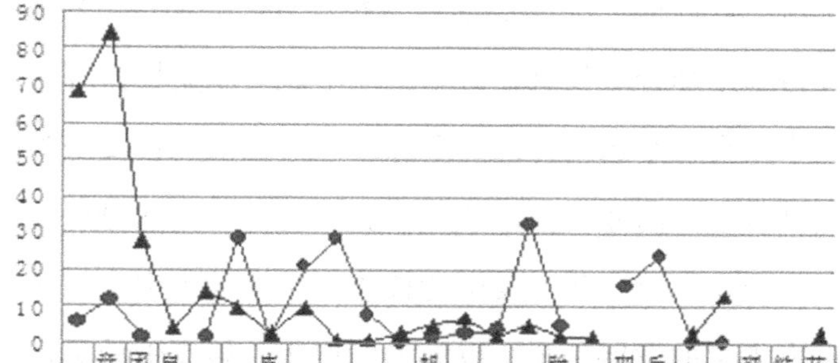

	田径	竞技游	团体项	自行车	摔跤	体操	皮划艇	射击	举重	柔道	赛艇	帆船帆	拳击	击剑	跳水	跆拳道	马术	羽毛球	乒乓球	射箭	网球	现代五	铁人三	花样游
第23—30届奥运会中国金牌数	6	12	2		2	29	2	21	29	8	1	2	3	4	33	5		16	24	1	1			
第24—30届奥运会美国金牌数	69	85	28	4	14	10	3	10	1	1	3	5	7	2	5	2	2			3	13			3

图 3　夏季奥运会中美金牌项目分布统计

由于苏联入侵阿富汗，以美国为首的西方阵营联合抵制 1980 年莫斯科奥运会，作为一种冷战时期的政治回应，以苏联为首的东方阵营联合抵制 1984 年洛杉矶奥运会，在 1984 年洛杉矶奥运会上，美国因缺少强有力的竞争对手，获得了 83 枚金牌、174 枚奖牌的成绩。因不充分竞争的原因，本文对洛杉矶奥运会美国金牌情况不做考虑，仅统计近 7 届夏奥会美国金牌项目情况。根据国际奥委会官方网站的统计结果，因美国队田径运动员琼斯服用兴奋剂事件，国际奥委会取消了美国队在悉尼奥运会获得的女子 100m、200m、4 × 400m 接力项目金牌，故本文统计以国际奥委会官网数据为准，将美国原初的 39 枚金牌核定为 36 枚金牌。美国从第 24 届到第 30 届奥运会共计夺得 270 枚金牌，夺金大项依次排序为游泳 85 枚、田径 69 枚、团体项目 28 枚（篮球、足球、排球等）、摔跤 14 枚、网球 13 枚等。从数据统计表现出的明显差距，可以确定美国竞技体育的优势项目为游泳、田径、团体项目。从夺金率的角度来看，美国网球项目的夺金率高达 50%，也可以认为是美国竞技体育的优势项目。依据夏奥会比赛项目的全球影响力，第一档项目（也就是夏奥会最具有全球影响力的项目）包括田径、网球、足球、游泳、篮球、排球、自行车大项[3]，美国竞技体育优势项目与夏奥会最具有全球影响力的项目高度契合。仅有自行车大项不是美国竞技体育的优势项目，英国等欧洲国家是自行车运动强国。全球影响力在很大程度上等同于市场影响力，也就是具有较高商业价值的项目，美国竞技体育优势项目与美国高度发达的体育赛事产业保持一致。美国竞技体育以市场为中心的导向，诠释了资本主义新自由主义的发展理念，以大力发展职业体育带动奥运会项目的发展。全球影响力很大程度上也代表了运动项目的竞争力，全球影响力越大，参与国际竞争的国家越多，运动项目竞争越激烈，这也说明美国竞技体育处于整个奥运项目体系中的高端，相比较而言，中国竞技体育6大优势项目处于奥运项目体系的中低端。

举重项目的大众普及率较低，世界各国的资源投入普遍较低，项目发展也表现出较高程度的“业余性”特征，在这类“软金牌”项目上更容易取得突破。中国在参与奥运会国际竞争的初期，即在1984年洛杉矶奥运会上夺得4枚举重项目金牌，并于2000年悉尼奥运会以来的近4届奥运会保持每届夺得5枚以上举重项目金牌的优势地位。在2012年伦敦奥运会举重项目比赛中，哈萨克斯坦（4枚）和朝鲜（3枚）强势崛起，举重项目的“第一集团”国家夺得15枚金牌中的12枚，举重项目金牌分布的高度集中，在很大程度上说明该项目处于不完全竞争的状态，在奥运会项目金牌的结构体系中处于较低国际竞争力的“低端”层次。一般像哈萨克斯坦、朝鲜等参与奥运会国际竞争的后发国家，就会将举重这类“无人问津”的项目作为重点突破口，朝鲜国家奥运战略的崛起之路是中国奥运战略发展道路的翻版，也就是由奥运会项目结构的“低端”逐步走向“中高端”层次，进行奥运金牌项目结构的渐进式调整与转型。

从图 3 可以直观反映出，中国奥运金牌分布呈现“前低后高”的特征，美国奥运金牌分布与中国截然相反，呈现“前高后低”的特征。美国是由学校体育和社会力量承担培养竞技体育后备人才的功能和责任，走的是一条以市场价值驱动的自由放任发展道路。处于中低端竞争力的项目缺乏强大的社会资本和市场力量作为发展的后盾，而是由学校体育和社会上广泛开展的体育俱乐部承担发展的责任，这种自由放任的发展模式具有较大的业余性特征，在职业化方面与美国四大职业联赛为象征的职业体育项目表现出较大的差异。美国奥运战略表现为“二八效应”，“二八效应”又称 80/20 法则、帕累托法则、帕累托定律、最省力法则等。在 2012 年伦敦奥运会上，田径、游泳、团体项目共设 95 个小项，占设项总数的三成。团体项目大部分为美国职业体育项目，职业体育直接为奥运项目提供源源不断的发展动力，美国不需要为团体项目单独设立一套体系，这在节约政府资金和社会资源方面实现最优化发展。体育界有“得田径者得天下”或“得田径、游泳者得天下”之说，美国历来重视田径、游泳大项的发展，不仅出于奥运会设项多的战略布局考虑，更重要的是田径、游泳大项表现出的集约化效应。美国可以利用有限的社会资源投入，获得更大的金牌效应。美国在近 7 届奥运会田径、游泳大项上获得了 154 枚金牌，占美国金牌总数的 57%。

从资源高效配置的角度来说，没有任何国家会拒绝金牌，尤其是世界体育强国的美国，美国拒绝付出社会代价取得的项目金牌，而致力于田径、游泳大项这类集约化程度比较高的项目金牌，以及重点发展具有职业体育竞争力“平移”效应的团体项目金牌。美国奥运战略“二八效应”是中国竞技体育努力的方向，但是结合中国竞技体育的比较优势，在短时期内很难在田径项目和团体项目上有所作为。冯树勇博士对中国田径运动发展形势和方向的判断切中肯綮：“田径各单项技术特征千差万别，所需能力各异，即使像美国、俄罗斯等这样的田径强国都不可能面面俱到，只能根据自身的特性集中发展自己的优势项目，兼顾其他项目。”[9]团体项目处于较高的职业化和市场化发展水平，以及世界各国的广泛参与性，将团体项目的全球竞争推向白热化。美国近7届奥运会获得了28个团体项目冠军，在男女篮球、女足、女排等项目上表现出强大的竞争优势，而中国在近8届奥运会团体项目上仅获得了2个女排项目冠军。团体项目涉及经济、科技、教育、后备人才培养、媒体与社会氛围等综合因素，不是一朝一夕可以实现后发赶超的，在团体项目上实现全面崛起具有巨大的难度。可以预料的是，在未来几届奥运会竞争中，中国团体项目仅在女排项目上具有夺冠优势，女子沙滩排球、女子水球、女子曲棍球、女子足球项目也可以作为团体项目的突破口。这也就意味着，中国在较长时期内仍然要坚持6大优势项目战略，也就是奥运会中低端竞争力项目，也就是竞技体育的“软金牌”项目。“扬长补短”是中国奥运争光战略的必然选择[10]，也是必须长期坚持的发展战略。如果中国奥运争光战略定位于“扬长避短”，无法与中国经济结构转型和“四个全面”精神保持一致，这也不符合中国经济与社会改革发展的未来趋势。“扬长”毫无疑问是要坚持中国竞技体育6大优势项目，“避短”就是要躲开田径、游泳和团体项目这类全球高竞争力项目，这不符合党和国家全面吹响足球改革发展的号角，以足球运动为突破口向竞技体育结构性转型和建设竞技体育强国迈进的目标要求。

如果将每届奥运会平均获得2枚以上金牌的大项定义为优势项目，将平均获得1枚以上、2枚以下金牌的大项定义为潜优势项目，可以发现：美国奥运优势项目为田径、游泳、团体项目，对美国奥运金牌贡献率达到67.4%。中国奥运优势项目为跳水、体操、举重、乒乓球、射击、羽毛球，对中国奥运金牌贡献率达到75.6%。美国奥运潜优势项目为摔跤、网球、体操、射击、拳击，因网球项目设项少，实质上网球项目为美国奥运优势项目。中国奥运潜优势项目为竞技游泳和柔道。相比较而言，中国奥运优势项目的整体贡献率居高，聚焦度过于集中，也反映出夺金项目布局较为单一，进一步体现在潜优势项目偏少，未来有潜力的金牌项目增长点偏少。美国奥运优势项目的整体贡献率较高，潜优势项目布局广泛，夺金点呈现多元化态势。这为中国奥运金牌战略带来更多启发，在确保优势项目的基础上，应在跆拳道、击剑、拳击、摔跤、皮划艇、自行车等项目上有所突破，下大力气发展更多的潜优势项目，扩大夺金覆盖面。

4　中国竞技体育金牌战略的结构性转型

4.1　中国竞技体育优势项目的效率改进

改革开放以来，中国竞技体育“举国体制”为保障与实现奥运争光战略发挥了重要的作用，凭借丰厚的人力资源优势和“举国体制”集中力量办大事的优势，中国竞技体育实现了跨越式发展。步入新世纪以来，受到城市生活成本的提高、人权意识的觉醒、竞技体育走向市场化等因素的影响，国家财政与社会资源投入竞技体育的约束条件正在逐渐收紧，竞技体育“举国体制”能够在资源不断受到约束的环境下进行自我调整和效率改进，实现行业内资源的有效调动和高效配置，有力确保中国竞技体育优势项目的整体实力，这是竞技体育“举国体制”在新的时代背景和社会环境下的一种自我进化和效率改进。这里有必要对国家财政与社会资源投入约束条件进行特别说明。国家财政投入竞技体育的约束条件，是相对于国内生产总值增长率比较而言，相对于保障优势项目投入和潜优势项目、团体项目投入而言，相对于保障竞技体育发展和全民健身、体育产业协调发展而言，对于无形中扩大的政府责任担当和公共舆论压力而言，对竞技体育领域的国家财政拨款和总局资金分配相对处于条件约束的困境。社会资源投入竞技体育的约束条件，是相对于以往竞技体育后备人才资源而言，相对于以往家庭投入竞技体育的热情和期望而言，相对于以往媒体与社会营造的支持竞技体育氛围而言，对竞技体育领域的社会资源与家庭投入相对处于条件约束的困境。

面对新常态下党和国家“四个全面”战略布局的要求，中国竞技体育优势项目应该以更大的改革魄力和智慧，促进资源配置与使用效率进一步提升。以前用10元钱办10元钱的事，现在用5元钱办10元钱的事，未来要用1元钱办10元钱的事。“软金牌”战略的实现要用与之匹配的资源成本投入，来自社会舆论的批评主要指向是，“软金牌”战略占用了相对较多的公共体育资源，资源配置与使用效率尚有较大的提升空间，中国竞技体育优势项目的效率改进任重而道远。有两条可供考虑的效率改进路径。

其一是实现中国竞技体育优势项目的“垂直培养”，进一步缩减与平衡奥运项目布局。也就是说，发挥各省训练系统的比较优势，逐步完成地市级训练系统向学校体育与体育俱乐部（社会资本）的转型，最大限度缩减专业性训练资源的投入。假设各省训练系统都开展举重项目，或者仅仅为了全运会整体成绩而开展一些明知无法达到国际水准的项目，势必消耗更多的社会资源，资源配置效率便会降低。如果各省训练系统结合自身的优势项目和比较优势，重点开展若干奥运项目的后备人才培养工程，做精做强，进一步降低人力资源损耗与社会发展的代价，迈向“高质高效”的竞技体育协调发展道路。将各省训练系统的效率改进与体制改革释放出来的资源、精力与活力，转向全民健身与公共体育服务方面，促进群众体育和竞技体育全面协调发展。《国务院关于加快发展体育产业促进体育消费的若干意见》政策文件发布以来，各省区市结合自身实际，纷纷制定出台《关于加快发展体育产业促进体育消费的实施意见》，其中上海市关于加快竞技体育改革的实施意见可谓如沐春风，

《上海市人民政府关于加快发展体育产业促进体育消费的实施意见》中指出："加快竞技体育改革。依托全市竞技体育优势项目，调整项目结构布局，走精兵之路。"[11]

其二是实现中国竞技体育人才培养"体工队"模式的转型，转向由学校体育与体育俱乐部（社会资本）承担竞技体育人才培养功能。考虑路径是建立国家训练中心，实行各项目国家队选拔集训制，建立精英运动员开放竞争平台，体工队、体育职业院校、学校体育、职业体育俱乐部、社会力量等培养途径的竞技体育人才共同竞争（公开、公平、公正原则），组建各项目国家集训队，逐步停办省级以下体工队，省级体工队逐步转型为各项目国家训练中心。中国竞技体育优势项目的效率改进策略，应始终围绕减少公共体育资源投入方面，逐步由学校体育和社会力量（或政府购买服务）承担中国竞技体育人才培养的功能，上海市在转变竞技体育发展方式的先行探索值得借鉴，《上海市人民政府关于加快发展体育产业促进体育消费的实施意见》中指出："鼓励社会力量以开办体育特色非学历教育机构、体育俱乐部等形式参与竞技体育后备人才的培养，支持社会力量组建高水平运动队，政府可通过购买服务等方式予以支持。"[11]由"体工队"模式与学校体育、社会力量并存这一过渡性质的格局，逐步转向院校化（学校体育）和市场化（社会力量）双向驱动模式的格局，并与欧美发达国家竞技体育人才培养模式接轨。

4.2　中国竞技体育潜优势项目的选择定位

如果说中国奥运6大优势项目是保持中国代表团整体竞争力的主要力量，那么潜优势项目的选择、定位与战略布局则是面向未来实现可持续发展的潜在力量。在中国奥运优势项目之外，扩展更多的潜优势项目，不仅是缓解优势项目的夺金压力，也是奥运项目均衡发展和结构转型的必然要求。笔者认为不能以奥运会小项来区分与确定中国竞技体育潜优势项目，有学者运用“竞技水平指数”建模来确定中国奥运潜优势小项，“竞技水平指数”计算公式的源数据主要来自于中国运动员已取得的世界级大赛成绩[12]，运动员的身体天赋因素和优秀后备人才变化情况没有予以充分考虑，这种单项成绩的测算及对未来夺金点的评估具有很大的不稳定性。例如，在“竞技水平指数”模型甄选出游泳大项中的11个潜优势项目（小项），集中于短距离项目且偏向于女性项目[12]，而对优秀后备人才变化及相伴而来的优势项目变化情况估计不足。因为有些奥运小项虽然取得了世界级大赛前8名或前3名的成绩，但也要考虑是否“昙花一现”或者已经达到运动员身体极限的情况，更要考虑该小项是否具有优秀的后备人才资源，是否形成稳定的训练与科研支撑系统。由于缺乏对优秀后备人才变化及优势项目变化的足够关注，在数据推演理想状态下推测与确定中国竞技体育潜优势项目不具有实践指导意义，反例比比皆是。例如，苏炳添在2015年国际田联钻石联赛尤金站男子100米比赛中以9秒99的成绩获得季军，无法据此突破性成绩将男子100m项目列入中国竞技体育潜优势项目，还要结合该项目是否具备优秀后备人才（梯队建设）、运动员是否达到身体极限等因素综合考虑。再如，孙杨在2012年伦敦奥运会上的强势崛起，并一举确立了中国在男子中长距离自由泳项目上的优势地位，孙杨的崛起类似于刘翔的“横空出世”，具有较大的身体天赋优势和人才培养的“偶然性”，如此断然确定中国竞技体育优势项目的地位有失严谨，这也是“竞技水平指数”模型所无法估计的。

这里主张以大项或分项，而不是用小项来区分确定中国竞技体育潜优势项目，以具有相近似的技能或体能特征的小项，组成的群组来选择潜优势项目。选择定位一个潜优势项目的群组至少涵盖3个以上小项，持续发力，久久为功，逐渐形成整体优势，进而产生绝对优势（夺金点），最终实现项目的可持续发展，完成潜优势项目到优势项目的跨越式发展。这要求业界、学界踏踏实实地长期坚持做大量的科研、训练、后备人才培养等各方面工作，形成要素积累与集聚优势，“体制”“科学性”要素的贡献要大于“天赋”“偶然性”因素的贡献。在泱泱大国十亿多人里面发现“百年一遇”的天才运动员，这种由人才培养的“偶然性”效应产生的金牌模式是不可持续的，刘翔退役也便代表中国在 110m 栏项目失去夺金点，而无法实现类似于美国、牙买加在短跑项目上的可持续性发展，类似于中国在跳水、乒乓球等项目上的可持续性发展。

4.3　以游泳项目的科学化训练为突破口

田径、游泳大项绝不是由人种因素主导，而是由科技支撑和科学化训练因素主导。邢慧娜夺得 2004 年雅典奥运会女子 10000m 项目冠军，刘翔夺得 2004 年雅典奥运会 110m 栏项目冠军，孙杨夺得 2012 年伦敦奥运会男子 400m 自由泳项目冠军，宁泽涛夺得 2015 年喀山游泳世锦赛男子 100m 自由泳项目冠军，种种案例反映出人种因素并非决定性因素。在朱建华、陈跃玲、王军霞、王丽萍、刘翔、邢慧娜等中国优秀的田径运动员退役之后，中国在男子跳高、110m 栏项目，女子竞走、长距离跑项目上，并未涌现出更多的优秀选手。这在很大程度上说明，是运动员的身体天赋条件，也就是人种因素促进了亚洲人种的历史性突破，“举国体制”和科学训练因素并未成为主导性因素。假设“举国体制”成为主导性因素，那么应该像跳水、乒乓球等中国竞技体育优势项目所产生的集聚效应一样，从同一条流水线源源不断生产出“产品”。而事实上，中国田径在这些单项上只是“昙花一现”，这就在很大程度上说明，中国田径取得的历史性突破，人种优势远远大于科学化训练优势。也就意味着，今后在田径和游泳大项中，一定要转向科技支撑和科学化训练主导驱动，引进国外一流的教练员团队，重点打造国际一流的科研保障与攻关团队，在运动员生理生化指标控制、体能训练、训练科学化监控、理疗康复、心理干预、训练与比赛大数据分析、竞技表现评估等方面实现综合功能配套。

以游泳项目的科学化训练为突破口，由中国竞技体育潜优势项目逐渐打造为优势项目，在推动中国竞技体育金牌战略的结构性转型过程中处于重要地位。中国竞技体育金牌战略长期践行“长尾效应”法则，战略投入大部分处于较低国际竞争力层次的软金牌项目，从一个侧面反映了改革开放30年中国经济发展要素禀赋条件的局限性，随着党和国家对足球项目的全面战略部署，中国竞技体育金牌战略“长尾效应”增长模式愈发不可持续[13]。田径和游泳项目集约性比较高，田径小项技术特征多元且分散，短期内难有质的提升。团体项目具有高度综合性、长期性等特点，亦在短期内难有作为。游泳项目是中国竞技体育金牌战略在短期内实现结构性转型的突破口，结合近年来中国竞技游泳项目的突出表现，2012年伦敦奥运会中国竞技游泳项目夺得5枚金牌，创造了历史最好成绩，在2015年喀山游泳世锦赛竞技游泳项目上取得5金1银7铜的骄人成绩。令人欣喜的是，在刘子歌、孙杨、焦刘洋、叶诗文、陆滢、赵菁等运动员之后，又涌现出宁泽涛、傅园慧、汪顺、史婧琳、张雨菲、刘湘等优秀运动员，中国竞技游泳项目的后备人才基础不断夯实，潜在夺金点不断扩大，正处于潜优势项目向优势项目跨越式发展的关键时期。将游泳项目的科学化训练作为突破口，以及在选择与实施中国竞技体育潜优势项目发展战略中，应不断完善体制机制、青少年后备人才培养、科技支撑和科学化训练等金牌战略全要素环节，也可借用产业经济学概念——“产业链”要素的完善与整合，避免类似于王军霞、刘翔、李娜等冠军运动员退役后出现的“真空”现象，即项目发展后继乏人。以游泳项目的科学化训练为突破口，建立一套行之有效的体制机制，以潜优势项目的科学化发展创造示范效应，“以点带面”促进中国竞技体育金牌战略的结构性转型。此外，为便于中国竞技体育与国际接轨，破除体育行业的发展壁垒，融入国家与社会的大环境大背景中，占据更为有利的舆论优势，消除中国竞技体育改革的外宣障碍，这里建议用“国家战略”替代竞技体育“举国体制”的概念提法。

4.4　走出“软金牌”陷阱——结构性转型势在必行

凭借奥运“软金牌”的堆砌，在获得较低竞争力的项目总量上突显大国地位，这符合中国体育大国的发展特征，却不符合“努力推动我国由体育大国向体育强国迈进”发展战略的精神要求。伴随“新常态”下中国经济与社会发展的结构性调整，社会各行各业的整体性改革如火如荼，竞技体育领域没有任何理由置之度外。当然我们也要看到体制内超稳定结构性力量和既得利益集团阻挠全面深化体育改革的掣肘力量，是否真正开启全面深化体育改革的发展道路还有待进一步观察[14]。走出“软金牌”陷阱是中国竞技体育的必然选择，具有历史必然性。值得庆幸的是，来自国家体育总局的研究者鲍明晓、李元伟指出了问题所在：“当一国竞技体育已经做大以后，如果还把工作重点放在多拿含金量不高的金牌上，而不下决心在国际竞争度高的项目上争取突破，那么这样的大或强，多少还是有一些水分的，因为金牌数和实际的国际影响力不对等，为国争光的实际效果也会大打折扣。”[15]鲍明晓、李元伟将当前中国竞技体育发展方式总结为“局部赶超、争光为先”，在转变中国竞技体育发展方式的论述方面，也主要是基于竞技体育“为国争光”这一基本的逻辑和立场，含金量不高的金牌关注度较低，所能产生的社会舆论影响也较低，无疑影响到竞技体育“为国争光”的效果，正是在这个认知层面上引发了体制内关于走出“软金牌”陷阱的想法和冲动。拿到更多的奥运金牌，舆论效应没有实现最大化，反而遭到国人的批评，这确实是一种吊诡式的讽刺。这是体制内在能力与荣誉之间的一种自我认同危机，本质上是中国竞技体育“金牌战略”的结构性危机。

最危险的不是“软金牌”引发的社会认同与自我认同危机，而是依附于“软金牌”取得的历史成就，创设出的某些理论、学说、策略所承诺的改革前景，以及指导未来全面深化体育改革的思想、思路、意见。“软金牌”最主要的特征是不完全竞争，在不完全竞争这一基本要素条件下，将取得的成绩与某种制胜因素的优越性联系起来，并推演到普遍性的高度或者一种普适性规律，这种理论的假设是缺乏客观依据的。例如，由举重项目中的崔文华现象推演出“一元训练理论”的优越性[16]，那么孙杨在游泳项目上取得的成就，是不是代表传统训练理论的优越性，而又证明“一元训练理论”的某种缺陷？再如，由美国女足的成功经验推演出某些普适的训练学规律[17]，那么美国男足的不成功是不是证明这些训练学规律的某种缺陷？“软金牌”取得的历史成就对于“举国体制”的优越性也是一种强有力的支持，也创造了一大批声援“举国体制”的理论追随者与诠释者，按照“软金牌”证明的逻辑思路，创造“软金牌”辉煌业绩的“举国体制”具有普遍性价值，可以推广到田径、游泳、团体项目这类国际高竞争力项目上，但从不完全竞争的“软金牌”项目中推演出的体制优越论和训练学规律，面对中国在国际高竞争力项目上的难作为，又缺乏理论说服力和实践解释力。更有甚者以一种“哗众取宠”的评说方式，将体育问题归结为文化问题，主张体育项目的“文化基因论”，中国体育强项如乒乓球、游泳、跳水、女排等，正是延安时期普及的项目[18]。凡此种种，无非是借用“软金牌”项目不具有说服力的历史功绩，来证明某种预设的价值导向和既得利益的追求，将“软金牌”成绩作为证明某种科学性因素存在的依据。笔者认为，为防止全面深化体育改革的价值导向出现重大偏差，有必要对依附于“软金牌”战略而推演出的普适性价值和普遍性规律进行重新评估。

不可否认中国竞技体育取得突破性成绩必然存在制胜规律因素的作用，也要看到造成“软金牌”路径依赖这种难以逆转的局面，乃自古讲实利的传统观念使然。中国竞技体育发展目标异化为“金牌第一”，精英体育追求“金牌第一”本无错，错的是太过于注重结果，而逃避对国家高竞争力金牌项目的挑战。那么最终的结果就是“不管黑猫白猫，捉到老鼠就是好猫”，不管任何项目金牌，是金牌就可以，拿“软金牌”凑数这一“走捷径”的办法，就成为中国竞技体育在短时期内实现跨越式发展的策略选择。很显然，“软金牌”更好拿，也更好出政绩。来自高盛报告中国奥运奖牌榜上行曲线，同步中国足球世界排名下行曲线的大数据分析也能够说明问题，突显了中国足球与奥运战略之间的矛盾[19]，突显了中国竞技体育面临结构性的内在矛盾及转型压力。现在面临的最大问题是，改革开放以来中国竞技体育发展经历了长时期的探索，践行“摸着石头过河”的策略，找到了“软金牌”的实现路径，基本形成了符合中国特色社会主义伟大道路的竞技体育“举国体制”制度。然而，有些同志在“河”中摸上了瘾，有机会过“河”却不想过“河”了。“软金牌”是一种实践策略，一种生活的智慧，也是一种路径依赖，一种功利的陷阱。当我们受益于“软金牌”带来的荣誉，忽视了“软金牌”作为陷阱的一面，就会沉迷于“软金牌”陷阱不可自拔。这股路径依赖的力量非常强大，导致体制内丧失了自我革新的能力，只能迫于中央和国家层面推行的全面深化改革的“顶层设计”，迫于国人与媒体对“软金牌”批评产生的社会舆论压力，凭借“顶层设计”的外部力量，努力推动全面深化体育改革的历史进程，走出“软金牌”陷阱。

这里借用“结构改革”概念面临的挑战来呈现中国竞技体育结构性转型的必要性和紧迫性。以美国为首的新自由主义“结构改革”正面临追随者的质疑，日本学者中谷岩从“结构改革”的狂热者转为谨慎的批判者，认为并非全面否定“结构改革”，而是不能赞成放纵和助长差距扩大、破坏日本社会精心培育起来的社会价值的改革，反对追随美国、抛弃弱者的“结构改革”[20]。从美国式“结构改革”及其追随者谨慎的批判姿态来看，改革倾向于渐进式和稳定性，不是要全盘否定整个结构性特征，而是针对结构性特征中存在的突出问题，区分轻重缓急的不合理问题，进行整体性的、渐进式的结构调整。改革开放以来中国一以贯之渐进式改革发展道路，是渐进式和稳定性两大结构性改革理念的忠实践行者。在中国竞技体育金牌战略的结构性转型问题上，中国不会使用“休克疗法”，这不是中国擅长的经济与社会成长方式，必将走向一种渐进式改革发展道路。例如，《中国足球协会调整改革方案》：“解放思想，积极创新。科学定位，明晰职能。破立结合，以立促破。统筹设计，分步推进”四大基本原则有力诠释了“结构改革”的理念，“深化改革，要先立后破或以立促破，破立结合，防止前后脱节，形成政策真空。”[21]中国竞技体育的结构性特征还存在不合理的成分，这需要我们解放思想、审时度势、科学定位、全面转型。历史规律告诉我们，当生产力、经济发展与社会进步到一定阶段，将面临结构性的内在矛盾及转型压力，不以人的意志为转移，不管我们接受还是不接受，作为未来世界体育强国的自我定位与认同，中国竞技体育的结构性转型势在必行。[22]

参考文献

[1] 刘建和．综述与诘问：具有中国特色的振兴“三大球”之路［J］．北京体育大学学报，2015，38（4）：118–120，135.

[2] 谢琼桓．究竟应该怎样看待“举国体制”？［J］．成都体育学院学报，2013，39（5）：1–5.

[3] 刘健，舒盛芳 . 夏季奥运会竞赛项目全球影响力定量分析 [J] . 上海体育学院学报，2011，35（3）：23–27.

[4] 黄文敏，张扬文 . 从北京奥运会奖牌榜剖析世界体坛竞争格局 [J] . 体育学刊，2008，15（12）：73–76.

[5] 张玉超 . 第 29 届奥运会中、美、俄奖牌分布特点及其启示 [J] . 体育学刊，2009，16（2）：81–84.

[6] 霍军，韩勤英 . 伦敦奥运会中美奖牌分布的项目特征研究 [J] . 体育文化导刊，2013，（3）：48–50.

[7] 沈丽娟，崔志翔 . 伦敦奥运会我国奖牌与项目布局研究 [J]. 体育文化导刊，2013，（2）：46–49.

[8] 李宁 . 伦敦奥运会我国获奖牌特征研究 [J] . 体育文化导刊，2013，（1）：41–44.

[9] 冯树勇 . 我国田径形势分析及发展方向 [J] . 体育科学，2013，33（12）：11–14.

[10] 罗超毅 . 扬长补短是我国奥运争光战略的必然选择 [J] . 北京体育大学学报，2013，36（11）：11–13.

[11] 上海市人民政府 . 上海市人民政府关于加快发展体育产业促进体育消费的实施意见 [EB/OL] .http：//sports.online.sh.cn/sports/gb/content/ 2015-07/17/ content_7476438.htm，2015-07-01.

[12] 田麦久，石岩，黄竹杭，等 . 论我国 2008 年奥运会潜优势项目的确定与超常规发展策略 [J] . 北京体育大学学报，2007，30（12）：1585-1592.

[13] 黄璐 .《中国足球改革发展总体方案》中的国家战略思想 [J] . 体育成人教育学刊，2015，31（2）：34–37.

[14] 黄璐．国家体育治理现代化的时代背景和广泛涵义［J］．体育成人教育学刊，2015，31（1）：14–17.
[15] 鲍明晓，李元伟．转变我国竞技体育发展方式的对策研究［J］．北京体育大学学报，2014，37（1）：9–23.
[16] 茅鹏．由崔文华现象再谈训练理论与制度的改革［J］．山东体育学院学报，2005，21（1）：56–57.
[17] 石岩，王冰．论中国足球崛起之道——美国 Kennesaw State University 王晋教授访谈录［J］．体育与科学，2014，35（1）：82–83.
[18] 刘米娜．"足球梦"与"中国梦"——《体育与科学》学术工作坊"足球改革与社会变革"论坛综述［J］．体育与科学，2015，36（4）：3.
[19] 郑萌．从巴西世界杯遭抵制看大型体育赛事利益相关者理论的两个基本问题——中国申办世界杯参考因素分析［J］．山东体育科技，2015，37（3）：1–6.
[20]［日］中谷岩．资本主义为什么会自我崩溃？——新自由主义者的忏悔［M］．郑萍，译．北京：社会科学文献出版社，2010：14.
[21] 国务院足球改革发展部际联席会议办公室．国务院足球改革发展部际联席会议办公室关于印发中国足球协会调整改革方案的通知［EB/OL］．［2015–08–17］.http：//www.sport.gov.cn/n16/n1077/n1227/6838823.html.
[22] 黄璐．摆脱"软金牌"路径依赖——中国夏季奥运战略的结构性转型［J］．体育学刊，2016，23（5）:42–49.

第 7 章　体育行业与媒体消费的共生共赢

央视第 16 届亚洲杯报道中，国足球员们和教练组积极融入媒体节目制作这项工作中来，反映出球员与媒体间关系的重大变革。必须摒弃功利的金牌至上观念，转变单一的媒介营销理念，增进球员与媒体间的深度合作，促进体育行业与媒体消费的共生共赢。球员与媒体的合作应该更彻底，此乃文化产业融合大势所趋。

国足结束了第 16 届亚洲杯之旅，央视亚洲杯报道精彩纷呈，为观众奉献了一部诠释中国梦内涵的励志大片，让观众再次感受到足球运动的巨大魅力。中国球迷沉醉于跌宕起伏的比赛境况，经历了大国崛起式的渴望、比分落后时的纠结、全胜出线后的欣喜、淘汰出局后的感伤，所谓一波接一波的情感沉浮，开启了新年逐梦的精神篇章。球员作为大片主角无疑从中演绎了重要的戏份。在正赛转播之外，球员的出镜率明显提高，国足球员们和教练组在紧凑的训练比赛间隙，抽出时间接受采访，融入媒体节目制作这项工作中来，反映出球员与媒体间关系的重大变革。

1　摒弃功利的金牌至上观念

运动员扎根训练场上，付出大量时间、汗水和身体智慧，只为赛场上那扣人心弦、激动人心的决胜时刻，梦想站在最高的领奖台上成为运动员青春年华为之奋斗的大事件。金牌不能与社会价值简单画等号，记者乃无冕之王，媒介具有改变世界的力量，金牌唯有借助媒介的翅膀才能发挥更大的社会影响力和感召力。运动员的青春年华不能无端消耗在训练场上，运动员的社会价值更不能局限于比赛场上，要让努力有回报，要让金牌产生更大的社会效应，就必须在开放的信息社会中全景展示自己的个性、天赋、运动才能和精神魅力，就必须与媒体建立深度合作的关系。体育行业中一些秉持金牌趋利观念的人士，认为只要训练出成绩，比赛中摘金夺银，其他的一切私人活动都是无关紧要的附属品。运动员沦为夺金机器，沦为竞技体育"举国体制"寻求合法性的牺牲品。一些掌控训练资源和资格准入的人士，以"参加太多的社会和媒体活动容易分散运动员训练比赛精力"为遁词，阻碍运动员最大程度上融入媒介实践中，为球员和媒体间开展全方位的深度合作设置人为和体制的障碍。这是狭隘的行业利益和部门利益观念，是功利的金牌至上观念，也是损害公众利益的不道德行为。

追求"金牌第一"本身不是目的，而是要追求金牌背后所产生的社会效应。将运动员"雪藏"起来，冠以"不能提前漏兜"的技战术安排，找出各种借口阻碍运动员走入媒体和公众的视野，使青年运动员和非主流体育项目曝光率不足，陷入社会认知度长期低位运行的尴尬境地，最终伤害的是整个体育行业的平衡可持续发展。切不可功利追求"金牌第一"作为运动员日常生活的全部内容，应该借助媒体的力量，让运动员在媒体与社会深度融合互动过程中，充分释放金牌的社会价值。姚明、李娜、丁俊晖等中国体育明星之所以拥有高涨的人气，排除主流项目自身积累的群众基础和社会影响力，最重要的原因是他们摆脱了竞技体育“举国体制”的束缚，姚明征战美职篮联赛面对的是高度开放的美国传媒业，李娜、丁俊晖选择的是脱离竞技体育“举国体制”补给的“单飞”发展模式，个人具有比较充分的媒介选择权利。相比之下，王治郅、孙杨等精英运动员很大程度上受到现有体育体制机制的限制，运动员的商业活动和媒体发布受到归口管理部门的严格关照，未能完全地挖掘媒介与形象价值，体制内还要在运动员媒体收益中抽取一定分红，这更让人无法理解。

2014 年 10 月 20 日，国务院制定下发《关于加快发展体育产业促进体育消费的若干意见》（国发〔2014〕46 号），为体育产业与体育消费领域改革提出了明确目标。体育行业和体育部门应该站在历史进程和改革大局的高度，舍弃部门利益，树立以追求社会整体效益为中心的改革目标和指导思想，鼓励支持运动员融入媒介实践，促进运动员人力资源、体育产业、体育消费与媒介实践的深层融合，为运动员、教练员等体育人力资本创造更多的媒介合作机会，创新更多的媒介合作形式，摒弃功利的金牌至上观念，关注训练比赛成绩的社会效应和社会价值，破除体制机制障碍，积极营造良好的媒介融合氛围。

2　转变单一的媒介营销理念

受到门户网站视频大量分流央视广告收入的影响，CNTV（中国网络电视台）保留伦敦奥运会视频直播权，国内各大门户网站仅向 CNTV 购买了点播权，即便如此，凭借各大门户网站的营销布局与创新，流量和广告业绩普遍上涨，成为软营销的经典案例。这充分说明，伴随社会分化和媒介需求的多元化发展趋势，凭借比赛视频直播这个单一的媒介拳头产品，已经无法满足受众的多样化信息需求，媒介营销“二八法则”的行业地位受到冲击，逐渐由蕴涵巨大潜力的媒介利基市场取代，媒介利基市场拖出的“长尾”将重建传统的媒介营销业绩格局。央视体育频道的核心竞争力主要定位于赛事转播权的独家垄断方面，这也成就了央视体育频道“一家独大”的业界地位。近年来，随着大型门户网站和社会媒体加快了体育主题营销创新步伐，央视体育频道感受到前所未有的危机感和紧迫感。除了观看比赛直播，受众期待获得更多更好的媒体服务，诸如对比赛承办国风土人情和文化旅游、比赛花絮、专家赛后点评、球迷反应、球员赛后访谈、主教练采访等各种各样话题的报道需求。

相比于庞大的比赛衍生节目制作，比赛转播已经占据很小的媒介产品份额，央视除去比赛直播这一无可替代的核心竞争力之外，所有的衍生节目制作都无竞争优势可言，网络媒体在体制机制和灵活转向方面具有更大的创新空间和比较优势。这就迫使央视体育频道创办更多的比赛衍生节目，由此催生了“全景奥运”营销理念，创造更为丰富多元的节目形式，在比赛的预热和赛后阶段重点布局和资源投入，延伸体育赛事媒介营销的“长尾”，打造体育赛事媒介营销的全要素生产链条。这一媒介营销战略转型过程对运动员人力资本投入提出了更高的要求，在赛前预热和赛后配套的各类节目创作中，除去纯粹娱乐类节目的定位设计，事实上创办纯粹的娱乐节目并非体育媒体的强项，就需要大量的参赛运动员、退役运动员、教练员、体育名人、专家学者等体育人力资本参与进来。甚至可以说，体育人力资本属于媒介生产与营销的成本投入范畴，媒介营销收益也应该有体育人力资本投入的一份。

参赛球员在媒介生产与营销中属于稀缺资源，这点毋庸置疑，从媒体赛后争相采访核心球员的激烈程度即可看出。以央视体育频道第16届亚洲杯足球赛报道为例，国足主教练佩兰赛后多次接受央视采访，核心球员赛后接受央视采访，多名参赛球员加入后期节目制作中，这都体现了参赛球员作为体育人力资本的成本要素投入与媒体展开深度合作的过程，球员与媒体的合作将随着受众媒介需求的多元化而越发紧密，直到突显体育行业与媒体消费共生共赢的产业融合状态。

3　球员与媒体的合作应该更彻底

在欧美职业体育发达国家，C 罗、贝克汉姆、莎拉波娃等炫目体育明星，他们的第一身份是精英运动员，同时以社会名流和娱乐明星的形象混迹时尚圈，为体育、媒体和社会消费搭建起跨界联通的桥梁。他们能够平衡比赛成绩与媒体曝光之间的关系，媒体事无巨细的挖掘报道，让他们的训练比赛和日常生活为人所知，让他们的奋斗成长过程深受球迷的认同，让他们的人格魅力和精神世界绽放美丽的光彩，在这样一种高效运行的体育媒介运行机制设计中，实现比赛成绩与社会价值的完美对接。与此同时，职业运动员显然具备符号消费的文化商品特征，在公共形象、广告代言、反兴奋剂等诸多领域具有严格责任，但是原初的第一属性是一个平凡的人，完整的人，自由的人，游戏的人，作为社会的人期待获得他人和广大球迷的关注，具有对自我形象、比赛表现和生活世界曝光的诉求，这也是运动员日常生活中必不可少的组成部分。国际奥委会第 127 次全会投票通过的《奥林匹克 2020 议程》中，明确提出创建全球奥运频道的改革决议，就是让更多的青年运动员和非主流项目获得更多的媒体曝光机会，进而实现关注青年运动员健康成长的目标，促进奥运项目和非奥运项目的平衡可持续发展。作为一种运动员个人奋斗动力来源的反哺机制，媒介曝光为运动员职业生涯发展营造了积极的舆论氛围，当媒介、球迷与社会赋予运动员更多期待的时候，将会激发运动员更大的行动能力，激发运动员的使命感和社会责任感，形成体育行业、媒介生态、市场消费和社会成长四维度的良性互动发展。

第16届亚洲杯接受央视体育频道访谈的国足球员普遍紧张放不开，国足队长接受采访时逻辑不清、颠三倒四的一席话，也从一个侧面说明中国运动员整体的媒介素养亟待提高。相比于媒介经验丰富的国足主教练佩兰，姚明、徐莉佳等运动员娴熟的媒介表达，以及李娜媒介表现的“国际范”，均提示了运动员媒介素养和媒介表现应该列为运动员文化教育的重要内容。作为球员与媒体深度合作的另一承接方，传媒行业也在积极探索与球员之间更好的营销与合作方式。不论体育与传媒行业改革东风刮向何处，终有一条不变的旋律，球员与媒体的合作应该更彻底，此乃文化产业融合大势所趋。

4 理解体育媒体战略

晚清行将结束，五四运动掀开了中华历史新篇章，就在无数志士寻求救国强图的历史节点上，奥运会这一国际新鲜事物在国际社会发出中国声音，确立中国的合法性和国家地位，渴望民族解放和民族自决的有效参照物和彰示物被挖掘出来。1908年《天津青年》杂志发出了“奥运三问”颇有代表性，即中国什么时候能够派运动员去参加奥运会？我们的运动员什么时候能够得到一块奥运金牌？我们的国家什么时候能够举办奥运会？1932年短跑运动员刘长春代表中国参加了奥运会，1984年中国射击运动员许海峰夺得中国第一枚奥运会金牌，2008年北京成功举办奥运会，至此“奥运三问”圆满实现。如果说从中国参赛到斩获金牌走了大半个世纪，那么伴随着改革开放30年中国经济与社会发展的伟大进程，不仅成功举办奥运会，而且站在了金牌总数第一的历史顶峰。所谓“国家兴，体育兴”，国家富强助力奥运夺金，奥运夺金彰显国家强盛。在某种程度上来说，中国历经一个世纪的奥运梦，代表了中国人民为实现“国家富强、民族复兴、人民幸福”这一“中国梦”的强烈渴望和不懈追求。奥运梦贯穿体育梦，体育梦贯穿中国梦，这是一个“点”

与“面”、“旗手”与“大军”、表征与内容的关系。

应该说，竞技体育“举国体制”顶层设计、“奥运争光计划”等一揽子国家奥运强国政策的出台，促进了中国奥运梦的圆满实现。央视和新华社等中央媒体为国家奥运战略的舆论建设发挥了重要作用，为中国参加奥运会、亚运会等国际重大体育赛事的信息传播提供了重要保障。奥运会目前有夏奥会、冬奥会、残奥会、青奥会这四大赛事体系，中国在夏奥会、残奥会、青奥会上具有较大的整体竞技优势，而在冬奥会项目上还存在较大差距。央视下大力气报道索契冬奥会，不仅反映出国家奥运战略追求均衡发展的构想和决心，补上冬奥会这一中国奥运事业发展的“短板”，也体现了体育人和新闻人在取得瞩目成就时不骄傲、不懈怠的职业精神，为自身提出了更高的追求和要求。尤其在新时期中国全面融入全球化进程的背景中，中国更加需要在国际事务和文化交流过程中提升民族自信和国家认同，实现奥运梦、体育梦、中国梦的历史文化传承。

国家主席习近平首次出访的国家是俄罗斯，前国家主席胡锦涛首次出访的国家也是俄罗斯，释放出新一届中央领导班子构建新型大国关系的外交战略新思路。“习式外交”和“丽媛风格”成为最大的亮点，展示了柔性外交的巨大魅力。不论是建国初期那段令人难忘的“乒乓外交”记忆，还是中日关系史上的“乒乓外交”战略，竞技体育作为一项无国界、无肤色、亲和力强的文化交流活动，在和平与发展时期的国际外交格局中处于特殊的地位，也是各国开展柔性外交的重要途径。近两年国际外交舞台上不乏经典案例，2013 年 2 月，由美职篮退役球星罗德曼带队的美国篮球代表团出访朝鲜，与朝鲜开展“篮球外交”活动，为缓解朝鲜半岛紧张局势、朝鲜核问题、美朝关系具有积极的外交战略意义。2014 年 2 月，国家主席习近平应俄罗斯总统普京邀请出席索契冬奥会开幕式，这是国家最高领导人首次赴境外出席的国际重大体育赛事，为建立中俄全面战略协作伙伴关系向世界发出了强烈信号。这里不应该短浅地认为，为开创新型的中国外交战略局面，央视和新华社以服务大局为重，向俄罗斯、国际社会抛橄榄枝。更不应该错误地认为，因为国家最高领导人出席索契冬奥会，央视和新华社才投入“大手笔”，还应该看到“全方位”“大投入”报道索契冬奥会的潜在影响效应。

2014 年 8 月，国家主席习近平出席南京青奥会开幕式。至此，中国已成功举办夏奥会、残奥会、青奥会三大奥运会赛事，仅差举办冬奥会，实现主办奥运会四大赛事的“大满贯”，一直是历史和国人挥之不去的夙愿。北京和张家口联合申办 2022 年冬奥会这一想法已酝酿多年，2013 年 11 月“京张申奥”正式提出，民调显示支持率达 94.8%，国家主席习近平、国务院总理李克强表示支持，地方政府表现出巨大热情，刘延东副总理领衔申奥工作，“京张申奥”步入快车道，顺利进入国际奥委会公布的申办城市名单。冬奥会申办城市既要具备城市影响、资金保障、交通系统、办赛经验、场馆设施、政府与民众支持、环境保护等必备的申报条件，也要在冰雪项目大众普及、冰雪文化氛围营造等文化条件方面出类拔萃。南非能够举办 2010 年世界杯足球赛，巴西获得 2016 年夏季奥运会举办权，卡塔尔获得 2022 年世界杯足球赛举办权，在某种程度上是由这些发展中国家具有的浓郁体育文化氛围决定的。

中国冰雪运动的大众普及率和参与率还有待进一步提高，冰雪文化氛围还有待各方力量共同努力营造，央视和新华社在中国冰雪运动处于攻坚克难的重要节点上，从运动规则、冰雪知识和历史、城市建设、冰雪文化等多视角、全方位、“大手笔”报道索契冬奥会，敢于担当国家、历史和社会的发展责任，引领冰雪运动发展，普及冰雪运动文化，提升民众对冰雪运动的知识了解和参与热情，为促进冰雪运动休闲和旅游经济的发展发挥了积极的舆论导向作用。美国的橄榄球、印度的板球、中国的功夫等，为何各有侧重，在很大程度上是国家体育发展战略和新闻媒体战略长期影响的结果，媒体必须正确引导国家体育文化发展走势，为国家体育发展、体育休闲旅游经济发展创造良好的舆论环境。中国冰雪运动发展正处于爬坡阶段，面临体育、休闲、旅游、餐饮与服务等一系列衍生产业发展问题，这就要求中央媒体扮演好经济与文化孵化器的角色，舍弃部门利益，舍弃眼前小利，看到潜在的社会效应，看到未来的增值潜力。

后北京奥运时期，央视体育频道倾力打造的"全景奥运"报道模式得到了很大程度上的传承、改进与发展，也成为央视体育频道后继报道伦敦奥运会、南非世界杯足球赛、索契冬奥会、南京青奥会等一系列国际重大赛事的标准化模式。客观地说，央视体育频道经过每一次国际重大赛事的历练，都能够从中收获更多的经验，在重大媒体战役中不断成长和进化，逐渐形成全球媒体世界中的"中国模式""中国风格"。随着"全景奥运"战略的开启，报道任务量的不断加大，需要更多的新生力量充实到央视体育报道队伍中来。新闻业是具有极强实践特点的学科，新生力量的成长过程需要经历各种赛事报道实践的锻造，索契冬奥会以老带新的人才培养模式，甚至南京青奥会以新人为主体的人才培养模式，都为挖掘与培养央视体育频道的新生力量提供了机会和实践平台。

更为重要的是，随着电视体育节目形式的不断丰富，对不同单项体育运动的报道提出了更高的专业要求，央视老一辈的"全能记者"已经无法适应多元化媒体战略的市场需求，媒体战略的分化趋势呼唤单项体育记者、评论员的诞生，诸如篮球、足球、冰雪运动项目等专业方向的记者和评论员。举一个例子，2014年世界体操锦标赛央视直播，采用了出镜记者和嘉宾相结合的现场解说形式，邀请的嘉宾不乏前奥运会或世锦赛冠军张楠、邓琳琳、何可欣、李小鹏、滕海滨等人，这些专业嘉宾的点评和解说，从更为职业化、专业化的视角解读比赛，弥补了央视体育频道体操专项记者、评论员等人才建设的不足。但令人遗憾的是，由于邀请的嘉宾平时很少“出镜”，在节目直播与评论中过于拘谨，也为“竞技体操技术”和“新闻实践业务”二者的完美结合制造了障碍。可以说，既懂运动技术，又熟悉新闻实践业务的专业化记者，将是未来央视体育频道专业人才培养与建设的大方向。

在冬季奥运项目上，央视体育频道的专业人才建设乏善可陈，无法更好地发挥“解读比赛”和“文化传播”这一桥梁纽带作用。虽然我国冬奥会报道具有30年历史，但基本处于缓慢发展阶段，为配合北京奥运会媒体战略，央视体育频道“试水”2006年都灵冬奥会报道，并首次设立了前方演播室，近两届冬奥会报道才驶入了发展快车道。央视体育频道虽然在短道速滑项目上具有嘉宾评论优势，但是这一冬奥优势项目带来的媒体潜在竞争优势，在冰雪运动项目报道整体面临的人才缺口面前，可谓是杯水车薪。央视索契冬奥会报道大胆起用新人，为新生力量的崛起提供了最高的新闻实践平台。既填补了央视体育频道冰雪运动项目报道的短板，锻炼培养了新人，又为中国今后承办冬奥会，以及大力发展冰雪运动休闲与旅游项目储备了媒体人才。

此外，从行业发展趋势的视角，央视全面投入索契冬奥会报道也是十分有必要的。浙江卫视倾力打造的《中国好声音》开启了中国电视娱乐节目的“大片”时代，打造“精品”娱乐节目的背后，是对大量不符合品牌节目要求的“采写镜头”“视频”“花絮”等原材料的遗弃，这种“高消耗”的媒体战略发展思路，是对传统媒体认知的“逆思维”反应，也是为寻求中国电视娱乐事业大发展大繁荣的全新探索路径。笔者坚信，惨遭市场淘汰的是新闻人的故步自封和不思进取，传统媒体不会消亡，恰恰相反，更会焕发勃勃生机。[1-8]

参考文献

[1] 黄璐 . 利基新闻模式的局限性［J］. 新闻战线，2015，（1）：232-233.

[2] 黄璐 . 媒介营销“新常态”与客户思维［J］. 新闻战线，2015，（7）：140-141.

[3] 黄璐 . 体育行业与媒体消费的共生共赢［J］. 新闻战线，2015，（5）：193-194.

[4] 黄璐，崔艳荣，韩亚军 .《人民日报》体育改革评论的特点［J］. 新闻战线，2015，（13）：129-130.

[5] 黄璐.《人民日报》“体坛观澜”的舆论引导功能[J]. 青年记者，2015，(17)：28-29.

[6] 黄璐 . 体育政治传播学研究的历史与当下维度［J］. 新闻界，2011，（2）：11-13.

[7] 黄璐 . 央视巴西世界杯转播的亮点与不足［J］. 当代电视，2014，（11）：94-95.

[8] 黄璐 . 浅谈新闻媒体战略［J］. 新闻战线，2014，（12）：110-111.